西南政法大学纪检监察理论与实务文库

丛书主编 林 维

执行主编 谭宗泽

监察权的政治哲学
及其
中国制度展开

邬 蕾 著

THE POLITICAL PHILOSOPHY
OF SUPERVISORY POWER
AND ITS INSTITUTIONAL DEVELOPMENT
IN CHINA

社会科学文献出版社
SOCIAL SCIENCES ACADEMIC PRESS (CHINA)

"西南政法大学纪检监察理论与实务文库"
丛书总序

　　新时代的中国正经历着伟大变革，我们党也正在进行着伟大的自我革命。党的十八大以来，以习近平同志为核心的党中央以"得罪千百人、不负十四亿"的使命担当，以前所未有的勇气和定力推进党风廉政建设和反腐败斗争，坚决清除腐败这个最大危险，反腐败斗争取得压倒性胜利并全面巩固，探索出依靠党的自我革命跳出历史周期率的成功路径。纪检监察机关作为党内监督专责机关，肩负着党风廉政建设和反腐败斗争的重大政治责任，为党和国家事业发展提供了坚强保障。党的二十大报告对全面从严治党作出新的战略部署，强调"全面从严治党永远在路上"，为新时代纪检监察工作指明了前进方向。党的二十届三中全会指出，必须深刻领悟"两个确立"的决定性意义，增强"四个意识"、坚定"四个自信"、做到"两个维护"，保持以党的自我革命引领社会革命的高度自觉，坚持用改革精神和严的标准管党治党，完善党的自我革命制度规范体系。新时代新征程上，纪检监察工作面临着新的形势和挑战。二十届中央纪委二次会议指出，巩固拓展纪检监察体制改革成果。二十届中央纪委三次会议进一步明确，要不断进行实践探索和理论创新，不断深化对党的自我革命的规律性认识。二十届中央纪委四次会议进一步强调，要加强纪检监察工作规范化法治化正规化建设；推动健全全面从严治党体系，完善党和国家监督体系；完善纪检监察体制机制和法规制度体系；着力推动完善党的自我革命制度规范体系。理论来自实践，是对实践的总结和提炼，将丰富的实践经验转化为规律性的认识，也将进一步推进实践的发展。

　　纪检监察学科的建立是深入贯彻习近平新时代中国特色社会主义思想

的集中体现，是落实习近平总书记关于党的自我革命战略思想的必然要求，也是构建中国哲学社会科学自主知识体系的重大创举。2022年9月，国务院学位委员会、教育部印发了《研究生教育学科专业目录（2022年）》和《研究生教育学科专业目录管理办法》，"纪检监察学"进入新版学科专业目录，成为法学门类下的一级学科。纪检监察学科是研究党和国家监督体系、党风廉政建设以及反腐败理论、制度和实践的综合性学科，下设四个二级学科，分别为纪检监察理论、党的纪律学、监察法学、廉政学。西南政法大学赓续红色基因，传承革命传统，依托法学学科，聚焦"国之大者"，高度重视纪检监察学科建设，为党育人，为国育才。2018年3月20日，在《中华人民共和国监察法》通过的当天，西南政法大学率先成立了全国首家监察法学院。2020年，在全国首家监察法学院框架基础上，西南政法大学又整合校内资源成立了纪检监察学院。2024年，西南政法大学获批全国首批纪检监察学一级学科博士学位授权点。纪检监察学院对接新时代国家监察全覆盖的纪检监察法治人才培养战略需求，致力于成为国家纪检监察人才培养高地、学术研究中心和国家高端智库，为推动纪检监察事业高质量发展作出西政贡献、提供西政方案。

为深刻理解和践行习近平总书记关于党的自我革命的重要思想，深入学习贯彻党的二十大精神和习近平总书记关于纪检监察工作的重要讲话精神，贯彻落实纪检监察学科发展要求，西南政法大学组织本校纪检监察学科骨干教师，以政治性为引领，立足理论性和实践性，编撰了这套"西南政法大学纪检监察理论与实务文库"。这套丛书有四个比较鲜明的特点：第一，突出学科建设的政治性。丛书聚焦纪检监察工作的政治性，始终把党的政治建设摆在首位，坚定不移地推进全面从严治党。第二，重视理论与实践的融合性。丛书从理论上提炼全面从严治党、权力监督实践的重大理论成果，与纪检监察实践相结合、相印证，为党风廉政建设和反腐败斗争提供理论指导。第三，突出知识体系的自主性。本丛书注重深入探讨中国特色纪检监察工作的基本规律、内在机制和发展趋势，推动纪检监察学科体系建设，提炼中国特色的关键概念和核心命题，致力于深化对党的自我革命规律的认识。第四，重视研究方法的综合性。单一的研究方法显然无法全面回答和解决纪检监察工作中所面临的诸多复杂问题。为了深入探索和研究纪检监察工作规律，本丛书在坚持和运用马克思主义世界观和方法论的基础上，广泛吸收各学科的精华，力求做到博采众长、兼容并包。

古人云："文可载道，以用为贵。"为了更生动地揭示理论与实践的互动关系，丛书选择了纪检监察实践中的典型案例，进行细致剖析，揭示问题本质，总结经验教训，为今后工作提供参考。为有效消除纪检监察干部业务短板，切实提升监督执纪能力，促进纪检监察工作高质量发展，本丛书还注重为纪检监察干部提供理论指导，以期为纪检监察干部提供业务指导。

习近平总书记指出，"实践发展永无止境，理论创新也无止境。要坚持解放思想、实事求是、与时俱进、守正创新，不断进行实践探索和理论创新，不断深化对党的自我革命的规律性认识，把党的自我革命的思路举措搞得更加严密，把每条战线、每个环节的自我革命抓具体、抓深入。"本丛书深入学习贯彻党的二十大精神，坚持问题导向，紧密结合纪检监察工作实际，不断推出高质量的研究成果，希望能为推动纪检监察事业高质量发展贡献更多西政智慧。纪检监察事业使命光荣、责任重大，是凸显中国特色社会主义制度优势、彰显党对反腐败集中统一领导优势的重要学科，需要绵绵用力，久久为功，止于至善。通过不断加强纪检监察基本概念和基础理论研究，努力构建具有中国特色、中国风格、中国气派的纪检监察理论体系，为解决党在长期执政条件下永葆先进性和纯洁性、健全党和国家监督体系、有效监督制约公权力等重大课题提供理论支撑。

是为序。

西南政法大学党委副书记　校长

林维

2025 年 2 月 20 日

目　录

导　论

　　国家构造监察权、创设监察制度是为了节制权力的滥用，换言之，就是为了防止公权力行使者违背人民的嘱托而以私人意志来行使公权力。监察权与监察法治的建构包括两方面的意义：一是建设一种稳定的常态化的制度以节制权力，让权力受到约束，使其始终在法治的框架内运行，也就是人们常说的"把权力关进制度的笼子里"；二是以日常监督的方式来让公权力的行使者能够心存敬畏，不忘主权者——人民的嘱托，也就是人们常说的"对人民负责"。2018 年宪法修改之后，国家建构的监察制度是国家重要的政治制度，监察体制改革是事关全局的重大政治体制改革。在我国的宪法体制中，监察权的权力性质与其他国家权力有着显著的不同。由于现代国家奉行人民主权原则，人民是唯一正当的主权者，那么，在现代的意义上按照主权和治权区分的逻辑，很难将监察权归入治权的范畴，因为治权主要是按照主权的授权而分有国家权力的不同的机构职能，如立法、行政、司法等机构所享有的权能，但是监察权从其本质上讲，它是主权授权不彻底的产物，是监督权力的权力。监察法对监察权的界定可以理解为就是监督所有行使公权力的公职人员的权力，因此，对监察权的研究不能按照一般的国家权力研究模式来进行，而必须回到关于监察制度更为根本的政治哲学问题上去。只有掌握何为监察权，监察权的政治哲学基础是什么，才有可能探明监察权设置、运行程序、权力范围等具体制度问题。由此，本书研究的主要目的就是在了解监察权的政治哲学的基础上，探讨其在中国宪制结构中的制度展开。

一 监察权性质研究综述

如果说在社会中人与人的有序共存与和平共存必然存在创设权力，权力是人类生活中无法避免的①，这是政治秩序的首要法则，那么凡有权力就应当有对权力的监督，也是政治秩序的一项基本法则。据说，早在人类社会之初就出现了对社会生产和分配过程的记事与契约活动，这可以被视为权力监督的雏形。② 在古希腊城邦时期就有公民大会、五百人议事会以及公民陪审法庭等保证权力制衡与监督以及民主参与的监督机制。在罗马共和国时期，国家在复杂的罗马混合宪制体系中设置了监察官，除了元老院对罗马主要官员的监督之外，监察官还负责对元老院、其他重要的官员进行监督。进入近现代之后，公权力监督体系更为复杂与成熟，其中形成了立法、行政、司法等权力之间相互制约和监督的体制，尤其是随着现代宪法的诞生，还出现了更为复杂的宪法监督制度。反观中国古代的监察传统，可以说更是源远流长，在商周时期就有许多处置腐败的事例，如尧舜时期就有"四凶""投诸四裔，以御魑魅"。而《左传》中则记载了"夏有乱政而作《禹刑》"。秦汉时期，我国的监察制度已经初具规模。秦朝完成大一统之后，中央政府就设立了监察制度，作为监察官的御史大夫位列三公，"位次丞相，典正法度，以职相参，总领百官，上下相监临"。自汉代开始，监察与行政分离，监察独立性倾向大大加强。后来唐代又发展出"一台（御史台）三院"制，从中央到地方都形成了自己独特的监察体系。民国时期，孙中山将监察权纳入到宪法体系当中，形成包括立法、行政、司法、考试和监察在内的五权宪法。监察权的出现与立法、司法、行政等宪法权力不同，立法、司法、行政等权力是履行特定的权力事项，或者从事立法工作，或者从事司法审判，或者实施行政行为，然而，创设监察权的目的不在于履行任何特定的事项，而是监督从事特定事项的权力。由此，关于监察权到底具有什么性质，始终存在争议。

---

① 亚里士多德曾言"人是政治的动物"，意味着人的存在必然结成政治共同体。
② 尤光付：《中外监督制度比较》，商务印书馆，2003，第 1 页。

　　尽管对监察制度的历史梳理和研究已有不少，但是从哲学层面探讨监察制度的政治哲学基础的研究则并不多见。尤其是，关于监察权的性质，学界尚未形成统一的意见。自监察体制改革以来，在中共中央办公厅印发的《关于在北京市、山西省、浙江省开展国家监察体制改革试点方案》中，党中央对监察机构的表述是"党统一领导下的国家反腐败工作机构"。2018 年宪法修改之后，宪法对监察机关的规定是"中华人民共和国各级监察委员会是国家的监察机关"。根据宪法制定的《中华人民共和国监察法》对监察委员会的性质及其职能的表述是"各级监察委员会是行使国家监察职能的专责机关，依照本法对所有行使公权力的公职人员进行监察，调查职务违法和职务犯罪，开展廉政建设和反腐败工作，维护宪法和法律的尊严"。单从法律文本的角度看，监察机关行使监察权的目的是清晰的，即"对所有行使公权力的公职人员进行监督"。但是，就其权力性质而言，相关规定仅从其具体职能角度进行阐述，并未触及其性质为何这一理论问题。在监察体制改革之前，监察权是内设于行政机关的监督权力，可以看成行政权的组成部分，因此，行政监察依然可以归为行政权的内部监督体制，其监督范围有限。从其权力运行结果来看，不仅权力运行的成本高，而且运作效率低下、制度上"叠床架屋"。行政机关内设的监察职能是一种同体监督，这种体制势必导致"决策权、执行权和监督权为一体"的局面。① 经过改革之后的监察权成为独立的国家权力，结合纪检监察合署办公，这种权力的运作模式在宪法体制中是前所未有的。在监察权的权力性质上，既有的研究也存在较大争议，主要有以下几种不同的理论。

　　第一种理论认为，监察权是政治机关行使的监督权。这种观点是改革决策者的观点，决策者认为，监察委员会实质上是"反腐败工作机构"，与纪委合署办公，代表党和国家行使"监督权"，"是政治机关，不是行政机关、司法机关"。将监察机关作为政治机关来理解监察权的性质，虽然具有表述上的明晰性，但是政治机关中的"政治"一词含义过于宽泛。按照我国的政治传统，涉及党对国家领导的问题都可能是政治问题，但若将监察机关视作政治机关不足以区分监察机关与其他机关的关系，同时也无

---

① 秦前红等：《国家监察制度改革研究》，法律出版社，2018，第 4 页。

助于探明监察权的性质和属性，造成在法律上的认定困难。一旦发生涉及具体概念的监察争议，容易陷入语词之争。

第二种理论认为，监察权具有行政和司法的双重属性。这种观点主要是从监察权的运行方式及其权力来源来理解监察权的性质。一方面，从其权力来源来看，监察体制改革之前，监察权分别有两个来源，一个是行政机关的内部监察权，另一个是检察机关处置贪污腐败、失职渎职的法律监督权。两种权力合并自然同时具有行政权及司法权的双重性质。另一方面，从其权力运行方式来看，监察权主要具有三项重要职能，即监督、调查和处置。监察委员会在进行行政调查与刑事侦查的时候，其就同时具有了司法和行政的双重性质，从这些职能中我们可以将其理解为是一种行政权和司法权的重新组合。①

第三种理论认为，监察权是一种全新的权力。这种观点认为，监察权是现代公共权力的"第四权"，是一种基于中国宪法秩序的特别权力。② 这种观点的理论基础在于，现有理论无法解释监察权的性质，监察权的性质超出了传统国家权力的范畴，从而必须在概念上予以区别对待。莫纪宏认为，监察权的性质应从执政党的执政权以及国家机构的治理权的角度进行理解，其正当性根据在于党管干部原则与国家权力体系中的监督体系。③ 持有这种观点的学者认为，监察权完全与其他国家权力相区别，监察委员会也与行政机关、司法机关在地位和权力运作模式上完全不同，其行使的调查权并不是侦查权，也并非司法机关的强制措施。监察权就是一种专门的反腐败权力，其理论依据可以从中央的改革思路中去寻找。监察体制改革的目的是"构建集中统一、权威高效的中国特色国家监察体制"，因此，监察权是一种全新的权力类型。

第四种观点认为，监察权是多种权力的综合。在一些学者看来，党的纪律检查机关和监察委员会合署办公，是将原有的权力进行了重新整合，监察权是党内纪律检查权、行政机关的行政监察权、检察机关的反贪和侦

---

① 秦前红：《监察委员会调查活动性质研究——以山西省第一案为研究对象》，《学术界》2017年第6期。

② 徐汉明：《国家监察权的属性探究》，《法学评论》2018年第1期。

③ 莫纪宏：《国家监察体系改革要注意对监察权性质的研究》，《中州学刊》2017年第10期。

查职务犯罪的法律监督权等权力的综合。以这种方式来设置权力，其目的是"增强权力制约和监督的效果"。① 监察权作为一种综合性的国家权力，其职能就是专门实现对权力的监督，其根本指向在于"防止滥用权力，就必须以权力制约权力"。在这个意义上，基于我国的国家体制，监察权具有政治性和法律性的双重属性。②

以上关于监察权性质的各种理论，虽然存在诸多差异和分歧，但是在一点上是存在共识的，即监察权的本质是一种监督权，其基本指向就是监督公权力的行使，即公权力未必总是指向公共利益或者公共性的方向，行使公权力的公职人员可能偏离公共利益的轨道。在我国宪法体制中，监察权的性质涉及党、国家机构中方方面面的权力关系，由此，若要达成对监察权性质研究的共识，这在理论上是不容易的。对此，本书认为，对监察权性质的讨论不能停留在既有体制结构中去展开，而应该将重点置于监察权出现的哲学基础上。如何实现对公权力行使的监督，一般从两个角度入手：一是制度，二是人心。而监督公权力行使的目的无非有二：一是从制度上防止公权力的滥用，二是从人心上防止公权力行使者以权谋私。

二　研究主题

监察制度为中西方制度所共有，预防公权力的滥用也是中西方政治思想的共识，凡有公权力以及公权力行使者，就会存在对权力行使过程的监督，以及对权力滥用的追责。然而，既然腐败是人类社会无法根除的现象，而只能控制在一定范围内，那么，预防腐败，以及腐败发生之后，对腐败的治理就十分重要。由此，预防与治理腐败的机制就如同人体中的免疫系统一样发挥作用。本书通过对腐败现象的成因分析以及从政治哲学层面探讨监察权的权力性质及其制度展开，试图将腐败与反腐败置于政治哲学层面进行探讨。腐败不仅是个人、团体或者组织的腐败，而且也可能是整个政治体系和政治生态的腐败。由此，对于腐败问题的研究应该包括两

---

① 熊秋红：《监察体制改革中职务犯罪侦查权比较研究》，《环球法律评论》2017 年第 2 期。
② 曹俊：《监察权的法理思考》，《法学杂志》2019 年第 5 期。

个方面：公权力制度的腐败和公权力行使者的腐败。前者是政治制度自身的腐败，为应对政治体系的蜕化和堕落，政治体系内部会设置相应的反腐败的制度机制，这种内在的机制设置通常表现为对权力的监督和制约；后者是个体、团体或者组织的腐败，为了让个人和组织保持廉洁，各种团体需要不断地从自律和他律两个方面强化个体的德性与组织的伦理，这就涉及对公权力行使者伦理的养成和规训。本书认为，任何政治制度都必然存在对权力行使的监督。设置监察制度的哲学前提在于，权力的公共性与行使者的自利性之间存在不可调和的矛盾，二者在制度和现实上始终存在不可克服的对立。为此，中西方的政治制度中的监察权设置的特征涉及两个方面，即政治的廉洁性和制度的纯粹性，前者主要通过保持政治忠诚来维系，而后者主要通过制度的自我纠正能力来实现。根据研究的逻辑需要以及涉及的核心问题，它应当包括以下几个关键问题。

第一，公与私的关系。公私关系是研究政治腐败和监察权性质的理论前提，权力的公共性与权力行使者的自利性的对立是政治体走向蜕化甚至溃败的根本原因。谈及公私关系，则必然会涉及人性善恶的哲学问题。任何制度设计都涉及这个制度预设的人性前提，人性是不完善的，但是人因为拥有理性就可以遏制内在的私欲而建造惩恶扬善的制度大厦。政治的公共性问题涉及价值观、伦理观以及宗教背景，是政治理论关注的核心问题，与此相关，自利性既有其人性基础，同时也构成公共性的来源。所有人的私利的集合就是公共性，关于公共性和自利性之间的关系如何在制度上实现和谐统一构成了政治哲学思考的核心。

第二，政体蜕化论。自马基雅维利①以来，政治被认为是一个非道德的领域，国家一旦建立就有天然存在衰败蜕化的可能。优良的政体可以塑造秉持公心的官员以及热爱公共事业的公民，然而即便如此，政治体依然存在变异的可能。好制度可以让坏人变好，而坏制度可能会让好人变坏。古希腊时期的思想家就讨论过政体蜕化问题，即政治体内部存在党争、道德沦丧、官员权欲熏心，这些行为导致民主制向暴民制、贵族制向寡头制、君主制向僭主制蜕化。政体蜕化论意味着作为人类理性造物的国家自

---

① 也可译作马基雅维里、马基雅弗利。

身所蕴含的缺陷，而政体为了避免崩溃和解体，必然创设自我纠正制度，设法建构防止政体蜕化的机制的努力也是产生监察权的重要源泉。

第三，主权与治权。进入人民主权时代，对主权与治权进行区分的必要性在于，作为权力的所有者的人民不可能独立行使权力，而作为权力的行使者的政府因为人性的偏私必然背离主权者的授权，为了防止治权行使者不滥用权力，主权者必然想方设法对治权的具体行使者施加各种限制。其中，一种重要的监督方式就是不会将所有的权力都授予出去，而一定会保留必要的权力来约束权力行使者。从宪法上讲，制宪权作为创设国家根本法的权力，不会经由一次制宪行为就被耗尽和用完。总有一些非制度化的权力被保留下来，以此来监督那些制度化的权力。在此意义上，监察权与其他国家权力的性质就可以区别开来。监察权并不单纯是治权的一部分，之所以对监察权的性质难以归类，其原因在于人们总是在治权的意义上去思考监察权的性质问题。

第四，监督权与监察权。对公权力的监督是所有政治制度都要处理的问题，这种监督公权力行使的权力一般可称为监督权。在历史上，监督权可以通过各种各样的方式来实现，有代议制机关的监督、行政机关的内部监督、司法监督以及舆论监督等，这些都可以被理解为对公权力的监督。然而，与之不同的是，虽然监察权也是对公权力行使的监督，但是其监督并不是分散型的监督，而是一种集中型的监督，因此，在国家机构意义上，可以对这种集中型监督进行适当的权力配置，使监察权成长为具有理论基础以及内在一贯逻辑的监督体制。由此，探讨监察权的政治哲学基础就是探讨这种集中型监督体制的性质、特征和基本要素。

第五，党的领导。探讨监察权在中国的制度展开就必然涉及中国独特的国家政治体制，在中国实行的人民民主专政的社会主义制度，其最根本的特征就是中国共产党的领导。2018年宪法修改之后，党的领导地位更加稳固，以明确中国社会主义的根本特征。以此，中国监察体制的权力配置必然与宪法中的第一根本法"党的领导"统一起来。① 在具体实践中，国家的监察委员会与党的纪律检查委员会合署办公就是其具体的实现方式。然而，

---

① 陈端洪教授提炼出中国宪法的五大根本法，其中第一根本法就是党的领导，参见陈端洪《制宪权与根本法》，中国法制出版社，2010，第282~284页。

如何从哲学基础层面上对此予以论证是理解中国国家制度的钥匙。

三　研究结构

根据研究的主题和任务，本书可以分为前后相继的两部分，第一部分探讨监察权的政治哲学，第二部分探讨监察权在中国的制度展开。前者构成后者的理论前提，后者是前者的制度实践。

第一部分主要分为四章。第一章从公私观念的角度探讨腐败问题产生的哲学根源，腐败产生的根源在于人性的不完善，人性的不完善导致两个结果：其一，人类的彼此共存和行为的协调一致需要基本的政治秩序，这导致国家的产生；其二，政治秩序需要强制性的公权力来维持，而正是执掌和行使公权力的人也是不完善的，由此可能导致权力的滥用和政治的腐败。正如麦迪逊所言，"如果是天使统治人，就不需要对政府有任何外来的或者内在的控制了"。① 建立国家秩序的标志就是统治权力的创设，后来发展为现代主权观念，主权概念是政体观念得以形成的前提，由此国家组织、官僚制以及腐败才得到人们的深入理解。从政治秩序观念出发，腐败并不仅限于官员的腐败，在君主制时代，作为主权者的君主可能也是腐败的，主权者的官署也可能是腐败的，甚至君主的臣民也可能腐化堕落。进入现代世界，政治秩序奉行人民主权原则，腐败最有可能是政府官员的腐败，但是这并不意味着作为主权者的人民不会腐化堕落。从腐败的概念出发，我们可以归纳出腐败的两种具体的表现形式：道德层面的腐败和制度层面的腐败。第二章以政治秩序自身就蕴含着蜕化变质的基因为前提探讨政体蜕化的成因和机制。正如卢梭所云，"如果斯巴达与罗马都灭亡了，那么，还有什么国家能够保持亘古长存呢？……政治体也犹如人体那样，自从它诞生起就开始在死亡了"。② 腐败乃是任何制度都会存在的自然现象，因此，所有优良政体均会构造政治秩序自我拯救与修复的机制。从政

---

① 〔美〕汉密尔顿、杰伊、麦迪逊：《联邦党人文集》，程逢如等译，商务印书馆，1980，第264页。

② 〔法〕卢梭：《社会契约论》，何兆武译，商务印书馆，2003，第112页。

体与政治秩序角度出发，如何预防政治体蜕化变质而建构政体的健康肌体，是监察权得以出现的理论前提。在第二章，我们将讨论历史上形成的一系列从政体自我更新角度创设的制度。第三章将从权力限制的角度研究腐败的预防问题，基于腐败产生于公权力的公共性与权力行使者的自利性的彼此对立，我们要么从公权力行使的制度层面，要么从权力行使者的道德层面，来解决腐败问题。从制度层面上，让各种不同的权力彼此约束是制度设计的共识，西方社会发展出来的权力的约束和平衡制度，其目的就是限制权力的滥用。从道德层面上，要求权力行使者实现自我约束。因此，古今中外的政治实践都重视官员的清正廉洁，营造良好的政治生态。因此，反腐败也遵循着道德路径。第四章主要从政治忠诚的观念出发探讨如何预防主权者的官署背叛主权者的托付和授权。从逻辑上，这可以分为主动和被动两个部分：一是从主动层面探讨主权者对权力行使者进行监督，或者以人民的权威对权力行使者进行监督；二是从被动层面探讨权力行使者的政治忠诚，因此，制度上预防腐败就要强化权力受托者的忠诚观念，使其忠于公共利益、国家和人民。这部分主要是从官员管理的角度探讨反腐败的制度设置。从监察权的历史发展看，监察权确实具有矫正官员风纪的作用。因此，监察权也是一种软性的道德权力，具有监督权力行使者保持良好道德操守的作用。第五章将通过监督模式与监察权的逻辑来探讨两种不同的历史时期的监察权的运行模式。在君主制时代，监察权主要为君主或者帝王服务，因此监察权的运行模式主要针对的是"吏治"。在这种模式中，监察权以集中型的权力来履行其职能。到人民主权时代之后，根据主权与治权分离的逻辑，监督权不可能完全整合为一种集中型的权力，从而导致两种监督类型的出现，即分散型监督与集中型监督，而后者通常被用来构造国家监察权。我国的情况更为特殊，因为我国的社会主义国家性质，所以在监察权的构造和行使模式上又不同于西方的监察制度。

第二部分主要以监察权的政治哲学探讨为基础分析我国监察制度的现代展开。第六章探讨我国现代监察体制改革，本书认为监察体制改革是国家重大政治体制改革，其根本意涵在于以"党的领导"为根本原则对监督权进行重整，它是以监察为基础的政治秩序重整。监察权的运行应该置于国家整合的角度才可以得到完整的理解，其最终目的是实现政治生态的制度性更新。政治生态的概念有助于我们理解监察权在国家政治过程、官员守法以及人民参与中的作用。第七章主要是从宪法学角度探讨我国监察体制改革的意义。事实上，监察权的重新配置涉及一个重大的宪法问题，即宪法的变迁。很显然监察委员会入宪是通过修改宪法来完成的，它是宪法变迁的一种形态。虽然监察体制改革这种变迁是通过修改宪法完成的，但是与一般的宪法修改并不相同，它的修改涉及政府在政治体制中的力量比例的变化。因此，监察委员会作为一个重要的国家机关，其入宪所依据的不是一般意义上的修宪权。本书认为，监察权具有政治性和规范性双重特征，而党的纪律检查机关与国家的监察机关的合署办公实现了自律与他律的统一。

四　研究方法

本书的研究需要采取多学科的研究方法。第一是文献梳理。需要对历史上的政体理论以及关于官员保持政治忠诚的理论进行梳理。我们可以按照政治体的发展与自我修复理论梳理出一条理论线索。另外，保持官员政治忠诚的理论，在历史文献中有很多，中外历史上有不少伟大的哲学家都探讨过这一问题。第二是规范分析。本书从国家法学与宪法学的角度，对国家监督权和监察权进行规范性研究，同时在分析比较人民、国家与宪法之间的概念关系的前提下，对监察权的宪法配置进行研究，进而从中国宪制体系内在结构出发，为坚持与完善党和国家监督体系提供宪法与法律的理论基础与规范依据。健全与完善党和国家监督体系是一项系统工程，但从法学的意义上讲，应该先提供法学理论支撑以及规范依据。第三是比较研究。本书通过比较域外监察制度的历史与中国古代监察传统，从监察权的配置思路和制度结构出发，探讨中国监察制度的特点。同时，本书重点阐述我国监察权的属性、内容及其特征。第四是实证研究。应对关于监察体制改革的重大举措以及监察体制改革以来的具体实践，进行分类归纳，收集监察法实践过程中积累的具体材料。

第一章　政治腐败的哲学基础

政治腐败的本质是公权力与个人私欲的结合而衍生出来的以权谋私现象，无论是公权力还是私人欲望都基于相同的人性。人类之所以建立国家，乃是因为人性的不完善，若是人人都是天使，那么，政府就不需要存在了。人类构造政府并创设公权力这一事实就证明了人性的不完善。麦迪逊在《联邦党人文集》中指出，"政府本身若不是对人性的最大耻辱，又是什么呢？如果人都是天使，就不需要任何政府了"。① 另外，如果官员都是天使没有任何私欲，那么就不会有腐败，也就不需要对政府权力进行控制了。可见，无论政治秩序存在的必要性，还是预防政府腐败的理由都"深植于人性之中"。

一　政治腐败的概念

腐败是一种人类社会普遍存在的现象，就如同人体的疾病一样，腐败在某种程度上是政治社会的基本特征。但是目前关于腐败的定义却无统一的说法。从词源来看，英文中的腐败即"corruption"来自拉丁文的"corruptus"和"corrumpere"，前者是"破坏""宠坏"，而后者是"毁坏""打碎"，体现为"分裂成许多碎片"。《牛津法律大辞典》中对腐败的解释是"指从原本纯洁的状态发生的堕落"。在汉语中，"腐败"的本意是"朽烂"、"变质"和"败坏"。《说文解字》的解释是，"腐，烂也。从肉，

---

① 〔美〕汉密尔顿、杰伊、麦迪逊：《联邦党人文集》，程逢如等译，商务印书馆，1980，第264页。

府声"。《汉书·食货志》云："太仓之粟，陈陈相因，充溢漏积于外，腐败不可食。"《现代汉语词典》对腐败的解释有三种：一是腐烂、不能吃的食物；二是陈旧的思想和堕落的行为；三是组织、制度、结构和措施等混乱与黑暗。无论是国内还是国外，腐败的含义都是指事物的变质、朽烂和败坏。当然还有很多学者和组织也对腐败进行界定。如亨廷顿认为，"腐败是指国家官员为了谋取个人私利而违反公认准则的行为"。① 有学者认为，腐败就是公共权力的非公共运用。一般讨论腐败问题主要围绕四个方面的内容：腐败的主体、腐败的目的、腐败的对象以及腐败的手段等。② 但是，若要有效惩治腐败，仅仅研究腐败现象是不够的，还需要深入挖掘腐败的成因。

对腐败问题的研究涉及诸多学科，政治学、法学、社会学、经济学、哲学等都对腐败现象、成因以及惩治腐败的手段提出了自己的理论模型。政治学者研究腐败问题主要从政治制度（分权与制衡理论）、民主理论（民主与腐败的关系）和国家治理等角度来进行。而经济学者则以寻租理论、委托—代理理论、公共选择理论以及市场与腐败关系等为主题展开研究。在法学领域，研究者则以宪法、行政法和刑法学科为主，针对腐败行为的责任追究、公权力的自由裁量的约束等方面来进行研究。这些研究卓有成效，但是还未触及腐败问题的哲学根源。在哲学领域，研究者认为，腐败乃是主客观条件共同作用的结果，即主观上人性的不完善与客观上制度权力向国家权力让渡的必要性，而一旦存在腐败的机会，腐败必然转化为现实。③ 从根源处探究腐败的成因，就在于公共权力的异化，这种异化最直接的表现就是权力的非道德化。现代世界，随着市场经济逻辑的扩展，公权力设定的目的逐渐为市场逻辑所淹没，即便道德高尚之人也不可能完全抵御利益的巨大诱惑，从而陷入腐败的泥潭。

---

① 〔美〕塞缪尔·P. 亨廷顿：《变化社会中的政治秩序》，王冠华等译，生活·读书·新知三联书店，1989，第54页。

② 关于腐败研究的主要内容的讨论，参见项继权等《中外廉政制度比较》，商务印书馆，2015；任建明、杜治州《腐败与反腐败：理论、模型和方法》，清华大学出版社，2009。

③ 肖克：《"腐败"的政治哲学分析与廉洁政治的路径探索》，《廉政文化研究》2013年第5期。

二 腐败的理论模型

不同学科，根据不同的理论方法，提炼出相关模型来研究腐败的成因。我们可以从这些学科中总结出三种比较有代表性的腐败理论模型。

（一）寻租理论模型

这一理论模型由美国经济学家塔洛克提出，他在《关于税、垄断和偷窃的福利成本》中论述了寻租现象，后由美国经济学家克鲁格和布坎南予以系统化，后者还因这一理论获得 1986 年的诺贝尔经济学奖。现代经济学将租金定义为"支付给资源所有者的报酬超过那些资源在任何可选择的用途中所能得到的报酬的那一部分，也就是超过机会成本的收入"。① 布坎南认为，寻租是人民凭借政府保护进行财富转移而造成资源浪费的活动。寻租并不会创造更多的社会财富，寻租活动改变的是生产要素的所有权关系。当寻租的成本低而收益高时，人们会受到利益的驱动而从事寻租活动。因此，有学者直接将腐败等同于寻租。因此，腐败发生的根源就可以被解释为：一是政府对市场的干预造成市场逻辑的扭曲，使人们从事寻租活动；二是寻租活动并不创造财富，而是引起交易成本的增加，经济效益低下；三是解决寻租问题的方法就在于消除对市场的行政管制，以市场和价格机制引导市场行为，从而促进公平竞争消除寻租行为。从寻租理论出发，解决腐败问题的方法就是要通过市场来协调个体的行为而减少行政干预或者政府的影响。虽然寻租理论有一定的解释力，但是其只适用于市场与政府关系密切的某些领域。

（二）委托—代理模型

委托—代理模型对腐败的解释主要建立在信息不对称的理论基础上。委托—代理关系是一种契约关系，即委托人通过契约的方式与其指定或者

① 卢现祥：《西方新制度经济学》，中国发展出版社，1996。

雇用的代理人达成服务契约。这一经济学理论对现代国家的腐败现象是有解释力的。公司的委托—代理关系可以用来解释民众与政府之间的关系，政府是民众的受托人，公权力的所有者与公权力的行使者之间存在一种委托—代理关系，从而政府中的公职人员可以信息不对称的方式来欺骗其公共利益的委托人。在委托—代理理论中，公共权力被层层委托给具体官员，以官员行使公权力的方式来实现权力运作，代议制民主就是这种委托—代理关系的具体制度实现。因为受托人的利益与委托人的利益并不总是一致的，从而引起委托—代理关系的失灵并最终产生腐败。① 因为政府官员天然具有双重角色，既是政府的公职人员同时也是具有私人利益的个体，二者的利益并不一致，在行使权力的决策中可能倾向于保护自己的利益。委托—代理关系另一个导致腐败的重要原因是公共权力的垄断，权力一旦授予政府行使，政府就可能基于信息不对称而谋取私利。

（三）国家权力作为财产模型

国家权力作为财产模型是以财产权的内在结构来分析政治腐败现象的。② 根据这种理论模型分析腐败的成因就在于财产的所有者与财产的使用者之间的分离，财产的所有者由于对财产的使用者缺乏控制力而导致后者腐败。财产权是一个非常复杂的概念，一般认为财产权意味着某人对某物具有占有、使用、收益、处分的权利。按照财产权的逻辑来理解国家，那么国家权力就是某种财产，从而可以区分主权者享有国家权力，而其官署则拥有财产的使用权。在现代国家，主权者是人民，人民虽然是国家权力的所有者，但是权力的具体行使人是政府，若人民对政府缺乏足够的控制力，则政府可能以权谋私。一旦出现以权谋私的现象那就是腐败。由此，惩治和预防腐败的方法就在于加强人民对政府的控制力。尽管存在各种模型来对腐败现象进行解释并提出应对政治腐败的各种方法，但是从历史和现实角度看，不管是资本主义国家还是社会主义国家，无论是古代社会还是现代社会都不可能完全避免腐败的产生。但是，人民对于最低限度

---

① 程同顺、李秋兰：《腐败的委托——代理分析》，《唯实》2004 年第 12 期。

② 参见陈端洪《国家权力作为财产——政治腐败分析》，载信春鹰编《公法》第 3 卷，法律出版社，2002。

的腐败也是无法容忍的，而腐败一旦发展到一定程度就会造成极其严重的政治经济后果，轻则影响经济社会的发展，重则导致人亡政息。既有的研究都是从腐败的成因以及腐败的分析模式出发对这一现象进行研究，并提出自己的思路和方案的。但是，从政治哲学层面研究腐败现象的成果还不多。

三　政治腐败的人性根据

无论东方还是西方，人们对人性的理解都是相当复杂的，一方面人性固然不完美，但另一方面人性又有其高贵之处。现代政治虽然寄希望于人性尊严的神圣性，憧憬未来政治的美好图景，对乌托邦和理想国的想象从未从人类政治思想中消失，但是，当人们冷静下来，看到被扭曲的"人性之材"时，则不得不感叹人性这根曲木是不可能造就任何笔直的东西的。以康德的人性观为例，他通过现象界与本体界的划分，将人类纯粹实践理性作为道德源泉，但另外又提出人性存在"根本恶"。人的本性之所以被私欲所牵绊，乃在于人既具有动物性的禀赋，又是理性的存在者，而这两者的综合导致一种结果，就是"作为一种有理性同时又能够负担责任的存在者，人具有人格性的禀赋"。[①] 关于人性观，最具典型性的是基督教和儒家在人性问题上的巨大差异。基督教的人性观塑造了西方政治传统，而儒家的人性观则是中国古代政治传统的基石。

（一）中国及西方人性观

中西方政治制度的外在差异是不同人性观在政治领域的具体表现形式，对人性有何种认识就会产生何种政治制度。制度的设计以特定的人性观为前提，而对人性的认识形成不同的理论模式。为探讨政治腐败问题的人性基础，首先要比较中西方政治制度的人性基础，其次从人类学的角度探讨人性的本质，最后回到政治中的人性。人性理论可以从三个方面来加

---

① 〔德〕康德：《纯然理性界限内的宗教》，载李秋零主编《康德全集》第 6 卷，中国人民大学出版社，2007，第 24~25 页。

以认识：一是人性的原初状态；二是人性发展的目标状态；三是如何实现人性目标。中西方人性观最具代表性的是基督教的人性观与儒家的人性观，二者对人性原初状态的认定呈现出相反的态度。如果说儒家传统理论以人性善为主的话，那么基督教传统显然持有人性恶的主张。

基督教的性恶论源自基督的经典教导，亚当与夏娃偷食禁果而让其子孙世世代代都有罪孽，"就如罪是从一人入了世界，死又是从罪来的；于是死就临到众人，因为众人都犯了罪"（《新约·罗马书》）。这种观点被奥古斯丁发展成"原罪说"，偷食禁果之后人类的自由意志就已经被原罪所污染，人类完全丧失了上帝赋予人选择善恶的能力。① 而原罪包括四个方面的含义：第一，原罪是普遍的罪；第二，原罪是"天生的罪"；第三，原罪是由遗传而得来的；第四，原罪来自亚当。正是因为原罪具有普遍性和先天性，所以对原罪的救赎只能依靠上帝的恩典。后来基督教与古希腊哲学用一种截然对立的二元逻辑来理解人性。这种人性论以二元论的形式表现为一种对立关系，即"肉体与精神""此岸与彼岸""世俗与圣神"的对立，而且产生一种贬低肉体和此岸，推崇精神和彼岸的哲学倾向，"没有什么比我们称之为理性的精神的那种造物更强有力，如果你在精神中，你就处在中央：往下看是肉体，往上看是神"。② 由此，这种二元对立逻辑对西方政治传统产生了巨大影响，以奥古斯丁为代表，他区分了天上之城和地上之城，因此世俗的地上之城要听命于上帝的指导才可能得救。

中国古代人性观以儒家为代表，作为儒家传统的开创者，孔子并未直接谈及性善与性恶问题，而在《论语》中也仅有两处论及人性。第一处为："性相近也，习相远也。"（《论语·阳货》）第二处是："夫子之文章，可得而闻也；夫子之言性与天道，不可得而闻也。"（《论语·公冶长》）前者提及的"性相近"并未指明性善还是性恶，但孔子认为人的先天禀赋是相近或相似的，"习"指的是后天养成，后天养成导致了人在品行上的差异。后者则谈及性与天道的关系，可以合理推测孔子的人性观涉及超越性的问题，但是并未明确二者之间的关联。而真正将人性定为善的

---

① 赵敦华：《西方哲学简史》，北京大学出版社，2000，第115页。
② 〔德〕莫尔特曼：《创造中的上帝：生态的创造论》，隗仁莲等译，生活·读书·新知三联书店，2002，第319~320页。

乃是孟子，并且《中庸》一书认为这种人性之本质乃是得之于超越性的天，"天命之谓性"。孟子的人性观直截了当，《孟子·滕文公上》云："孟子道性善，言必称尧舜。"孟子认为人性从其本质上就是善的，这是从事实上认为人性善，从规范上认为人应当保持善性。人性善并不是后天养成的，而是先天就存在的，人之所以不善乃是放弃其善心的结果。①

从人性原初状态的认定上，西方的基督教认为人性本恶，而中国儒家传统则认为人性本善。二者都是从事实的层面来论定人性的原初状态的，不管其出发点如何，保持人性善乃是文明自然的倾向，由此在人性发展目标上呈现出两种不同的思路。在基督教传统看来，既然人性本恶，那么重要的是如何洗脱罪恶而回归上帝的怀抱。这种厌恶肉体和欲望，追求精神的倾向在后来的西方政治传统中具有重要影响。既然人性是恶的而且也不可能通过道德教化来予以改造，于是在西方社会发展出来的社会制度和法律的重要目的就在于约束人性中的恶。而在儒家传统中既然肯定人性是善的，那么对天生的善性要善于培养，也就是可以通过道德教化来发掘人性中的善。儒家的教诲中多以"为善去恶""道之以礼"等论说为主旨。由此，在政治领域也导致中西政治的巨大分野。西方社会的政治通常遭到贬低，从事政治就相当于从事邪恶的事业，世俗权力只是手段和工具。而在中国，政治则是价值实现的重要途径，儒家传统主张得君行道，贤能政治。

（二）生物学与人类学中的人性

除了从超验的形而上学角度探讨人性之外，现代社会对人性已经通过具体科学的方式加以研究，建立在科学知识上的人性观依然是现代政治得以发展和演进的基础，因为"没有一个永久的、跨历史的标准，即如果不讨论人性，历史显然也无法讨论，更不用说讨论'世界普遍史'"。②而现代科学对人性的探讨主要从两个角度出发，一个是从生物学的角度探讨人之本性的物质基础，另一个是从社会学的角度探讨人性问题是不是一个社

---

① 北京大学哲学系中国哲学教研室：《中国哲学史》，北京大学出版社，2019，第44页。
② 〔美〕弗朗西斯·福山：《历史的终结及最后之人》，黄胜强、许铭原译，中国社会科学出版社，2003，第157页。

会性的问题，即人性并非天生的，而是后天养成的。

从生物学意义上研究人性问题将导致文化上的相对主义，即没有任何客观的道德标准，道德乃是人类理性建构的产物，文化是集体创造的结果。人之所以异于其他动物就在于人的基因的不同。根据现代生物学的研究，人类在进入政治社会之前并不是生活在可怕的相互争夺的状态之中，而是已经开始学会合作。而生物学家认为产生合作的原因有两个自然来源：亲戚选择与互惠利他。关于生物的进化被理解为不是有机体自身的生存选择，而是基因借助有机体而不断延续。而促进基因共存的原因是亲戚选择，研究证明，某个个体对待亲戚的利他倾向是与其基因共享成正比的。① 因此亲戚之间的相互合作不仅是一种社会关系的表现，而且存在生物学意义上的基础。与亲戚分享资源并且提供帮助是人类生活的常态，还有一个是与陌生人之间的合作，物种内部的互利合作可以在很多生物种群中得到验证。因为种群参与合作可以有效地避免危险而获得好处。生物学的研究为人性提供了具体的物质基础，为探讨人性问题奠定了科学依据，福山采取这种方式将人性界定为"人类本性是人类作为一个物种典型行为与特征的总和，它起源于基因而不是环境"。② 从基因角度来解释人性问题就得出人性并不是自私或者利他的，而是基因为了自我生存要求人作出某种行为，或者人类为了保持基因而相互合作。从生物进化的角度看，人类与大猩猩在史前时期99%的染色体存在重叠。但是，从生物学的角度如何解释剩下的1%的染色体差异才是问题的关键，语言、宗教和抽象思维可以提供某种解释。很多生物学家认为，人脑之所以如此发达在于合作与竞争的激励。根据福山的研究，他将这些基于基因要素而产生的人类行为特征进行概括进而得出七个方面的人性基本特征：第一，人的社会性是与生俱来的，人类社交是基于基因的生物学原因，而不是后天教育的结果③；第二，基于基因的共享原则，亲戚选择与互惠利他是人类合作的前提；第

① 关于亲戚选择的生物学研究，参见〔英〕理查德·道金斯《自私的基因》，卢允中等译，中信出版社，2012。
② 〔美〕弗朗西斯·福山：《我们的后人类未来：生物技术革命的后果》，黄立志译，广西师范大学出版社，2017，第228页。
③ 〔美〕弗朗西斯·福山：《政治秩序的起源：从前人类时代到法国大革命》，毛俊杰译，广西师范大学出版社，2012，第34页。

三，人类有获得他人认可的自然倾向，这种倾向是客观存在的；第四，人具有抽象的能力，这为宗教的产生奠定了基础，同时抽象也为组织社会提供了凝聚力；第五，"人类天生喜好制定和遵循规范或者规则"①，制定规则的目的是尽量避免集体行动的无效性，降低交易成本；第六，人类之所以遵循规则并不是理性计算的结果而是基于情感的原因，人类的道德行为是无法得到解释的，福山认为"在我们认知的人性上，类属典型的人类情绪远比理性或者外形重要"；第七，福山观察灵长类动物的生活，得出结论认为"人类天生具有暴力倾向"。综上，福山得出结论认为，人性存在于"天使与魔鬼之间"。人类的行为特性表现为一种相当矛盾的情形，即人具有伪善、自私自利的行为特征，然而这种自利的倾向却意外达成了共同的合作而追求公共利益。

除探究人性的生物学基础之外，哲学人类学也试图通过哲学的方法来探讨"人的本质"，哲学人类学产生的原因在于纠正以往各个学科将人予以分别研究的弊端。而现代哲学人类学的重要特征是重视人与环境的关系，"不是人为地把人与人生活于其中的自然隔离开来，而是在与自然界的相互联系中观察人"。② 从哲学人类学的研究来看，对人之本质的认识可以归结为人是文化塑造的结构，人与文化之间的互动是一个双向的过程。人创造出文化，反过来文化又塑造人的本质。在哲学人类学看来，所谓人性指的就是人的生物性与文化性的综合，其具体表现就是人类特有的生理、心理与行为特征。从人类学的角度出发来研究人性产生的结果就是对人性的认知缺乏客观性，一是人性的改变是人与文化互动的结果，二是人性的连续性是文化传承的结果。在这个意义上，人性善恶问题乃是文化养成的问题。我们以李泽厚的哲学人类学观来理解人性问题，他认为人性是"区别于动物而为人所特有的性质或本质"③，这种本质既不是阶级性也不是动物性，甚至也不是社会性的，而是感性与理性相互渗透的。李泽厚反对将人性理解为"一半是天使，一半是魔鬼"，而是将人性理解为一种特

① 〔美〕弗朗西斯·福山：《政治秩序的起源：从前人类时代到法国大革命》，毛俊杰译，广西师范大学出版社，2012，第 431 页。
② 〔德〕米夏埃尔·兰德曼：《哲学人类学》，张乐天译，上海译文出版社，1988，第 201 页。
③ 李泽厚：《实用理性与乐感文化》，生活·读书·新知三联书店，2005，第 202 页。

殊的"文化—心理结构",而这种结构是人类历史实践积淀的结果,这种积淀依然以人类的生物性为前提,只是经过人类实践之后才积淀为一种稳定的心理结构。这种结构又可以分为三个部分:一是认识领域的能力,表现为逻辑和思维能力;二是伦理领域的能力,即人的道德和意志能力;三是人的审美能力,具体就是审美趣味等。而在这三种能力中,李泽厚更推崇审美能力,他认为审美能力体现的是"感性和理性的互渗","美作为自由的形式,是合规律性和合目的性的统一,是外在的自然的人化或人化的自然。审美作为与这种形式相对应的心理结构,是感性和理性的交融统一,是人类内在的自然的人化或人化的自然。它是人的主体性的最终成果,是人性最突出的表现"。① 人性问题转变为通过人类实践而历史地形成的文化心理结构,而其结构特征就是人的认识、实践和审美能力。虽然这种理论解释了人性的历史来源问题,但是对人性的复杂性却没有适当体察,尤其是忽视了人性的动物性对人类社会的影响。

无论是生物学角度的讨论还是回到人类学的探究,人性问题都表现出自身的复杂性。除了一元论式的非善即恶的人性观外,对人性"一半天使一般魔鬼"的认识也不足以解释人性问题的复杂性,如黑格尔所言"直接意志的各种规定,从它们是内在的从而是肯定的来说是善的。所以说人性是善的。但是由于这些规定来自自然,一般地与自由和精神的概念相对立,从而又是否定的,所以必须把它们根除。因此,又说人性是恶的。在这个观点上,决定采取上述任何一种观点,都是主观性的"。②

(三) 政治中的人性

1. 古典政治的人性观

古典政治与现代政治的重大区别在于后者对人性与政治生活关系的理解出现了巨大的转变。按照古希腊哲学家亚里士多德的观点,人终究要和自己的同类生活在一起,而人的幸福和至善要在城邦中才可能达成。③ 人

---

① 李泽厚:《实用理性与乐感文化》,生活·读书·新知三联书店,2005,第215页。
② 〔德〕黑格尔:《法哲学原理》,范扬、张企泰译,商务印书馆,1979,第28页。
③ 〔德〕奥特弗利德·赫费:《政治的正义性》,庞学铨、李张林译,上海译文出版社,2014,第187页。

是一种政治的动物，为了实现其内在本质而必须依存于政治共同体，政治社会是伦理共同体，其中人的德性与政治体的至善相互成全。在亚里士多德看来，人类的本性就是政治性，而这种政治性是自然的，"人类自然是趋向于城邦生活的动物（人类在本性上，也正是一个政治的动物）。凡人由于本性或由于偶然而不归属于任何城邦的，他如果不是一个鄙夫，那就是一位超人"。① 具体而言，第一，人身上有着结成政治团体的本能，在城邦中"向下"扩展为生活的必需，而"向上"扩展为自我实现；第二，个体与种族的历史发展导致团体的形成，团体从生存之所需逐渐成为优良和善好的生活之所需；第三，只有经过不同的阶段，抵达城邦状态之后，团体结合的形式才会停止下来。古典时代的政治学主要还是探讨好的生活和公正生活的学说，而在中世纪后期，社会结构开始转型，人与人之间更多地体现为一种实质的冲突，以至于道德不可能作为秩序的基础。正是对道德和政治关系的理解发生了转变，古典政治才转变为现代政治，而从思想史上说这一点在马基雅维利的理论中得到了阐述。根据马基雅维利的观点，人的本性是自私的，而政治家治理社会的有效动机也是利己主义，政治共同体乃是由追求安全的民众与追求权力的统治者组成的。② 在这样的政治社会中，人始终处于竞争与相互争斗的状态，而这种人性状态在马基雅维利生活的意大利就表现为泛滥成灾的政治腐败，"所谓腐败，马基雅维利一般是指私德的败坏以及公民城市和献身精神的缺失，而这使得民众的政府成为不可能"。③ 由此，除了实施君主制，在其他制度下，有效的治理是不可能的。

2. 现代政治中的人性

真正让人类之间的相互竞争与斗争的本性从政治哲学上得到论证的是霍布斯。霍布斯根据人性的这种特点，设定了一种虚拟的"自然状态"。通过自然状态理论来研究国家的形成实际上使用的是科学上的分析和综合的方法，先将国家予以分解，然而重新联合。从霍布斯、洛克到卢梭，契

① 〔古希腊〕亚里士多德：《政治学》，吴寿彭译，商务印书馆，1981，第7页。
② 〔美〕乔治·萨拜因：《政治学说史》（上卷），邓正来译，上海人民出版社，2010，第15页。
③ 〔美〕乔治·萨拜因：《政治学说史》（上卷），邓正来译，上海人民出版社，2010，第17页。

约论思想家在讨论政治社会之前，都会返回到自然状态。讨论自然状态可以从两个方面来界定其目的：其一，在于论证人类政治生活之必然性；其二，为了论证一个正当的或者好的政府提供基础和人性前提。从秩序之理想上讲，自然状态的理论假设可以提供一种什么是可能的好的政治秩序的模型；从人类之现实而言，自然状态理论在人性的现实上意味着人类必然要过一种政治生活。

尽管契约论思想家都回到人本身去探讨建立国家的必要性、方法，但是如何理解人本身，不同的思想家的看法并不相同。对人性不同的看法形成了自然状态中的不同的人的形象。在霍布斯的自然状态中，人对人是狼。而在卢梭的自然状态中，人与人之间则显得和平而自足。而在关于人性的看法中，人性到底是否有共同的本质。有人认为，人性并无共同的本质，人性乃是历史的产物或者社会关系的反映。有人则认为，人性具有独立于文化和历史而存在的共同本质，只是不同的文明对人性的本质的看法并不相同。在中华文明中，人性的本质一直是中国哲学争论的焦点问题，有主张性善者，有主张性恶者，有主张善恶混者。但从其主流，作为中华文明主轴的儒家文化认为，人性本善。而受到基督教影响的西方文化一般认为人自诞生时就带有原罪，因而原罪意识浸透在西方的政治思考当中。由此，对人性恶的预防成为制度设计中必须予以考虑的问题。相反，由于儒家认为人性善，其在制度上不重视对人性恶的预防，而通常诉诸道德和礼仪。但是，无论如何，对人性的认知构成思考社会秩序的起点。我们以霍布斯、洛克和卢梭的人性思考为例，来讨论人的形象问题。

霍布斯在《利维坦》的导言部分称，有两种方式来认识人。第一种方式是通过阅读，我们可以把这种"阅读"理解为观察别人和通过材料来研究别人。第二种方式是认识自己，因为每个人的思想情感与他人是相似的。从其论述中看，霍布斯更依赖于后者对人性加以考察。讨论霍布斯对人的形象的理解，需要区分人性的可变部分和人性的不可变部分。而通常来说，构成霍布斯对人性固定看法的是依赖于对人性不可变部分的认识。一般认为，霍布斯所设想的人是一个自私自利的人，这种人在心理上是自利主义的，而且在伦理上也是自利主义的。根据霍布斯对人的动机的理解，人总是受那些能够让自己获得利益的激情的驱动，而"自我保存"构成人类行为的本质动机。因此，人的每一个行动都可以被看成满足欲望的努力。另外，区别于动物的自利和自保的是人具有"理性"的前提。霍布斯的理性乃是一种计算的能力，"理性就是一种计算，也就是将公认为标示或表明思想的普通名词所构成的序列相加减"。① 而这种理性就可以在"真实的善"和"似然的善"之间作出区分，这种区分意味着理性是通过对尚未到来的后果的预见而运作的。总体而言，霍布斯认为，人是自利的。虽然霍布斯并未排除其他的可能激发人行动的动机，但是诸如善良、仁慈和友好这些美德似乎是可以通过社会教育获得的。但是霍布斯所理解的人性是自利的观点，与亚里士多德所认为的"人天生是社会的动物"的观点截然不同。霍布斯的理论认为，人之所以要结成社会，进入政治状态，其起点依然是人的自利和"自我保存"，因为是对暴死的恐惧人才会进入社会当中。

洛克的人性观与霍布斯的人性观大不相同，其原因在于洛克诉诸了一种独特的自然法理论，在霍布斯那里，自然法乃是自然状态中人性之间相互作用而导出的规则。而在洛克这里，自然法是独立于自然状态的，自然依赖一种独特的人类认知前提和基督教神学背景。洛克一篇论述自然法的文章，其标题正是"是否有一种给我们的道德规则或自然法？然也"（Is there a Rule of Morals, or Law of Nature given to us? Yes）。② 自然法被认为是上帝的命令，可以通过属于人的自然理性来发现。关于自然法和人性的关系，洛克表达了三层意思：第一，虽然自然理性可以发现自然法，但是并不是所有人都尊重自然法，人类的激情可以干扰理性的运用；第二，人类的良知可以证明自然法的存在；第三，万物受自然法则支配，人则受到自然法支配。③ 人类可以通过四种途径获得自然法传授的道德知识，即"铭刻于心的"，"基于传统的"，"感觉—经验"以及"超自然的和神启的"。因此，就人性而言，人有着共同的自然理性和良知作为行动的前提，人是可以自由选择的。在洛克这里并未发生如霍布斯描述的人性的自利所导致的人与人是狼的战争状态。甚至有人认为，洛克的《政府论》上、下

---

① 〔英〕霍布斯：《利维坦》，黎思复、黎廷弼译，商务印书馆，1985，第28页。
② 〔英〕洛克：《洛克政治论文集》，中国政法大学出版社，2003，第81页。
③ 〔英〕洛克：《洛克政治论文集》，中国政法大学出版社，2003，第88~100页。

两篇其实有着明确的论敌，上篇针对的是菲尔默，而下篇的论敌是霍布斯。拥有自然理性和良知的人的共存状态之所以不易维持在于人性本身，在自然状态中，每个人对自然法的理解是不同的，因此，针对特定事项如何执行自然法，人们总是存在争议。这导致洛克的自然状态依然需要寻求某种共识。这里还需要解释的是，洛克在认识论上是主张"白板说"的，即否认人最初的心灵被"刻入"任何知识，知识都是通过经验而摹写在"白板"上的。若从白板说的角度来理解人的形象，人性中关于自然法的知识并非天生就拥有的，而需要后天的学习。

卢梭的人的形象是基于卢梭的一次神奇的顿悟。与霍布斯的人性的自私性或者洛克的自然理性和良知催动的后天学习而塑造的人性不同，卢梭认为，来自人性的总是好的，不好的乃是社会制度。并且卢梭还对之前的契约论思想家提出了批评，"所有的人都喋喋不休地谈论需要、贪欲、压迫、欲望和自尊，把社会中获得的一些概念搬到自然状态，因此，他们说的是野蛮人，描绘的却是社会中的人"。① 卢梭所描述的人的形象是，第一，人的本性使人对自己的福利和自我保存极为关切；第二，人的本性使人不愿意目睹同类的受难和死亡。这样一种人的形象既不是自利的，也不是对他者漠不关心的，相反，人在关心自己利益的同时也同情自己的同伴。在卢梭看来，在强制性的权力出现之前，人类是自由的和平等的。而关于人类德性的自足，卢梭也没有像洛克那样去诉诸上帝，人类德性的塑造要通过人自身来完成。人的良知、自由和理性构成了人自我可完善性的前提，通过社会制度人能转化自己的灵魂，升华公共的道德和热爱祖国的情感。卢梭以野蛮人的生活状态来思考没有政治秩序存在状态下的"自然人"，这种人的形象是健康活泼的、自得其乐的，其更类似于野兽，其与野兽的主要区别在于，自然人是自由的。这与其他社会契约论思想家的观点不同，他们通常认为，人与野兽的区别在于人的理性。卢梭认为，与野兽不同的是，人类可以通过自由行动来完善自我。这种人的形象是既无善也无恶，他没有道德观念，道德观念乃是人类社会化的结果，不借助于自由和理性，所谓的文明只会让这种健康的状态走向堕落。

---

① 〔法〕让-雅克·卢梭：《论人类不平等的起源和基础》，高煜译，广西师范大学出版社，2009，第70页。

社会契约论的思想家大多试图从现实的人出发来思考政治秩序的起点，而所谓现实的人就是以人的原本面貌来认识人。虽然霍布斯、洛克和卢梭对人性的认识不尽相同，但是他们关于人性的知识依然存在相通之处，即从人性的普遍性方面而言，人性都具有自私的倾向，人性都有理性的能力，而且人性都有改进的可能。人性具有天然的共同本质，这是人之可塑性的基础，同时人性也有社会化的一面。社会化的目的就是通过对人性的改造来完善人自身并完善人所处其中的社会。这里可以借用康德的见解来理解人自身，康德认为人的规定性包括三个方面：作为一种有生命的存在者，人具有动物性；作为一种有生命又有理性的存在者，人具有人性；作为有理性又能够负责的存在者，人具有人格性。

契约论思想家把人类的非政治性特征以及进入政治状态的可能性演示在一个被称为自然状态的舞台上，这一舞台最终陷入绝境。人类必然选择过政治生活。从霍布斯的角度来看，这样的状态是所有人对所有人的战争，所有人宣称对一切都拥有权利。卢梭讽刺道，"（霍布斯）得出这样的结论，即认定人会依照对所需一切东西合理拥有的权利，狂妄地以整个宇宙的统治者自居"。[①]

通过以上分析，无论是西方基督教主张的性恶论，还是中国古代儒家传统推崇的性善论，这两种人性论都承认仅凭先天的人性原初状态，人类不足以自我保存。因为由于人性的复杂性，从人性善的角度看，人性固有先天的善的本质，但是这种善可能堕入对外物的欲望之中。而从基督教的主张出发，人性本身就是有罪的，那么这种基于宗教的蒙恩与救赎未必对所有人都是可能的。由此，对人性的讨论基于形而上学前提尚不足以对人性形成全面的认识，但是不同的人性观却对中西方政治制度的形成产生了重要的作用。现代生物学回到基因问题上探讨人性，认为人没有共同的本质，只表现出不同的行为特征，从基因的自我保存的性质而言，人的行为表现出自私性和合作性两个方面的特征，另外人类的抽象能力为人类以"符号""观念"来维持政治秩序提供了基础。而从哲学人类学的视角来看，人类在认识、实践和审美方面的能力也就构成人的本质能力，其实就

---

① 〔法〕让-雅克·卢梭：《论人类不平等的起源和基础》，高煜译，广西师范大学出版社，2009，第 94 页。

其根源来自人与文化之间的互动，从而人性问题就转变成相对主义和历史主义的问题，即没有先天的本质性的人性，人性是历史和文化的产物。然而，现代政治哲学对人性的认知持有两方面的观点：其一，人性都具有自私的倾向，这是人的动物性的方面；其二，人性有理性的一面，理性可能产生两方面效果，极有可能改进人性的不足，也可能扩张人性之恶。正如康德的概括：作为一种有生命的存在者，人具有动物性；作为一种有生命又有理性的存在者，人具有人性；作为有理性又能够负责的存在者，人具有人格性。

四　公私之辨与政治忠诚

理解政治腐败就是要理解公私观念之间的差距，以及公私关系在具体政治实践展开中产生的诸多问题。因为人有私欲所以在行使公权力的过程中容易以公谋私，因为有私欲的存在公职人员才会背叛主权者的委托而僭越主权者的权力。由此，只有辨明了公私关系才可能让权力的行使者常念人民之德恪守公心，保持政治忠诚。

（一）公与私

畅销书《人类简史：从动物到上帝》在解释人类政治秩序的形成的时候，认为诸如美索不达米亚的城市，还是大秦王朝抑或罗马帝国，这些人类的巨型组织都只是"由想象所建构的秩序"。① 而不借助于任何符号、想象来维系的人类团体其成员数量不会超过 150 人，一旦超出这个界限，就必然需要某个故事将人们结合在一起。而塑造人类政治秩序的观念，从祖先和上帝想象到君权神授以及"人民主权"都是人类组织历史上的文化演进。尽管这种解释夸大了抽象观念对人类社会的组织能力，但是却指明了一点，即人类社会的形成是极其复杂的，有其社会性的一面。社会性是人类区别于其他生物的根本特征。那么，社会性的本质何在呢？在社会性的

---

① 〔以〕尤瓦尔·赫拉利：《人类简史：从动物到上帝》，林俊宏译，中信出版社，2017，第106~109 页。

号令之下人类又如何克服自身的自私性，以让共同体可以顺利运转？人类结成社会既有其生物学基础，即合作与互助①，同时也受到观念的塑造，这种观念最直接的表现就是公和私的观念。公和私的观念几乎是所有民族、所有制度都拥有的观念。在中国古代就有公私和义利之辨，而到现代又有"公德"与"私德"之争，在西方社会，对公共性与公共领域的讨论是现代政治区别于古代政治的重要特征。

中西方公私观念存在较大差异，相比之下西方更强调公私之间的明确区分，而在中国文化中公私之间的界限相对模糊，由此引发诸多公私领域之间的冲突。与中国公私观念相对，英语中的概念为"public"和"private"，公私观念被归为政治哲学的范畴，而在中国公私观念既是政治领域的重要观念，同时也介入私人生活领域。换言之，中国古代社会并未完全发育出公共领域。在政治哲学领域，公私观念的讨论通常以公权力与私人权利，公共利益与私人利益，公共领域与私人领域的论题出现，这种论述相对清晰。自罗马法颁布以来，"公权"就是国家权力而"私权"就是个人权利。有人分析指出，欧洲公共领域的形成也经历过一个漫长的过程，按照哈贝马斯的说法，欧洲中世纪的封建社会尚未发展出一个与私人领域相区分的公共领域。在君主主权的主导下，君主本身就是公共性的代表，这种公共性通过仪式和行为规范在公共场合中被象征化，"他们在民众'面前'所代表的是其所有权，而非民众"。② 公共性的观念在启蒙运动时期得到强化，其用自然权利和自然法裁定公共权力与私人权利的界限，公权力来自自然权利联合起来的授权，通过社会契约委托给政府的是公权力，而保留给个人的就是私人的权利。政府行使公权力的目的在于保护私人的权利，从这个意义上，私权高于公权的观念成为现代西方政治基础。这一理论与特定的经济社会制度相配合形成了西方公私领域的现代形态。

在西方政治传统当中，对私人利益的界定构成了对公共利益或者公共权力的理解参照系。通过宪法和法律的形式，公共利益的目的以及公权力

---

① 关于人的社会性以及非社会的社会性等论题都是从人性的角度来探讨政治社会的形成的，参见李猛《自然社会：自然法与现代道德世界的形成》，生活·读书·新知三联书店，2015，第43~90页。

② 〔德〕哈贝马斯：《公共领域的结构转型》，曹卫东等译，学林出版社，1999，第7页。

行使的界限得到了明确。因为从概念上来看，个人利益相对清晰，而公共利益则抽象、复杂得多。由此，西方的公共利益具备如下特征。第一，公共利益并不天然优先于私人利益。既然公共利益具有极大的不确定性，那么不确定的公共利益不得侵犯确定的私人利益。罗尔斯清晰地表达出这一点，"每个人都拥有一种基于正义的不可侵犯性，这种不可侵犯性即使以社会整体利益之名也不能逾越"。① 第二，公共利益必须以个人利益为目的，也就是公共利益必须落实到具体的个人利益上。无论公共利益的理想如何崇高，在以公共利益为名而运用公权力的时候必须最终表现为具体的私人利益，只有这样，公共利益才是真实的而非虚构的。第三，公共利益是国家行使权力的正当理由，但是私人利益界定了政府行使权力的界限。由此公共利益与私人利益之间存在四种不同的关系：第一种关系是所有的个人利益都是实现集体利益的手段；第二种关系是所有集体利益是实现个人利益的手段；第三种关系是个人利益与集体利益是一致的；第四种关系是个人利益与集体利益是相互独立的。② 正是基于这种复杂的讨论，公私关系在西方政治和法律中才得以被清晰地区分。正是因为公私领域之间的严格区分，西方社会才发展出三大领域：以私人利益为中心的私人领域；以公共利益为中心的政治领域；以公私互动为媒介的社会领域。

如果说西方的公私观念主要发生在政治领域，那么与之相对照，传统中国的公私观既是哲学观又是政治观，同时还是一种伦理观。由此，古代中国推崇天下为公，以公灭私的观点。从文字学上，"公"字据说是从器物引申而来的。徐中舒先生认为，"公像瓮形，在古代大家经常要围在瓮旁取酒共饮，故引申为公私之公"③，而"私"据说是从农具引申而来，"耜为农具，为个人日常使用的物件，故得认为己有……私从禾，即耜之别体，耜为个人所有，故得引申为公私（或作厶）之私"④。而研究中国古代公私关系的日本学者沟口雄三也基本持有类似的观点，"寻找公私的原

---

① 〔美〕约翰·罗尔斯：《正义论》，何怀宏等译，中国社会科学出版社，1988，第 3 页。
② 〔德〕罗伯特·阿列克西：《法 理性 商谈：法哲学研究》，朱光、雷磊译，中国法制出版社，2011，第 237 页。
③ 徐中舒：《怎样考释古文字》，载《徐中舒历史论文选辑》（下），中华书局，1998，第 1411 页。
④ 徐中舒：《古器物中的古代文化制度》，商务印书馆，2015，第 21 页。

意可以发现公的意思表示对某共同体首长的尊称，或者某共同体的设施、财物"。① 而结合早期的公私观念史可以发现，公私关系与秩序结构密切相关，公私二字与社稷、国君、家臣相联系，王所有为公，己所有为私。后来从其发展历程来看，公的观念逐渐泛化，凡超越个体之私的物、事或制度都具有公的含义。这一过程主要表现为两个趋势。其一，公的观念逐渐获得了一种道义上的含义，就是将公的观念与善、正义、道义相联系，而私的观念则被斥为不义、恶与奸邪等，从而公凌驾于私之上。如《论语·尧曰》："宽则得众，信则民任焉，敏则有功，公则说。"孟子则推崇"天下为公"，甚至鼓励井田制这种公私合作的农耕模式。从儒家的人生和社会追求来看，"廓然大公""天下为公""民胞物与"的理想都是以公先于私为其原则的。其二，公私领域之间的界限模糊，公私不分，在此时为公而彼时为私，在此处为公在彼处则为私。费孝通先生在研究中国社会秩序结构时指出，中国社会结构是一种差序格局，其中以"己"为中心向外扩散，如投向湖水的石头，波纹逐渐荡开。在这样的社会中，"公和私都是相对而言的，站在任何一圈里，向内看也可以说是公的"。② 公私因为其相对位置和观察视角的不同而呈现出不同的关系。陈弱水先生对公私关系进行了相当详尽的梳理，将公与私的内涵区分为五种：第一种是中国古代政治中的统治者或政府之事与民间之事的对举；第二种所指的公是一种普遍与全体的概念，并非指的是政府，而是及于天下甚至宇宙之总和，这种公的观念具有强烈的道德意义，从其规范性的角度看，它追求一种"平均"和"均等"的道德理想；第三种公超越天下的范围，而成为一种天道，正义、天理都是公的意义，具有极强的形而上学色彩，相反私在道德上就是要遭到排斥的，是错误、恶念以及私欲等；第四种并未将私与公截然对立，而是认为全体之私若都得以实现就是天下大公，这种观点承认私具有正当性；第五种是基于语言上的公私，公的概念相对泛化，指"共同的""众人的"，并不具有明确的道德赞扬或者贬抑。③

---

① 〔日〕沟口雄三：《中国思想史中的公与私》，载佐佐木毅、金泰昌主编《公与私的思想史》第 1 卷，刘文柱译，人民出版社，2009，第 38 页。

② 费孝通：《乡土中国》，北京出版社，2005，第 39 页。

③ 参见陈弱水《公共意识与中国文化》，新星出版社，2006，第 74~100 页。

通过以上分析，我们可以对中国古代的公私观念予以概括，其具有以下几个特点。第一，多样性。中国古代的公私关系在不同的场景中具有不同的含义。在古代与臣相对的君主是公而臣是私，而宗族相对于个人是公而个体是私。到了近代，公的含义有所拓展，在社会经济生活中呈现出不同的形态。第二，公私观念具有层次性。中国古代的差序格局以及按照梁漱溟的中西文化比较，中国的公私观念是与特定的历史社会结构相关的，在范围最大的天下与范围最小的个体之间存在多个中间层可以按照其立足点不同而区分出不同的公私关系。第三，公私观念具有伦理性，即公的观念具备特定的道德价值与规范含义。公在内涵上具有公平、公正的意义，由此公优先于私，从而在社会上形成推崇公而贬抑私的倾向，从而公和私的关系更多地凸显出二者的对立。由此，在中国古代社会的公私关系中呈现出一种相异于西方的景象：以公灭私。以公灭私在哲学上承认整体先于部分，集体优先于个人；在伦理上认为人性善，道德规范就是要排斥个人欲望；而在经济上，支持一种集体的所有制而否决私人的所有制，在古代的表达形式就是"溥天之下，莫非王土"。

（二）公私悖论

中国古代推崇以公抑私，然而到近代之后，诸多思想家皆批判中国人有私德而无公德，损公肥私的现象比比皆是。为何向来推崇"天下为公""存天理，灭人欲"的文明，却产生公私两无、以私害公的局面。这种现象就被称为"公私悖论"。① 中国向来强调"天下为公"，却导致民众有私德而缺公德，以至于民国期间的理论家纷纷主张要强调公民教育，以破除私的毛病。对这种悖论的一个解释是，公私关系虽然存在对立，但是公私自身并非总是一对矛盾而是相反相成的关系，过分强调公的态度导致私也无法实现，从而导致了社会上存在假公济私、阳奉阴违的虚伪人格。过分强调公的原则，从而易导致私的观念被贬抑，使私人的欲望缺乏公共理性

---

① 关于公私悖论的讨论，参见廉如鉴《"崇公抑私"与"缺乏公德"——中国人行为文化的一个悖论》，《江苏社会科学》2015 年第 2 期；廖加林《公私观念与公德、私德》，《玉溪师范学院学报》2005 年第 12 期；李世众《"公"与"私"的悖论——中国人"自私"行为的历史溯源》，《学海》2003 年第 3 期。

的渗透。加之，在君主时代，公共性被君主及其官僚体系所垄断，公共性的内容为何，完全要听命于当权者，他们垄断权力，以一己之私谎称天下之公。

在公共生活领域，人们对公与私之间的关系缺乏明确的区分，导致片面地将个人的私欲排斥于公开的领域之外，成为阴暗而不值一提的领域。个人私欲得不到伸张的同时只能以公共的名义行其私欲，从而导致道德上的虚伪。对此，梁启超先生对公德与私德的关系进行过深刻的反思，并对中国的无公德现象提出激烈的批判。他认为，"人人独善其身谓之私德，人人相善其群谓之公德"，他认为中国伦理过于偏重个人的道德修养及其与家庭之间的道德关系，重私德而忽视与国家的道德关系，"私德居其十之九，而公德不及其一焉"。① 公私悖论的基本前提是预设了一种确定不变的公私关系，即公私之间是截然对立的，过分强调公的观念必然导致压缩和贬抑私存在的空间，而人性中自然有一部分是私的，无视人性之私，而简单地排斥私则必然导致公私两无的结果。否定了"私"的现实性及其合理性，无视公私之间的对立统一关系，则必然导致公最终也不得不落空的结局。

五　公权力的政治逻辑

（一）权力与公权力

"权力"在英语中的对应词是"power"，在法语中是"pouvoir"，来自拉丁文的"potestas"或"potentia"，从其词源上看，都是能力的意思。霍布斯就认为，"人的权力普遍来讲就是一个获得某种未来具体利益的现有手段"。② 而这种权力有两个不同的来源，一个是原生的，另一个是获得的。前者是自然状态中个人的原始能力，而后者是政治状态中个人获得的社会权力。在社会中，权力的行使就是特定主体以其意志强加于人使其产

---

① 梁启超：《新民说》，辽宁人民出版社，1994，第16页。
② 〔英〕霍布斯：《利维坦》，黎思复、黎廷弼译，商务印书馆，1985，第62页。

生压力而不得不服从。①

　　按照"手段—目的"的关系，权力乃是达成目的的手段，手段本身并无道德属性。美国学者丹尼斯·朗认为，"在最一般意义上的权力是把它视为对外部世界产生效果的事件或动原"。② 关于权力的原始形态是从物理学意义上加以认知的，罗素也持有这样的观点，"在社会科学上权力是基本的概念，犹如在物理学上能是基本的概念一样。权力也和能一样，具有许多形态，如财富、武装力量、民政当局以及影响舆论的势力"。③ 如不谈及权力的道德属性以及行使权力的目的，社会科学意义上的权力无非是某些人对他人产生预期效果的能力。既然权力在价值上是中立的，那么无论是批判权力还是赞美权力都是片面的。权力作为单纯的工具性要素，掌握在正义者手中自然就会带来善好，而掌握在邪恶者手中就会带来苦难。在建构现代政治基础的自然状态理论中，自然状态的世界就是一个权力的世界。每个处于自然状态中的个人都无休无止地追求权力，从而保证自己的安全与福利。由于人的能力在自然上的大致相当，因此每个人所能指望的希望和对未来担忧的恐惧也是平等的。在自然状态下，平等者对权力的追求导致了相互之间的猜忌与敌意。自然上的平等与追求权力之间的冲突是根源于人性深处的。

　　权力有诸多类型，根据不同的标准可以进行分类。有人根据权力施展的对象服从的状况将权力分成三种类型：潜在的权力、明示的权力以及现实的权力。所谓潜在的权力是指权力所有者并未行使其权力，也就是权力命令尚未发出，这个时候他具有对他人或者他物施加影响的潜在能力。明示的权力指的是，虽然已经予以明示但是权力对象尚未服从的权力，这种情形下权力主体的权力得到表达并且也存在各种制度、观念以及意识形态的支持，但是权力对象却并不服从，从而使得权力主体与客体处于一种相持不下的状态中。而所谓现实的权力，即权力的整个施展过程已经完成，权力主体发出命令，权力对象服从命令，最后产生权力效果。④ 当然，也

---

① 林喆：《权力腐败与权力制约》，法律出版社，1997，第1页。
② 〔美〕丹尼斯·朗：《权力论》，陆震纶、郑明哲译，中国社会科学出版社，2001，第3页。
③ 〔英〕伯特兰·罗素：《权力论——新社会分析》，吴友三译，商务印书馆，1991，第4页。
④ 林喆：《权力腐败与权力制约》，法律出版社，1997，第16~17页。

有人根据权力行使的方式将权力分为：武力的权力、操纵的权力以及说服的权力。作为武力的权力，其借助物理上的暴力来行使，一旦行使暴力则会造成对他人自由的限制，使权力对象遭受肉体上的痛苦。赤裸裸的暴力是权力最肆无忌惮的施展方式。而操纵的权力是权力主体以隐蔽的方式，即通过假象或者欺骗的方式让权力对象感知到产生的预期效果，从而操纵他们。能够实现对权力对象的操纵就是利用了权力主体与对象之间的信息不对称性。而说服的权力是权力主体通过诉诸理性论证、价值观念或者以劝告的方式让对象服从。这种权力模式更具有平等性，它更像一种公平的交易，它是互惠的。① 正如阿伦特所言，"只要使用辩论，权威就会中止。与说服的平等主义秩序相对立的总是有等级的权威主义秩序"。②

我们所要阐述的公权力，主要是根据行使权力的主体和目的来划分的。其中，根据权力行使的主体，一般分为个人权力、社会权力与国家权力。个人权力是个人凭借自身的素质、知识和才能等获得的权力，这种权力并不需要以社会职位为载体，它完全表现为一种个人能力。而社会权力是因为权力主体所占据的某种社会优势和资源而拥有的支配他人的能力，主要表现为财产或者资本能力。有学者认为，社会权力"是指社会主体以其所拥有的社会资源对社会和国家的影响力和支配力"。③ 而在一般意义上，我们所谈及的权力更多地指向的是国家权力。国家权力就是国家作为整体可以分配和享有并且行使的权力，"国家权力是现代权力的主要形式、典型形式，国家权力是高度发达的、系统化的权力"。④ 国家权力因其来源、行使方式和目的具有公共属性，所以国家权力也笼统地被称为公权力。

（二）公权力的性质

公权力之所以不同于其他类型的权力，就在于其公共性，即其来源、行使方式和目的都具有公共性。从主体上看，公权力的行使主体是公共机

---

① 〔美〕丹尼斯·朗：《权力论》，陆震纶、郑明哲译，中国社会科学出版社，2001，第26~39页。

② Hannah Arendt, *Between Past and Future*, New York: The Viking Press, 1961, p.93.

③ 郭道晖：《社会权力与公民社会》，《山东科技大学学报》（社会科学版）2007年第2期，第17页。

④ 周永坤：《规范权力——权力的法理研究》，法律出版社，2006，第199页。

关以及准公共机关。从权力行使的目的来说，公权力服务的对象是公共利益。只是这种公共利益的界定通常是不确定的，正是因为公共利益过于抽象不好界定的特征，就越需要对公权力的行使者予以限制，尽量避免其以公共利益的名义来扩张自身的裁量自由。正如哈耶克所言，"自由社会的共同福利或者公共利益的概念，决不可定义为所要达至的已知的特定结果的总和，而只能定义为一种抽象的秩序"。① 从其行使方式来说，公权力是通过汲取社会物质财富来予以维持的，公权力的本质是一种社会生产过程。

公权力具有以下特征。第一，公权力是一种非对称的权力。设立公权力的首要目的是建构社会秩序，由此公权力本身就带有"命令—服从"的特征，要求他人服从的特征就将权力的行使者与权力的对象置于不平等的地位之上。第二，公权力具有强制性。既然公权力要求服从，自然可能出现不服从公权力的情形，迫使其对象服从自然属于公权力特征。这种特征在公权力行使过程中表现出来，一旦对象不服从公权力的支配那么就自然会采取手段来对其加以制裁。制裁方式可以是限制自由、剥夺财产等。第三，权力是主体的外在能力，它不可能通过物质或者精神的方式固定在人自身并被遗传下去。这保证了公权力是不可能通过直接的遗传获得的，而要通过职位的设定以及个人威望的积累来获得。第四，权力具有可交换性。通过权力可能产生的社会效果是可以与其他社会资源，诸如财产、商品等相交换的。林喆认为，"权力的构成需要具备一定的条件，权力一经形成又成为产生利益的一种资源。权力来自社会资源，支配社会资源，并且本身就是一种社会资源"。②

（三）公权力的正当性

公权力具有不平等性的特征，权力主体与权力对象处于不对等的地位，而要让权力对象服从必然会追问公权力的正当性依据何在。探讨公权力正当性的依据可以从三个角度入手，一是公权力存在的必要性；二是公

① 〔英〕弗里德里希·冯·哈耶克：《经济、科学与政治——哈耶克思想精粹》，冯克利译，江苏人民出版社，2000，第393页。
② 林喆：《权力腐败与权力制约》，法律出版社，1997，第22页。

权力结构的正当性，这也可称为统治的正当性；三是公权力行使的正当性，这是微观层面的正当性。

公权力存在的必要性在于人类社会秩序本身的需求。秩序存在的必要性的反面是无政府主义。对无政府主义的首要批判就是无政府主义无视人类的现实处境。无政府主义所主张的没有任何统治的生活形式与人类生存的经验相矛盾。无政府主义认为自由的个体可以自然形成自我管理机制和实现自治。然而，从人类学角度考察来说，即便没有统治他人的强权，也会存在被遵守的规则、禁忌与道德。无政府主义并没有什么不可克服的理论问题，究其本质，它无法克服的乃是人性的现实。[①] 而探究公权力的正当性，其指向的是公权力体系得以确立的基础。这种基础既有可能来自神学，也可能来自道德，甚至可以源自文化传统。马克斯·韦伯将其称为支配正当性的类型。在"社会学基本概念"中，他将其区分为传统的支配、信仰的支配和成文法的支配。传统的支配类型的正当性源自对传统由来已久的接受，是建立在"对悠久传统的神圣性以及根据这些传统行使权威者的正当性"[②] 的基础上的。信仰的支配类型的正当性来自情感上的信仰以及价值理性上的认同，这种正当性建立在超凡魅力的基础上，"基于对某个个人的罕见神性、英雄品质或者典范特征以及对他所启示或者创立的规范模式或秩序的忠诚"。其中，前两者具有相似性，"就合法权威的情况而言，服从的对象就是法定的非人格秩序"。[③] 而成文法的支配类型的正当性的基础在于支配者和被支配者承认合法的成文法规定乃是建立支配关系的前提，而这是建立在理性基础上的，即任何发号施令都要以确定性形式理性为基础。[④]

---

① 赫费阐述了无政府主义存在的问题，这种主张否定一切社会强制的必要性，带有乌托邦的性质。虽然无政府主义理论对政治统治的合法性表示了整体的怀疑，但是这一理论缺乏对人性的正确认识，它自然也无法克服"人性的现实"所造成的政治困境。参见〔德〕奥特弗利德·赫费《政治的正义性》，庞学铨、李张林译，上海译文出版社，2014，第134~154页。

② 〔德〕马克斯·韦伯：《经济与社会》第1卷，阎克文译，上海人民出版社，2010，第322~324页。

③ 〔德〕马克斯·韦伯：《经济与社会》第1卷，阎克文译，上海人民出版社，2019，第396页。

④ 〔德〕马克斯·韦伯：《社会学的基本概念》，顾忠华译，广西师范大学出版社，2005，第72页。

如果统治的正当性探讨的是公权力的正当性问题，那么涉及公权力权限的设定、行使方式的问题就是公权力的合法性问题。现代国家的公权力都是建立在现代政治的基本原则，以及人权、人民主权的原则之上的，而其统治的正当性前提在于人民的授权，从而公权力就其权力来源来说是一种人民的授权。这种授权必须以法律的形式予以确认，现代国家对公权力行使方式的约束必须体现法治原则。公权力要满足形式法治的最低要求，国家治理要依规则而治，而规则的设定就是为了尽量排除私人意志对权力行使的干涉。首先，规则不仅可以适用于单个案例，而且可以适用于大量未来的案例，规则是可以重复使用的。其次，相对于变动不居的个人意志，规则是确定的并且可以公布为人们所知晓。最后，规则还具有普遍性，对于同样的情形必须予以同样的对待。通过两种方式，国家权力被限制在确定的范围内。一是设定权限，也就是"法无授权不可为"；二是权力行使要遵循程序，在没有相应的程序条件下，权力行使者不能随意发号施令。这些原则只是确定了国家行为要满足形式原则，至于遵守的规则的内容是另一个问题，即权力行使的方式与其权限都要置于法律的框架之内，并且要经过法定的程序予以公布，否则，公权力所行使的就是夹杂着权力行使者的私人意志的赤裸裸的暴力。

除法律的形式主义原则之外，现代国家还要求行使权力者阐述其理由。从这个意义上说，公权力行使的要求就具有了实质的内涵。理由的出现使权力机关要自我证明其行使权力的实质原因，从而将理由引入依法行政当中，理由就构成了形式法治和实质法治的中介性环节，"理由作为一种具备广泛承载能力的精神形式，构成了诸多合法性来源的共同精神中介"。① 因此，现代国家权力的行使要以确定性的理由为前提，公权力行使强调的是"通过理由的治理"（rule by reasons）。② 为实现公权力主体依法行政，则要求公权力机关或者行使公权人提供行使权力的理由，也就是对理由提出了公共化与规范化的要求。对公权力行使主体提出"请说明理由"的要求就意味着公权力机关在权力行使过程中必须对自己的行为进行正当性论证，从而实现形式理性与价值理性的统一。

---

① 苏宇：《走向"理由之治"：行政说明理由制度之透视》，中国法制出版社，2019，第41页。
② 苏宇：《理由的浮沉：透视公权力合法性基础的变迁》，《清华法治论衡》2013年第2期。

第二章　政体腐败论

　　1945年，黄炎培受毛泽东之邀到延安访问，黄炎培向毛泽东提出了政治腐败问题的"周期率"。他指出，"我生六十多年，耳闻的不说，所亲眼看到的，真所谓'其兴也浡焉'，'其亡也忽焉'，一人，一家，一团体，一地方，乃至一国，不少不少单位都没有跳出这周期率的支配力。大凡初时聚精会神，没有一事不用心，没有一人不卖力……历时长久，自然地惰性发作，由少数演为多数，到风气养成……一部历史，'政怠宦成'的也有，'人亡政息'的也有，'求荣取辱'的也有"。① 黄炎培谈及的"历史周期率"指的是国家或者团体无可避免地走向溃败的周期性的规律，这种规律认为政体的勃兴与消亡是循环发生的，如中国古代的王朝兴替史。另外，"周期率"表明了一种政体生命的溃败过程，即从勃兴慢慢走向衰败，而且作为规律，政治的衰败是不可避免的，无论其采取何种制度。根据福山的分析，导致政治衰败的原因有二：一是任何政治制度都遵循固定的模式，它是可以重复的，这种模式在面对新情况时，不可能自我调整；二是现代政治秩序实现的方式是促进非人格化规则的确立，然而人性的逻辑往往依赖人际的远近亲疏来处理公共事务。② 政治腐败的最终结果及其表现形式就是政体的溃败，在历史上，不少思想家试图为国家或政治共同体设计优良政体，而优良政体最终无可避免地走向溃败的过程是我们探究政治腐败根源的重要途径。

---

① 黄炎培：《八十年来》，中国文史出版社，1982，第156~157页。
② 〔美〕弗朗西斯·福山：《政治秩序与政治衰败：从工业革命到民主全球化》，毛俊杰译，广西师范大学出版社，2015，第23页。

一 政道与政体

有分析者认为，现代中国引入西方政治理论，习惯性地以"政体思维"来分析中国现代的政治运作，而抛弃中国传统的"政道思维"。以西方政体思维考察政治社会经济，会产生一种结果即"一切问题都与政体有关，诸如经济增长、社会公平、腐败、幸福等等，不一而足"，其极端表现就是政体决定论，即"政权的形式决定政权的实质"。① 这种政体思维所关注的是政治秩序的形式性，换言之，政治秩序最重要的价值乃是其权力的组织形态。如果组织形态合理，则其政权运行的结果就会良善。而中国古代与之不同，中国古代关注的并非政权的形式性，而是关注其实质的内容。换言之，它探求的是"政治体制的目标与途径"，也就是政道。而政道又可以区分为两个部分：一是"治道"，治道的部分涉及的是治理国家的理念、最高理想或者政治的最终目标；二是"治术"，指具体的治国方式以及治理手段，包括各种措施、方针、政策，也包括政体。在治道和政道的概念运用上，学界并不是没有争议。如牟宗三就在政道与治道之间进行了区分，他认为所谓政道就是"关于政权的道理"，而"治道则是相应治权而言"。② 牟宗三认为中国古代只有治道而不重视政道，故只有"吏治"而无"政治"。由此，牟宗三认为中国传统的治道发达而政道不兴，为此儒家传统应该进行创造性转化而开发政道，也就是要从政治角度入手。而根据王绍光的分析，中国古代有深厚的政道传统，而政体决定论会遮蔽真实的政治问题，转化视角可以重新认知中国政治，避免在政治上做民主和专制的简单二分。回到问题本身，姑且以政道与政体来思考中西政治观对腐败问题的关注也未必不是一个有启发的角度。

在具体政治制度层面，为何中国古代不谈政体问题，其原因是长久以来中国并未发展出王朝制度之外的其他政体形式。而从观念角度来论说，

---

① 王绍光：《政体与政道：中西政治分析的异同》，载王绍光主编《理想政治秩序：中西古今的探究》，生活·读书·新知三联书店，2012，第76页。

② 《牟宗三先生全集》第10卷，联经出版事业有限公司（台湾），2003，第1页。

按照牟宗三的说法，其根源在于中国古代理性自身的运用表现强于架构表现，换言之，价值理性过于成熟而压抑了形式理性的发展。因此，牟宗三强调，"中国以往只有治道而无政道，有政道之治道是治道之客观形态，无政道之治道是治道之主观形态，即圣君贤相之形态"。[①] 由此，中国古代的政治更关注的是理想与具体治理效果，而少谈及权力组织形态，即政体。中国古代政治总与超越的天道观、人道观相联系，如"为政以道""国有道""天下有道"等。儒家在治道层面推崇的是先王之道，以三代之治来作为评价和批判现实政治的标准以及政治要实现的治理理想。其政治理想就是仁政，儒家言道言政，皆植本于仁。这种仁政在孟子哲学中的表达就是"民为贵，社稷次之，君为轻"（《孟子·尽心下》），民贵君轻的思想直接影响中国古代后来的民本观念，否认君主为国家的目的，而是相反，君主的目的是为民。法家传统中主张尊君，强调秩序本身的价值与意义，既然尊君为其理想，则其治理思路就是要使民弱，"民弱，国强；国强，民弱，故有道之国务在弱民"（《商君书·弱民》）。而道家的政治理想是无为，让自然的秩序取代人为的秩序，其政治理想是"邻国相望，鸡犬之声相闻，民至老死不相往来"（《老子·第八十章》）。在政道层面，我们注意到古代中国政治思想中并未谈及政体问题，只是谈及君主制的治理理想，儒家是"民贵君轻"、道家是"无为虚君"，而法家是"尊君弱民"。

实现治道的理想与结果的手段就是治理之术。由此，政体或者权力组织形态的问题就是治理之术，中国古代也称其为"治具"。从治术的角度说，那么可以说儒家强调的是德治、道家强调的是无为之治、法家强调的是法治（以法之治）。所谓德治就是以道德的内在约束力来实现治理的目标。从其具体表现来看，就是治理者要有德，为君者要以德配天，重视自身的道德修养。故《礼记·大学》云："古之欲明明德于天下者，先治其国；欲治其国者，先齐其家；欲齐其家者，先修其身；欲修其身者，先正其心。"道德上的要求是治理国家的必要条件。另外，为政要以德，故实施政策要以道德为评价标准，具体表现就是轻赋税、重民生。而从治理效果上讲要人人都有道德，即以德化民，被治理者与治理者在道德上达成一

---

① 《牟宗三先生全集》第 10 卷，联经出版事业有限公司（台湾），2003，第 29 页。

致，形成一种道德约束的治理形态。如果说儒家传统强调德治，那么道家政治主张的则是尽量少的治理，即把政府对社会的干涉压缩到最低程度。政府过于"有为"是造成社会纷扰的重要原因。因此，在治理方式上，道家要求治理者应绝圣弃智，不需要多少圣君明主，君主只需减少自身的欲望而不干预社会，"大道废，有仁义；智慧出，有大伪；六亲不和，有孝慈；国家昏乱，有忠诚"（《老子·第十八章》）。而从其手段上看，主张不要制定法律，出台政策和措施，"法令滋彰，盗贼多有"（《老子·第五十七章》）。其天下大治的理想就是小国寡民。而法家在治理手段上主张法治，其原因在于法一视同仁，赏罚分明才是治理之道。从中国古代政治实践来说，主导中国传统政治治理思路的是儒家思想。

二　古典政体败坏论

（一）柏拉图的政体循环

在古典的政体分类中，柏拉图就区分了善的国家与恶的国家两类。所谓善的国家就是由灵魂卓越的哲学家来统治的国家，这种国家如果由一个人统治就是王政；如果由两个及以上的人统治就是贵族制。在善的国家，智慧、勇敢、节制与正义乃是这种国家的特征，"一个按照自然建立起来的国家，其所以整个被说成是有智慧的，乃是由于它的人数最少的那个部分和这个部分中的最小一部分，这些领导着和统治着它的人们所具有的知识。并且，如所知道的，唯有这种知识才配称为智慧"。① 柏拉图认为善的国家就是以其哲学理念建立的理想国，而恶的国家却有四种，它们分别是斯巴达和克里特政体、寡头政体、民主政体和僭主政体。柏拉图认为政体有其自身发展的规律，存在一定的周期，各种政体之间是一种循环关系。

政体演变的原因就在于维系政体运转的人性基础发生了变化，按照柏拉图的观点就是人的灵魂，诸如性格、习惯、道德等发生了变化。在柏拉图的政体理论中，斯巴达和克里特政体也被称为荣誉政体，而由贵族政体

---

① 〔古希腊〕柏拉图：《理想国》，郭斌和、张竹明译，商务印书馆，1986，第147页。

向荣誉政体演变的原因是生育。因为生育时节的不同而导致统治者中鱼龙混杂，就会产生不和谐，从而产生私斗。这种斗争导致人们好胜且热爱荣誉，这样就形成了荣誉政体。在这种政体下人性的特征是缺乏智慧而极度自信；爱慕荣誉以及对奴隶比较严苛等。而寡头政体又是由荣誉政体演变而来，从爱荣誉转变为爱财富，荣誉政体也就转变为寡头政体。"于是，终于，好胜的爱荣誉的人变成了爱钱财的人。他们歌颂富人，让富人掌权，而鄙视穷人。"[1] 在寡头政体中财富是组织政治权力的基础，寡头政体下的人们唯利是图，难以抑制对财富的渴望，但是为了积累财富而节俭自利。当寡头政体聚敛财富让其他人变成无产者时，那么贫民就会仇视统治者而掀起革命，夺取权力，杀戮富人，从而产生了民主政体。如果说寡头政体的首要特征是爱财富，那么民主政体的特征就是爱自由。这种政体实际上缺乏知识和理性，统治服从的是盲目与冲动。人们受欲望的支配，而民主政体中的自由也孕育了转向僭主政体的动力，"不顾一切过分追求自由的结果，破坏了民主社会的基础，导致了极权政治的需要"。[2] 在民主政体中平民与富人的争斗会催生平民领袖，这些平民的保护人会成为僭主。柏拉图认为僭主是"最专制的人"和"最不幸的人"，因为在僭主统治之下，人民会因为疲于战争而反抗僭主的统治。从柏拉图的政体理论中可以发现，政体形式是奠定于人性基础上的，人性发生改变政体就会变形，最终从善的国家堕落为恶的国家，其中僭主政体是最不幸的政体，"没有一个城邦比僭主统治的城邦更不幸的，也没有一个城邦比王者统治的城邦更幸福的"。[3]

（二）亚里士多德的正宗政体与变态政体

古典政体理论中对政体最经典的分类是亚里士多德的观点。亚里士多德根据对希腊城邦的研究对政体进行了详细的分类，他对政体的划分采取了两个基本的标准：一是统治的人数；二是统治权的"统治目的"。[4] 按照

---

① 〔古希腊〕柏拉图：《理想国》，郭斌和、张竹明译，商务印书馆，1986，第 322 页。
② 〔古希腊〕柏拉图：《理想国》，郭斌和、张竹明译，商务印书馆，1986，第 340 页。
③ 〔古希腊〕柏拉图：《理想国》，郭斌和、张竹明译，商务印书馆，1986，第 360 页。
④ 〔古希腊〕亚里士多德：《政治学》，吴寿彭译，商务印书馆，1965，第 136 页。

第一个标准，政体可以划分为，一人统治的政体、少数人统治的政体和多数人统治的政体。按照统治的目的可将三类政体予以再次区分：正宗的政体和变态的政体。正宗的政体是君主政体、贵族政体和共和政体。正宗的政体一般说来能照顾全城邦共同的利益。而变态的政体就是僭主政体、寡头政体和平民政体。而且亚里士多德还引出第三个标准来理解政体，即阶级的标准。他指出，"政体之所以会分成若干不同类型的原因，在于每一城邦都是由若干不同部分组成的"。① 而这里所谓的"不同部分"就是根据财富多寡对城邦公民进行的阶级区分：富有阶级、贫穷阶级和中产阶级。当富有阶级掌权时就是寡头政体，当贫穷阶级掌权时就是平民政体。当富有阶级拥有教养和文化之时，这种政体就是贵族政体。而由那些既不像富人那样贪婪也不像穷人那样图谋财富的中产者掌权的政体就是共和政体。除此之外，亚里士多德还引入第四项标准即是否正义。如，平民政体和寡头政体之所以是变态政体就在于这两种政体"所持的正义"都是"不完全的"。平民政体的原则就是坚持若是在一方面平等，那么在其他方面也应该平等，这种片面的平等观导致的结果是"只限于同等人们之间的平等，不是普及全体的平等"。而寡头政体是另一个极端，即只要在某一方面不平等则就应该在任何其他方面也不平等。这种平等观也是不正义的，亚里士多德认为"正义的（合法的）分配是以应该付出恰当价值的事物授于相应收受的人"。②

亚里士多德还根据正义的标准来对政体的优劣进行评判，按照政体是否符合正义依次排列如下：君主政体、贵族政体、平民政体、寡头政体、僭主政体。他认为，"最优良而近乎神圣的正宗类型的变态一定是最恶劣的政体。君主政体或者是仅有虚名而毫无实质，或者是君王具有超越寻常的优良才德。所以，僭政是最为恶劣的，它同正宗偏反，处在相隔最远的一端；寡头与贵族政体相违背，是次劣的政体；平民政体是三者中最可容忍的变态政体"。③ 政体既然是公民所采取的政治生活方式，那么政体就可能由于公民不乐于采取某种生活方式而发生改变。亚里士多德也认为所谓

---

① 〔古希腊〕亚里士多德：《政治学》，吴寿彭译，商务印书馆，1965，第184页。
② 〔古希腊〕亚里士多德：《政治学》，吴寿彭译，商务印书馆，1965，第136页。
③ 〔古希腊〕亚里士多德：《政治学》，吴寿彭译，商务印书馆，1965，第179页。

政体的变革也就是政体的衰败，当政体出现这种现象时说明政体发生了无法自我维持的原因。这种原因被他归结为两种：一是政体变革的一般原因；二是引起政体品种发生变化的具体原因。亚里士多德认为引起政体变化的主要原因是不同正义观念之间的冲突。他认为，各种政体在创建之初都是奠定在特定的正义原则之上的，"人们都企求符合正义（公道）和比例（相称）平等的原则"。① 以平民政体和寡头政体为例，前者总是希望在一方面的平等就要在任何方面都应该平等，而后者则认为一方面的不平等其他任何方面都要不平等。两者都坚持自己的正义是绝对的正义，并且构成了实现自己想要的政体的理由与动力。在这样的观念主导之下，"较低的人们为了求得平等而成为革命家，同等的人们为了取得优越（不平等）也成为革命家"。②

在分析政体变革的一般原因后，亚里士多德还探讨了政体败坏的具体原因，即不满者图谋变革的具体原因。他列举了四项动机。一是放纵。这种情况是掌权者的傲慢、贪婪自私、倚仗权势欺压他人的行为。二是恐惧。产生这种动机的人一般是违犯法律从而担心被惩罚，或者是担心被他人实施无理的罪责而先发制人。三是获得某种形式的僭越与特权的动机。四是掌权者对被统治者的轻蔑以及城邦中某些部分的不平衡导致的政体衰败。除了以上导致内讧的一般性动机之外，亚里士多德还探讨了政体内讧以及衰败的具体的偶然原因。他认为，选举舞弊、政事荒疏、不重小节以及政治组织内部失调都可能促发政体变革。从政体变革或者衰败的原因出发，其相反的原因自然可以达到相反的效果，由此，亚里士多德主张从"从政体所有破坏的原因"中寻找对政体"加以保存的途径"。亚里士多德的政体学说的基础是德性以及政体各部分的平衡与协调，一旦德性沦丧或者平衡被打破政体自然走向溃败。那么，维持政体的方法就是从两个方面着手，即培养公民的德性同时维持各部分之间的平衡。他以德性来评价政体，并且认为好的政体具备中庸的特点，他认为德性就是中道，是最高的

---

① 〔古希腊〕亚里士多德：《政治学》，吴寿彭译，商务印书馆，1965，第232页。
② 〔古希腊〕亚里士多德：《政治学》，吴寿彭译，商务印书馆，1965，第236页。

善和最极端的正义。[①]

（三） 波利比乌斯的混合政体论

在政体理论上，波利比乌斯认为政体对国家至关重要。他认为，罗马强盛的主要原因在于其伟大的政治制度。他在其著作中指出，"在短短不到五十三年的时间当中，通过何种方法和何种政体，以至于罗马人成功地征服了整个世界？"[②] 而罗马的伟大要到其政治制度中去探寻。罗马强大的主要表现就是军事实力的强大，而保证其军事实力的是其背后的罗马宪制，也就是说罗马的伟大在于其军事功业与政体形式的相辅相成。[③] 如果说波利比乌斯研究政体学说的初衷是解释为何罗马伟大，那么他研究政体理论的思想来源就是柏拉图和亚里士多德的学说。柏拉图应对政体腐败的方法在于统治者成为哲学王，也就是只要统治者可以其智慧来统治，那么城邦的腐败和邪恶就可以避免。柏拉图认为，"在哲学家统治城邦之前城邦不能摆脱邪恶"。[④] 而亚里士多德的政体观并不寄望于哲学家，而是依靠公民的美德与制度，预防城邦政体的败坏就在于从制度上实现平衡与综合。波利比乌斯对柏拉图和亚里士多德的政体学说进行了发展，提出了"政体循环论"。虽然柏拉图的政体理论也存在一种循环，但是波利比乌斯的循环是一种封闭的循环。其政体学说有三个主要观点。第一，政体有君主制、王权制、贵族制、寡头制、民主制、暴民制，其中简单政体依次更替循环。而这种循环观还作为一种历史观成为其论述历史的框架。[⑤] 这种循环是一种循环圈（anacyclosis）。第二，促使政体循环发展的是"自然规律"，这种规律类似生命的发展过程，即总有诞生、高峰和衰落的阶段。第三，既然每一种政体都各有优缺点，那么优良的政体就是要吸收各种政体的优点，从而波利比乌斯提出了自己的"混合宪制"。

---

① 〔古希腊〕亚里士多德：《尼各马科伦理学》，苗力田译，中国人民大学出版社，1994，第100页。

② Polybius, *The Histories*, Volume I, translated by W. R. Paton, Harvard University Press, 1922, pp. 3-5.

③ 关于罗马宪制与其军事力量的内在关联，波利比乌斯有详细的讨论，参见高全喜《波利比乌斯〈通史〉的罗马混合宪制论》，《清华法学》2019年第1期。

④ 〔古希腊〕柏拉图：《理想国》，郭斌和、张竹明译，商务印书馆，1986，第234页。

⑤ 参见易宁《论波利比乌的"政体循环"说》，《世界历史》1998年第6期。

根据波利比乌斯的论述，起初人类因为情感以及善与正义的观念联合在一起，从而让勇气和力量成为支配性的原则，由此诞生了君主制。而君主制的世袭导致君主制衰败为暴君制。暴君制被少数高贵的人联合起来推翻从而产生由少数优秀的人统治的贵族政体。而贵族政体依然是世袭制，继承者腐化堕落从而败坏为寡头制。寡头倒行逆施从而激起民众的反抗，人们不再信任一人或者少数人的统治从而建立起民主制。民主制的美好生活并不长久，平等被人遗忘，人们追求地位和权力，从而腐蚀民主体制。当民众的不端行为成为常态，民主政体就过渡到暴民政体。暴民政体由群氓带领，无恶不作，国家陷入野蛮状态，回到人类之初。在人类之初，新一轮政体循环又将开始。[①] 波利比乌斯的政体循环观既不是柏拉图式的开放循环，也不是亚里士多德的那种变态政体可以发展为正宗政体，正宗政体可以发展为变态政体的理论模式，而是政体发展遵循着一个必然的过程，政体发展只会有一个确定的方向，就是不断地败坏。而政体败坏的原因既有外部的也有内部的。他认为，有两个原因使每一种国家都倾向于腐败，一是外部的因素，二是国家自身的成长。对于前者，我们不能指出确定的规律，但是后者则是一个有规律的过程。波利比乌斯认为政体的败坏是一个无法避免的必然趋势，就如同权力本身必然导致腐败一样。而解释政体衰败的理由是"天命"，是自然的力量，政体在这种天命作用下必然发生质变，"一个政体的产生都是自然过程，从而也就预先规定了它后来的生存和灭亡方式"。[②] "命运说"既解释了罗马征服世界的必然性，也揭示了政体败坏的内在规律和必然过程。[③]

基于政体的循环论，在波利比乌斯看来，为预防政体的败坏就需要结合各个政体的优点而建立一种混合宪制，因为腐败对于非混合政体来说是不可避免的自然法则。那么，为了应对纯粹政体的无可避免的败坏就应引入混合政体，让各个政体的优点相互结合，从而让每种政体中的原则都不至于过度扩张而导致衰败，因为不同政体所遵循的原则可以相互限制，从

---

① 关于政体循环的过程的论述，参见郭小凌编著《西方史学史》，北京师范大学出版社，2009，第 81 页。

② 〔苏〕涅尔谢相茨：《古希腊政治学说》，蔡拓译，商务印书馆，1991，第 229 页。

③ 易宁：《论波利比乌的"命运"说》，《史学理论研究》1993 年第 3 期。

而抑制政体的败坏。波利比乌斯研究罗马政体后得出结论认为，罗马政体之所以长盛不衰就在于其混合政体。在混合政体中存在三种政体要素之间的相互制衡以及动态演变。他说，如果人们只关注执政官的权力，那么罗马就完全是君主政体，如果人们只注重元老院的权力，它就是贵族政体，而如果人们只注意民众的权力，它显然是民主政体。然而，罗马不是这种单纯的政体类型，它是混合的宪制，执政官、元老院以及人民作为罗马宪制中的主要构件，三者之间相互制约，确保各部分不至于打破政治的平衡。

三 近代政治哲学中政体败坏论

在西方思想史上，政治思考的结构性特征更为突出，政治权力的结构性与德性的关系对政治体的存续具有重大影响。从马基雅维利开始，西方政治哲学中就以政体腐败为论题，探讨政治体的长治久安之道。

（一）马基雅维利的政体观

近代政治区别于古典政治，其重要差别就在于对政治与道德关系的理解。政治关涉人性的自我理解，正是马基雅维利将政治和道德之间的关联切开，才为现代政治的诞生奠定了基础。在政体理论中，马基雅维利的看法与古典政治理论不同，他排斥将美德或者正义这样的道德标准作为划分政治的原则，而直接将政体区分为两种：不是君主制就是共和制。他在《君主论》的开篇就强调，"从古至今，统治人类的一切国家，一切政权，不是共和国就是君主国"。[①] 在马基雅维利的分类当中，"一人统治"和"多数人统治"中间的其他"少数人统治"被移除，让政体呈现出最简单的形式，从而突出君主制的意义。而且这种划分方式排除了道德观念对政治研究的影响，让政治还原为非道德的面貌。[②] 马基雅维利的政体学说是建立在其人性论的基础上的，他认为人性是不可靠的，马基雅维利认为，

① 〔意〕尼科洛·马基雅维里：《君主论》，潘汉典译，商务印书馆，1985，第 3 页。
② 当然也有人批判马基雅维利的这种划分抹杀了政体内在的差异，参见彼得曼《称号的变化》，载刘小枫、陈少明主编《马基雅维利的喜剧》，华夏出版社，2006，第 69 页。

"他们（即一般人——笔者注）是忘恩负义、容易变心的，是伪装者、冒牌货，是逃避危难，追逐利益的。……当需要还很遥远的时候，他们表示愿意为你流血，奉献自己的财产、性命和自己的子女，可是到了这种需要即将来临的时候，他们就背弃你了"。① 马基雅维利的人性观是残酷而冰冷的，但是这种人性观却让政治领域的人性观摆脱了神学观念的束缚，从而承认人性是追求此世的幸福而非来世的天堂，它也超脱了理想化的人性观而回到人性的真实，而且这种人性观乃是回到真实人性的地基。这种人性观是一种利己观。②

在这种人性观的基础上，马基雅维利的政体理论切断了与神权政治以及古典政治伦理之间的关联，回归到政治现实主义。国家与政体的目的不是追求什么正义和善，而是根据人性的真实来实现国家利益。为了目的，政治统治者可采取任何手段，而目的的正当性论证了手段的正当性。如果古典政体是在追求不朽与光荣，那么马基雅维利的政体理论只是继承了"不朽"的理想，而失去了光荣。人们对马基雅维利的研究显示出这位思想家的复杂性，如萨拜因在《政治学说史》中就认为马基雅维利的理论主要是"国家理性"与权力政治，而剑桥学派则认为马基雅维利是一个共和主义者。马基雅维利对政体的二分法，让君主制和共和制作为单纯的政体形式，将人们的关注点转向具体的政治现实。无论是君主制还是共和制，其优劣绝非按照其统治人数多少来决定，而是由哪种体制可以解决具体的政治问题来决定。按照马基雅维利的理解，当时其祖国意大利长期处于分裂的状态。教会在精神上腐化人民，"人民的道德如此彻底破坏，以至法律无力约束他们"。③ 而贵族好逸恶劳且与教会狼狈为奸，他们守在自己的城堡中拒绝建立统一的国家，妨碍了国家的统一。正是在这种背景下，马基雅维利认为可以依靠君主制来实现国家统一。因为君主可以凭借其才干以及利用环境来实现国家目标，同时也可以依靠法律和军队来维持国家的生存。马基雅维利指出，"一切国家，无论是新的国家、旧的国家或者混

---

① 〔意〕尼科洛·马基雅维里：《君主论》，潘汉典译，商务印书馆，1985，第 80 页。
② 〔英〕罗素：《西方哲学史》（下卷），马元德译，商务印书馆，1976，第 25 页。
③ 蔡拓：《西方政治思想史上的政体学说》，中国城市出版社，1991，第 121 页。

合国，其主要的基础乃是良好的法律和良好的军队"。①

君主制与共和制二分的另一个意义在于，将国家理解为君主与人民的共同体。马基雅维利认为，伟大的君主要认识到人民的性质，而人民也要认识到君主的性质。② 在国家中，君主是社会的奠基因素，是创造力和理智，而民众则是社会的维系因素，或者保守因素。二者构成政体上的互补关系，而且马基雅维利认为君主制适合新秩序和法律的创建，只有君主适合立国，一旦国家确立，共和制又优于君主，国家需要民众来维持。③ 吸收了亚里士多德与波利比乌斯的政体学说，马基雅维利在某种程度上同意政体循环观，但是它认为对于政体至关重要的是在"virtu"与"fortuna"中维持平衡。所谓"fortuna"的意思有三：一是介入人间事物的力量，通常是被拟人化或者神格化的"命运女神"④；二是好的运气，可能是自然界发生的偶然情势或者人为的危险等；三是处境或状况。马基雅维利认为命运是人力所无法对抗的，而应该因势利导，他指出，"一位君主如果他的作法符合时代的特征，他就会得心应手；同样地，如果他的行径同时代不协调，他就不顺利"。⑤ 另一个与之对照的是"virtu"，一般认为有两种含义：一是道德上的含义，即行为是否符合道德规范；二是非道德上的含义，指行动的有效性或者达到目标的力量，也就是能力。马基雅维利更多的是在能力的意义上使用"virtu"，就君主而言，他首先要具备自己的力量，一旦新君主凭借自己的力量而获得成功，那么国家的根基就更为稳固。马基雅维利的政体学说强调国家应从建立、巩固到维持的过程中来选择不同的政体形式，建立国家需要君主制，而国家稳固之后则需要共和制。选择何种政体不是为了保证人的自由或者平等，而是为了其更为持久的存在。而政体是否持久与fortuna和virtu有关。阿尔都塞也认为，马基雅

① 〔意〕尼科洛·马基雅维里：《君主论》，潘汉典译，商务印书馆，1985，第57页。
② 〔意〕尼科洛·马基雅维里：《君主论》，潘汉典译，商务印书馆，1985，第2页。
③ 马基雅维利削弱了政体划分的意义，而是以对国家是否有利来选择何种政体，在这个意义上世间没有绝对良好的政体，只能根据时势来选择，参见〔美〕利奥·施特劳斯《关于马基雅维里的思考》，申彤译，译林出版社，2003，第191~196页。
④ 〔英〕昆廷·斯金纳：《近代政治思想的基础》，奚瑞森等译，商务印书馆，2002，第25~26页。
⑤ 〔意〕尼科洛·马基雅维里：《君主论》，潘汉典译，商务印书馆，1985，第118页。

维利关心的不再是政体的循环，而是两种力量的对抗，即能力与命运的对抗。① 马基雅维利提倡的政体实际上是君主制与共和制混合的政体，不过这种混合不是在同一时间段的混合，而是根据命运与能力的对抗关系，政体的前后相继。一个完美的共和国，都需要一个伟大的君主来奠定基础，当共和国的长治久安遭到侵蚀时，则需要强有力的君主来力挽狂澜，只有在英明伟大的君主领导之下，共和国才会重新焕发生机。② 对于共和国来说最大的威胁是人民的腐化堕落，当人民还未腐化之时，人民是善良而温和的，也就是自由的；但是，当人民开始堕落时，法律制度已经无力制衡人的罪恶，共和国的自由将无法继续存在，人民被套上枷锁，僭主就会出现。

为了预防人民的腐化堕落，马基雅维利提出了自己拯救政体堕落的建议。一是在法律上让公民相互指控，既可以指控别人的野心，也允许别人为自己辩护。这种以法律的形式来指控为非作歹者有助于让人心回到正道。共和国需要一个人民可以发泄愤怒的渠道，而官员若对人民的愤怒感到恐惧就会收敛自己的行为。二是应该让人们处于贫穷状态。马基雅维利认为让国家富裕同时让人民贫穷，这样对自由来说才是好的。因为金钱最容易腐化人性，而且导致了公民之间的不平等。

马基雅维利通过 fortuna 和 virtu 来思考良好政体的建立到底是依靠运气还是美德，马基雅维利认为优良的政体需要两者的对抗。到 18 世纪之后，北美的联邦党人才感叹道："人类社会是否真正能够通过深思熟虑和自由选择来建立一个良好的政府，还是他们永远注定要靠机遇和强力来决定他们的政治组织。"③

（二）霍布斯的政体败坏论

马基雅维利之后，真正让现代政治理论奠定于科学之上的人是霍布

---

① "实际上，这里已经不再是循环，有的只是位移和分布。问题已经不在各种政体的形式，而在于能力及其对立面。"参见陈越编《哲学与政治——阿尔都塞读本》，吉林人民出版社，2003，第 428 页。

② 参见〔意〕马基雅维利《君主论·李维史论》，潘汉典、薛军译，吉林出版集团有限责任公司，2011。

③ 〔美〕汉密尔顿、杰伊、麦迪逊：《联邦党人文集》，程逢如等译，商务印书馆，2009，第 3 页。

斯，霍布斯以自然状态和契约论来论证国家正当性的起源及国家权力组织形式。在霍布斯看来，政体的选择与国家的目的相关，相比于亚里士多德以德性来衡量政体优劣，他认为衡量政体优劣的标准在于是否可以为臣民提供和平与安宁。霍布斯认为单一的国家意志也可能存在多种形式，"主权或者被交给一个人，或者被交给多人组成的一个会议或者议事会。而多人组成的会议又可分为：或者是所有公民组成的会议（其结果就是每个人只要他愿意都有权投票并参与讨论事务），或者只是公民中一部分"。① 由此，国家政体可以区分为三种：君主制、民主制和贵族制。霍布斯还区分了两种形式的国家，即"以力取得的自然国家"和"按约建立的人为国家"，而且取得主权的方式也有两种："以自然之力来取得"以及"人们相互约定服从一个人或者一个集体"。在霍布斯看来，"自然国家的君主政体性质，无论在什么时候，都是理所当然不证自明的"，但是"人为的国家，它在原则上，同样有根据地可能是民主政体，贵族政体，或者君主政体"。②

霍布斯认为，最佳政体就是君主政体，因为君主政体是国家能力最强大的政体形式，在君主政体当中，国家的意志就是君主个人的意志，在自然身体的意义上，意志的统一性由君主自然身体的统一性来保证。这种政体优于其他政体形式，在《论公民》当中，霍布斯认为，无论是抽取钱财、对死亡的恐惧，还是在获得自由以及参与公共事务方面，君主政体均优于其他政体形式。第一，在汲取财富方面君主政体优于其他政体，该政体在获取财富方面会超出公共利益之所需，因为主权者是诸多私欲的结合，在君主制中，君主之大私就是国家之大公。在其他政体当中，"他也可能随心所欲地敛财来满足他的孩子、亲戚、宠幸者乃至谄媚者"。③ 第二，在受到主权者不公正的惩罚方面，君主政体可以更好地保护臣民的生命。在君主政体之下，君主只会对那些傲慢的以及对其产生威胁的人加以惩处，但是在其他政体形式中，情况就比较复杂了，那些民主政体中的当

① 〔英〕霍布斯：《论公民》，应星、冯克利译，贵州人民出版社，2003，第76页。
② 〔美〕列奥·施特劳斯：《霍布斯的政治哲学》，申彤译，译林出版社，2001，第73～76页。
③ 〔英〕霍布斯：《论公民》，应星、冯克利译，贵州人民出版社，2003，第105页。

权者对私愤与公共惩处混淆不分，"他们达成了一种默契，即彼此对对方的贪欲睁一只眼闭一只眼（因为今天轮到我，明天就轮到你了），当他们中有谁将无辜的公民同胞随意地或者基于私愤而处死时，就会起而对这个处死公民的人进行庇护"。① 这是一种极端不公正的政体形式。第三，在公民可能获得的自由方面，在其他政体形式中，臣民的自由会让彼此陷入混乱的悲惨状态当中，而在君主政体当中，对君主的服从反倒可以获得更多的自由，而不是重返自然状态。霍布斯认为，"如果每个人将他为自己所要求的自由也应允给别人，就像自然法所要求的那样，那么，自然状态又回来了"。② 第四，在参与公共事业方面，君主制也优于其他政体。虽然霍布斯也承认，在民主制或者贵族制当中人类的虚荣心更容易得到满足，但是这种人类的虚荣心易导致相互为战，以至于相互攻讦。民主制或者贵族制并不利于国家的治理，"因为爱赞扬是人的天性所固有的，所以，对所有那些在这种才智上高出别人或自以为高出别人的人来说，它是最有吸引力的东西"。③ 而且从政治效果上看，大规模的议会并不会比私人顾问要好。人越多越不易于保守国家的秘密，而且议会中雄辩的目的乃是展示其才能，"雄辩的目的（就像修辞术的主人所教导的那样）并不是真理（偶有例外）而是胜利，它的任务不是教导而是劝服"。④ 而且君主政体在国家能力上要优于其他政体，君主政体更适合捍卫国家的安全和抵御外敌的入侵。君主政体之所以优越是因为人性的弱点，人性受到虚荣自负以及欲望的控制并且对暴死充满恐惧，自然理性让国家选择君主政体。

霍布斯认为每个政体都有其缺点，如"大权独揽"、"欲壑难填"、"司法不公"以及"内乱不休"等，但是他反对混合政体的观点。混合政体最大的问题是主权被分割为三处，必然导致臣民手足无措，以至于相互争斗祸乱丛生。他反对混合政体的根本原因在于主权本身的绝对性和不可分割，一旦分割主权，也就等于国家被分裂。"是以对主权之分割，要么有名无实，要么徒生祸乱……所谓混合政体云云，不过是我辈惑于不知当臣

① 〔英〕霍布斯：《论公民》，应星、冯克利译，贵州人民出版社，2003，第107页。
② 〔英〕霍布斯：《论公民》，应星、冯克利译，贵州人民出版社，2003，第108页。
③ 〔英〕霍布斯：《论公民》，应星、冯克利译，贵州人民出版社，2003，第109页。
④ 〔英〕霍布斯：《论公民》，应星、冯克利译，贵州人民出版社，2003，第110~111页。

服何人罢了。"① 因此，一个好的政府首先应当是一个有控制力的政府，然后才是公民存在的"体面"和自由。

然而即便国家选择了君主制，国家依然无法摆脱腐败以至于解体的命运。从历史经验来看，霍布斯所在的英格兰其君主制也因为一次次内乱而终结，陷入长期的内战状态。霍布斯认为国家的解体，其原因可以被归结为观念的腐败。在《论公民》中，霍布斯指出腐败的八种观念：善恶由君主决定而不由自己；自己的良心挑战国家的法律；诛杀暴君被认为合法；法律高于主权者；主权分割是有利的；真理在于天启；私产被认为不可侵犯；以民意而行私欲，诸如此类。在《法律要义：自然法与民约法》中霍布斯也列举了"国家叛乱的原因"：恐惧未来的惩罚揭竿而起、臣民心怀不满，权欲熏心，自命不凡；听从良心判断正义；认为主权者要遵守自己制定的法律；主权者之外有人发号施令，分割主权；听凭自己的决定是否要缴纳税赋；僭称同道群众为人民；视诛杀君主为义举；心怀不满者的共谋；等等。霍布斯将国家比喻为人，国家是人造的人，其质料就是每个人，"有死亡存在的任何造物都不会永生"。② 人因有致死的缺陷而难以永生，而国家自然不可避免会走向解体。从霍布斯的三部著作《利维坦》《论公民》《法律要义：自然法与民约法》来看，霍布斯认为国家解体的原因可以分为两类：一类在于组成国家的质料出现了问题；另一类则并非质料的问题而是国家的创造者和统治者的问题。他说："问题出在国家的创造者和命令发布者的身上。"③ 所谓质料的原因，在于人们往往心怀不满、冒充正义以及渴望成功。这些原因都是基于对人性的认知，是无可避免的。这些原因可以被认为是国家的先天缺陷，而出自政体创造者的原因那就是后天的问题了（这些原因是可以想办法予以避免的）。一是在取得国家权力时对国家防卫必需的权力储备不足。由此，当出现公共危机时国家用武力予以解决。二是错误的理论四处流传。之所以会如此就是国家中每

---

① 〔英〕霍布斯：《法律要义：自然法与民约法》，张书友译，中国法制出版社，2010，第126页。

② Thomas Hobbes, *Leviathan*: *The English Works of Thomas Hobbes of Malmesbury*, *Vol. III*, Sir William Molesworth ed., London: John Bohn, 1839, p. 308.

③ Thomas Hobbes, *Leviathan*: *The English Works of Thomas Hobbes of Malmesbury*, *Vol. III*, Sir William Molesworth ed., London: John Bohn, 1839, p. 308.

个人都以自己的主观判断来决定何为善恶，由此国家的能力就会被削弱。第一种，也是最不可容忍的主权分割，就是在尘世和神圣之间的分割。这必然导致精神的权威和世俗的权威之间的冲突，二者都主张各自领域的至上性从而形成两个王国。第二种是世俗政权内的分割，政府就如同人的身体，若是让各个器官各行其是而无法统一，那么最终必将损害健康而死亡。霍布斯也批判了那种羡慕邻国政体而妄图推翻自己政府的观点，这种观点必然导致国家混乱。

霍布斯认为，国家先天的疾病无法医治，而后天的问题却可以解决。而建立一个长治久安的国家的办法就在于依赖人自身的理性，"良好的建筑艺术是从理性的原理中得来的，而这些原理则是勤勉的人们在人类开始笨拙地进行建筑以后很久，才从长期研究材料的性质以及形状与比例的各种效果的过程中观察到的。同样的情形，在人类开始建立不完善和容易回到混乱状况的国家以后很久，才可能通过勤勉的思考发现出使国家的结构除开受外在暴力的作用以外永远存在的理性原理"。①

（三）洛克的社会与政府的解体

洛克的政体学说被认为为现代宪法奠定了理论基础，虽然洛克并未直接论述影响深远的权力分立理论，但是在《政府论》中，洛克将政治权力奠定于个体的财产权的基础上，对后来美国的宪法理论提供了思想启发。洛克也是通过自然状态和契约论来建构政治共同体的，但是在主权观念上，洛克与霍布斯以及博丹不同。实际上，洛克对主权和治权进行了区分，在其学说中，主权是不可能被行使的，在政治社会中，真正被行使的权力是治权，也就是政府的具体权力。由此，洛克的政府概念就与霍布斯的政府概念拉开了距离，在霍布斯的理论中，政府和主权者是不予区分的。

自然状态之所以是不可持续的，洛克指出了三点原因：首先，在自然状态中，对自然法的执行没有共同尺度，由于人性的偏私，自然状态存在天然的缺陷；其次，在自然状态中，缺乏公正的裁判者；最后，在自然状态中，缺乏足够的力量来执行自然法。人类处于绝境而必须进入政治社

---

① 〔英〕霍布斯：《利维坦》，黎思复、黎廷弼译，商务印书馆，2009，第262页。

会。而进入政治社会的根本目的是保存个体的财产（Property），从广义上讲也就是生命、自由、产业。而进入政治社会的前提是每一个人的同意（consent），基于一定数量的群体中每一个人的同意，他们放弃了在自然状态中的天然的平等、自由和独立而服从于一个共同的政府，并由此构成一个社会或者共同体。洛克在政治社会成立之先就设定了财产权概念，而进入共同体状态的时刻不是每个组成共同体的人交付一切，而是交付自己为了共同体目的的那部分。正是基于每一个人的同意（consent），一个政治社会就开始存在了，这个社会就是"一"，一个身体，一个意志。而这个统一体的意志的表达者和决定者被洛克称为"多数人"（majority）。而这个多数人（majority）通过何种方式从人民之中脱胎而出，以及如何制定一个国家的根本法（立法权的产生和组织形态），洛克并没有提出实质性的解释。

洛克认为人民不可能直接作为主权者来行使权力，人民直接出场不仅困难重重，而且如果人民真的直接出场就意味着会造成无数分歧和利害冲突，"这种组织将会使强大的利维坦比最弱小的生物还短命，使它在出生的这一天就夭亡"。① 洛克认为，以社会契约的方式建立起来的国家，其主要的目的在于保护缔结契约者的生命和财产，而对于这种目的来说，立法权的归属决定了国家的政体形式。他认为，"政府的形式以最高权力，即立法权的隶属关系而定，既不可能设想由下级权力来命令上级，也不能设想除了最高权力以外谁能制定法律，所以制定法律的权归谁这一点就决定国家是什么形式"。② 立法权是最为关键的权力，"一个国家的成员是通过立法机关才联合并团结为一个协调的有机体的，立法机关是给予国家以形态、生命和统一的灵魂"。③ 洛克在政体形式上还是遵循了民主制（多数人有立法权）、寡头制（少数人拥有立法权）、君主制（一人拥有立法权），以及混合制的划分方式。其中，混合制是一种复合的政体，混合政体在最初将权力交由君主，并限定期限，达到期限可以收回立法权。

---

① 〔英〕洛克：《政府论——论政府的真正起源、范围和目的》（下篇），叶启芳、瞿菊农译，商务印书馆，1964，第60~61页。
② 〔英〕洛克：《政府论——论政府的真正起源、范围和目的》（下篇），叶启芳、瞿菊农译，商务印书馆，1964，第81页。
③ 〔英〕洛克：《政府论——论政府的真正起源、范围和目的》（下篇），叶启芳、瞿菊农译，商务印书馆，1964，第134~135页。

洛克认为，政治社会的败坏分为两种形式，一是社会解体，二是从政府内部解体。所谓社会解体是指政治社会的消亡。在洛克看来社会解体只有遭到外敌入侵而被武力征服这一种形式。当然一旦政治社会解体了，政府自然也就不复存在。除了这种由外部原因导致政府解体之外，政府还可能存在内部解体。内部解体分为三种情况：其一，立法机关变更则政府解体；其二，拥有执行权的人即君主玩忽职守，而导致法律无法被执行；其三，立法机关或者君主二者中任何一个违背政治委托而侵犯公民的财产和权利。在第一种情况下立法机关的形式发生变更，即政体发生了根本的变化，立法机关遭到破坏或者解散。立法机关的权力被篡夺，这种情况可能是立法机关被非法机关取代也可能是合法的机关被取消。第二种情况是由于君主的个人原因而侵犯立法权，君主因为拥有武力和财富，他因师心自用而侵犯立法机关。具体可以表现为：以个人意志替代立法意志；组织立法机关集会；行使专断权力而不符合公共利益；改变立法机关的产生方式；屈服外国武力；等等。第三种情况是立法机关或者君主违背人民委托，那么建立政治社会的目的就不复存在，政府就自然解体，在这种情况下，立法者、君主就与人民处于战争状态。

对于预防政府解体，洛克认为只有反抗与革命才是救赎之道。就是当政府违背人民的委托而侵犯人民的生命、财产和自由的时候，人民就应该自由地建立新的机关，收回其权力。在洛克的理论当中承认存在一种不可转让的权力，"社会始终保留着一种最高权力，以保卫自己不受任何团体，即使是他们的立法者的攻击和谋算"，而这种权力只有当政府解体时才会出现。①

（四）卢梭的政治蜕化论

作为人民主权理论的奠基者，卢梭的政治哲学与洛克的重大不同是，对洛克来说进入政治社会的条件是权力的部分转让，而在卢梭的理论当中所有人转让了一切，将其所有力量凝结为政治统一体，这种统一体的意志就是公意。这一点又与霍布斯不同，在霍布斯的理论中，政治权力完全交

①　〔英〕洛克：《政府论——论政府的真正起源、范围和目的》（下篇），叶启芳、瞿菊农译，商务印书馆，1964，第 94 页。

给缔约者的第三方，而在卢梭那里所有缔约者表面上交出了一切权力，但是其实什么都没有交出去。卢梭提出的命题是如何让主权者人民可以约束政府，作为法律服从者的臣民像以往一样自由。为了实现政治共同体自由和秩序的平衡，卢梭引出了政治体的平衡公式：主权者：政府＝政府：人民。[①] 卢梭的政体学说以及政治体腐败与救治都可以从这一公式中得出。

在卢梭之前的政体学说史上，很少区分主权者和政府，通过人民主权理论，卢梭将主权牢牢地固定在人民手中。由此，政体的类型也不再由主权之归属来决定，从人民主权观念出发只有唯一一种正当的政体形式就是民主制。以此，政体概念在卢梭这里发生了重大变化，如果之前的政体理论是一种主权理论，那么卢梭这里的政体理论其实是一种治权理论，治权不是主权，而是主权者委托给政府的权力。在这个意义上，关于分析主权归属以决定政体的理论探讨的就不是政府的形式，而是国家的形式。而卢梭的政体理论所探讨的才是政府的形式。政府是插入作为主权者人民和作为法律服从者臣民的中间体，"我们无须纠缠于这些复杂的名词；只要把政府看做是国家之内的一个新的共同体，与人民和主权者都迥然不同，并且是这两者之间的中间体，这样就够了"。[②] 由此，政府是国家中的一个小型团体，它有自身的意志，以区别于主权者人民的公意以及作为公民的个人的私人意志，然而政府中的成员本身却同时具备三种不同的意志：作为个人的私人意志，作为成员的团体意志，作为主权者的公意。

卢梭的政体理论依然以拥有治权人数的多少为划分标准。根据政治体的平衡公式，卢梭还发现政府的力量与政府的意志呈反比例关系，如果国家太大就要求政府拥有更强的能力，从而拥有治权的人数就要适量减少，而当国家比较小时，政府的力量就不应该太大，因此政府的人数就可以相应增多。将这种逻辑演绎到极端情况，就是所有人都是政府成员的绝对民主制以及只有君主一人是政府成员的绝对君主制。在绝对君主制条件下，君主以自身人格充当政府，这里政府的意志就是君主的意志，政府的力量达到最大；在绝对民主制条件下，所有人都是政府的成员，政府的意志也

---

① 关于政治体的平衡公式，参见陈端洪《人民必得出场——卢梭官民矛盾论的哲学图式与人民制宪权理论》，《北大法律评论》2010 年第 1 期。

② 〔法〕卢梭：《社会契约论》，何兆武译，商务印书馆，1963，第 73 页。

就是主权者的意志，政府的力量也就是最小的。于是，根据这个逻辑，人口大国则倾向于君主制，而人口较少的国家则倾向于民主制，人口规模适中的国家适合于贵族制。卢梭认为，没有一个最好的政体形式可以适用于所有国家，国家对政体的选择要依靠对人口、民情甚至地理环境与历史的分析来加以综合考虑。

　　然而，政治体必然走向死亡，这并不会因为任何人的意志而改变。因为人性使然，人的私意永远都与公意处于对抗之中。卢梭说："政治体，也犹如人体那样，自从它一诞生起就在开始趋向死亡了，它本身之内就包含着使自己灭亡的原因。"① 卢梭认为的政治体的死亡就是人民主权的沦丧。根据卢梭的理论，政治体的死亡存在三种方式：其一，政府的蜕化；其二，人民的堕落；其三，紧急危险。紧急危险比较容易理解，诸如战争、瘟疫和自然灾害都可能直接导致国家的沦亡。而政府的蜕化以及人民的堕落才是人类可以试图予以解决和延缓的，但是卢梭也指出不可能阻止政体的死亡，"体制最好的政府，其自然的而不可避免的倾向便是如此。如果斯巴达和罗马都灭亡了，那末，还有什么国家能够希望永存呢？"② 政体内部就蕴含着死亡的因子，但是我们却可以通过制度设计让国家更为长久。卢梭指的政府蜕化包括政府的收缩与国家的解体两种情况。所谓政府的收缩是指政府形式发生变化，可能从民主制过渡到贵族制，从贵族制过渡到君主制。这是政府的天然倾向。那么在这种情形下，政治体并未死亡，如果强化人民对政府的控制力，政府可能会回到健康状态。而国家的解体以两种形式出现，一是君主不再按照法律来管理国家而篡夺了主权者的权力，这不是政府力量的变更而是国家性质的变化，卢梭认为"这时就不是政府在收缩，而是国家在收缩了"。③ 这种情况下作为主权者的受托者的君主或者政府成了主权者。二是政府的成员篡夺了只能由集体来行使的权力。这种情形下，有多少官员就有多少个国家，即政府被分裂，这种状况使国家之内政府林立，换言之，国家陷入无政府状态。除此之外，造成政治体死亡的另一个原因是人民的堕落。在这种情况下，公民丧失了爱国

① 〔法〕卢梭：《社会契约论》，何兆武译，商务印书馆，1963，第108页。
② 〔法〕卢梭：《社会契约论》，何兆武译，商务印书馆，1963，第108页。
③ 〔法〕卢梭：《社会契约论》，何兆武译，商务印书馆，1963，第106页。

性，私人意志占据头脑，公意沉默。在政治体死亡的具体表现上，卢梭认为派系斗争、没有勇气集会以及代表制兴起都是导致公意丧失的原因。他认为，这时人们"爱国心冷却，私人利益活跃"，尤其是因为"懒惰与金钱"而不愿意参与公共事业，"人们拿出来自己的一部分利润，为的是可以更安逸地增加自己的利润。出钱吧，不久你就会得到枷锁的。钱财这个字眼是一个奴役人的字眼"。①

那么，卢梭拯救政治共同体的方法又是什么呢？还是回到政治体的平衡公式："主权者：政府＝政府：人民"，为了保持主权者——人民——对政府的控制力，以让政府不扭曲变形，卢梭诉诸的是例常化的人民集会。卢梭认为，"政治生命的原则就在于主权的权威"，而弘扬主权者权威的人民集会总是以两个问题开始，"第一个是：'主权者愿意保存目前的政府形式吗？'第二个是：'人民愿意让那些目前实际上担任行政责任的人们继续执政吗？'"② 这是从人民角度入手而提出的方法。另外，在这个公式之外，卢梭从罗马宪制中引申出相关制度来实现政治体的内在平衡。其中两种制度有助于维持政治体的平衡。第一种是保民官制。保民官制或者居于政府和人民之间，或者居于政府与主权者之间，其使命是使政治体恢复正确的比率。当政府要反对主权者的时候，保民官就以主权者的名义来限制政府。而有时候，这种权力也可以帮助政府来限制人民，因为人民的权力也会导致对政府的控制使政府丧失力量。第二种是监察官制。要以监察官来培育社会风尚，因为对卢梭而言，共和国需要风尚来维系，这是共同体的第四种法律，"这种法律既不是铭刻在大理石上，也不是铭刻在铜表上，而是铭刻在公民们的内心里"。③

四　现代政体的自救论

正如卢梭所言，"政治体，也犹如人体那样，自从它一诞生起就在开

---

① 〔法〕卢梭：《社会契约论》，何兆武译，商务印书馆，1963，第115页。
② 〔法〕卢梭：《社会契约论》，何兆武译，商务印书馆，1963，第125页。
③ 〔法〕卢梭：《社会契约论》，何兆武译，商务印书馆，1963，第67页。

始趋向死亡了，它本身之内就包含着使自己灭亡的原因"。① 根据卢梭的理论，政治体死亡的根本原因在于公意与私意之间的不一致，掌握公权力的私意往往侵犯甚至篡夺公共意志。由此，使政治体保持生命力的方法就在于弘扬主权意志的权威。卢梭开出的药方就是例常化的人民集会，定期举行以维护社会契约为目的的集会，并且永远以两个提案开始：第一个是主权者愿意保存目前的政府形式吗？第二个是人民愿意让那些目前实际上担任行政职责的人继续执政吗？卢梭的两个提问其实有两个指向。第一个问题指向的是政治体自身变形或者扭曲之后如何调整政治秩序的内在结构，即以制度变革实现自我救赎；第二个问题指向的是当政者的德性与操守，即因官僚体制自身的腐化堕落而要求更换官员，即以道德实现自我救赎。尽管卢梭的社会契约论所构造的政治社会与今天现代国家的政治现实有一定差距，然而政治体自我救赎之道奠定于制度与德性的确是毋庸置疑的。

（一）现代政体败坏的表现形式

不同于卢梭构造的小国寡民的政治社会（人民集会的可能性还存在），现代国家由于广土众民、结构复杂，以公意和个别意志为逻辑前提构造的政治体的平衡公式"主权者—政府—人民"被进一步拓展为"主权者—宪法—政府—社会"。因为人民不可能定期集会故而以"最后的人民集会"为逻辑假设②，现代国家以宪法的形式凝聚人民的意志与政治决断并对政府的权力进行约束。因此，现代国家政体败坏的根本原因在于宪法的败坏，其具体原因可以表现为：其一，人民不再有公德心，不再关心宪法，使宪法失去权威；其二，政府侵犯主权者权威，破坏宪法导致滥用权力。其中，第二种情况又可以分为两种情形：一是宪法权力自身发生扭曲导致权力失衡；二是政治官员与官僚体系的德性败坏。

1. 人民的腐化堕落

人民的美德与公共精神是现代共和国得以确立的根基，若人民也腐化堕落了，那么再好的制度也无法自我拯救。正如孟德斯鸠所分析的，每一

---

① 〔法〕卢梭：《社会契约论》，何兆武译，商务印书馆，1963，第108页。

② 关于现代社会的政治体的平衡图式，参见陈端洪《制宪权与根本法》，中国法制出版社，2010，第34~35页。

种政体都有其对应的原则，君主政体对应的是荣誉，专制政体对应的是恐惧，而民主政体对应的是品德。① 若是人民丧失品德，共和国都无法自我救赎，遑论宪法。按照美国联邦最高法院首席大法官斯托里的观点："宪法结构是具有完美技艺和忠诚的建筑师所建设的……然而，它可能因为唯一的守护者——人民——的错误、腐败或疏忽而在一小时内衰败。"② 随着人民德性的沦丧，他们不再关心公共生活，最终表现为社会风俗的彻底败坏。归根到底，人民关心自身远远超过关心政治体是其堕落的根本原因。若论其具体表现形式，首先，是对自身政治身份认同的丧失，一旦公民不再认可自身的政治身份，则认为自身的利益与公共的利益无关，也不再有热情关心国家的未来；其次，人民德行的衰败，公民不仅不关心祖国，甚至不关心他人，沦为贪生怕死、唯利是图的小人；最后，逃避公民的责任与义务，毫无公共性可言。对于任何一个共和国而言，教化和培养人民的美德都是根本重要的。只有人民捍卫共和精神和宪法制度形成普遍的关心公共事业的精神状态，政治制度才会正常起作用。以丧失美德的公民来构造的共和国注定是建立于流沙之上的，是经不起任何风吹雨打的。

2. 制度败坏

根据政治制度变迁理论，任何政治制度都像生物体一样具有"启动—兴起—高峰—衰败—更新"的历史周期，"任何社会都不存在完美无缺的制度形式，每一种制度形式都处于生产、发展和完善并最终走向衰亡的历史过程中。……一种制度形式可能在初期是有效率的，但当制度的效率曲线达到一定点时，再发展下去就会导致效率衰减"。③ 黄炎培也将这一过程称为"历史周期率"，大凡制度开创之初，则意气风发，而逐渐风气养成则陷入形式主义、人亡政息的境地。④ 无论何种制度，随着历史的演进，其都不可避免地陷入败坏之中，究其原因无非有二：一是制度与环境的不相适应，制度自其建立起就存在保守性和稳定性的倾向不愿意随着社会现实而变迁，从而无法吸收社会的诉求以及需要，最终导致制度失衡；二是

---

① 〔法〕孟德斯鸠：《论法的精神》（上册），张雁深译，商务印书馆，1961，第 11～14 页。
② 〔美〕约瑟夫·斯托里：《美国宪法评注》，毛国权译，上海三联书店，2006，第 579 页。
③ 李怀：《制度生命周期与制度效率递减——一个从制度经济学文献中读出来的故事》，《管理世界》1999 年第 3 期，第 68～78 页。
④ 黄炎培：《八十年来》，中国文史出版社，1982，第 157 页。

制度本身导致的权力固化现象，一旦制度形成则权力就有自我扩张与固化的倾向，特权化和权力世袭化会以各种潜在形式存在，而拒绝与其他多元力量分享权力。由此，政治制度的衰败是无法避免的，最终导致政治系统运转失灵而不得不寻求改革或彻底的制度变革。为了让制度保持开放性以及具有适应新环境的敏感度，政治系统往往诉诸公民参与来推动政治变革，为此亨廷顿还提出过政治不稳定的公式，即"政治参与/政治制度化＝政治不稳定"。[①] 这一公式表达出维持政治稳定的基本方法，要么诉诸政治参与，要么推动政治制度化。如果政治制度化远高于政治参与或至少与政治参与相平衡，那么政治秩序是稳定的，为此则需要对政治制度化进行安排，增强政治制度化对政治参与的吸收能力从而实现政治稳定。

3. 官员德性沦丧

官员是一个特殊的群体，以政治权利原理观之，官员既是共同体成员中的私人，同时又是政府团体中的成员，而且其还是纯粹的私人。为此，三重人格交织使其行为的公共性和私人性经常发生重叠，具体表现就是德性的败坏。正是因为官员道德沦丧导致公共权力的公共性减弱，以权谋私、贪污腐败现象才频繁发生。为防止官员的私欲凌驾于公共利益之上，人们往往从三个方面着手。物质上，高薪养廉可以使公职人员免于贪恋物质带来的腐蚀；精神上，以道德教化为方法，强调个人自律与行为操守；制度上，从权力制约的角度让官员不敢腐败。然而，无论从哪个角度出发，从实际效果来看，其作用都相当有限，而根源在于人性无法避免的自爱原则。创设制度化的反腐方式是应对官员腐败问题的重要出路，人性是不可靠的，制度则可以保持自身的安定性。正如邓小平关于制度的两个重要论断：一是"对干部和共产党员来说，廉政建设要作为大事来抓。还是要靠法制，搞法制靠得住些"[②]；二是"制度好可以使坏人无法任意横行，制度不好可以使好人无法充分做好事，甚至会走向反面"[③]。官员道德的沦丧必然要回到制度的基础上来分析，道德败坏是人性基础与制度无效相互

① 〔美〕塞缪尔·亨廷顿：《变革社会中的政治秩序》，李盛平等译，华夏出版社，1988，第56页。
② 《邓小平文选》第3卷，人民出版社，1993，第379页。
③ 《邓小平文选》第2卷，人民出版社，1994，第333页。

作用的必然结果。

（二） 政体自救论

人类从未停止过思考如何建构既能保证自由以及公平正义同时又可以长久不坏的政治制度，为政治体延长生命是历代政治思想家共同的思考主题。正如汉密尔顿等在《联邦党人文集》中提出的问题："人类社会是否真正能够通过深思熟虑和自由选择来建立一个良好的政府，还是他们永远注定要靠机遇和强力来决定他们的政治组织。"① 现代政治的一个重要特点是突出理性在制度设计中的作用，人类以理性来约束人性之私让公权力不为私欲所操纵。关于如何让理性发挥作用，人们思考过各种各样的方法，而归根结底无非两种，即制度以及德性。通过理性建构的制度使得权力之间相互牵制而不得滥用，而德性的培养在于以公抑私，让公权力的行使者常怀人民的恩德，为人民服务，不妄作威福。

政治体为延续自身寿命，则需要对权力以及权力行使者进行约束。从历史上看，控制政治权力的边界存在两种方法：一是水平控制；二是垂直控制。而现代宪法被认为就是人类理性建构的限制政治权力的有效机制。宪法从本质上就是要规定政治权力的边界和控制机制，而权力的正当性必然以同意为基础，甚至有人将宪法的历史概括为"政治人对权力持有者所行使的绝对权力的正当性的探索过程，也是为盲目服从权威的现实社会控制寻求道德或伦理正当性之外的替代品的过程"。② 而做到这一点是通过两个层次实现的，一方面使权力受众免于统治者绝对权力的控制，另一方面使他们正当参与政治的过程。现代宪法及其政治理论中发展了诸多方法来限制公权力，举其大端无非垂直控制与水平控制。

（1） 垂直控制

所谓垂直控制就是从权力的来源和上下关系中来对权力进行控制。按照权力层级的状态，可以这样的图式予以刻画，由上至下：主权者—宪

---

① 〔美〕汉密尔顿、杰伊、麦迪逊：《联邦党人文集》，程逢如等译，商务印书馆，2009，第3页。

② 〔美〕卡尔·罗文斯坦：《现代宪法论》，王锴、姚凤梅译，清华大学出版社，2017，第89页。

法—政府—社会。其中政府内部还可以根据政府机关的层级关系进行限制。

　　首先是主权者对权力的限制。在现代政治中一般认为人民具有无上的权威，宪法上也奉行人民主权原则，由此形成第一种限制，即观念上的限制，现代宪法是没有统治者的宪法，如果有统治者的话，这个统治者只能是人民。若以人民为统治者，任何掌握公权力的人都不是权力的所有者。然而，问题在于人民作为主权者无法直接行使自己的权力，对此主权者实施了第二重限制，即以宪法限制政府，政府的权力来自主权者通过宪法的授予，超越宪法的权力必须取得人民的同意。为了限制政府的权力，宪法创设了格式机关，如代议制机关监督政府的权力行使，并确定投票机制以强化权力的归属等。其次，垂直控制还可以将政府视为一个整体，从社会和政府的互动与对峙的角度来对公权力及其行使者进行限制。从垂直控制的角度，其又可以区分为三个层次，分别是联邦制、个人的权利与自由以及多元主义。联邦制强调以中央和地方权力的相互制衡来实现限制政治权力的目的，本质上联邦制是一种分权制度。按照联邦制，联邦与各成员邦在各自的范围内拥有权威，宪法确定了联邦与各成员邦之间的权力界限。个人自由和权利作为公权力不得进入的领域构成对政治权力的限制，近代自由主义主要以消极自由理论在国家与个人之间进行划界，现代宪法则以社会国原则为基础，一方面强调国家的义务，另一方面则突出公民的积极自由和权利。为此，诸多政治自由构成公民对政治权力限制的重要方法。而多元主义被认为是现代政治的主要特征，它不承认唯一真理从而为多种多样的价值观、利益团体保留了存在空间，其最典型的就是政党制度。政党与利益团体构成多元主义中的两个关键性要素，它们作为人民管理政府的中介以各自的利益和政治诉求来约束与限制政府权力。

　　（2）水平控制

　　所谓水平控制就是在权力持有者之间进行权力配置以使其相互限制，按照现代宪法的功能区分我们一般将国家权力分为立法权、司法权和行政权等，并分别配置给议会、法院和狭义上的政府。这一控制模式被称为机关间的控制，从而存在机关间控制的技术与类型。议会可以通过政府官员任免权以及财政审批权来控制政府的权力运作，而政府则可以通过议会解散权来限制议会的权力等。另外，机关内部也存在控制关系，以议会为例，议会内部可以分为多个委员会以及独立调查机构来进行内部的控制。而行政机关内部则可以设立行政监察机关以实现自我控制等。而司法机关也可能存在内部的限制，其中最主要的限制模式就是合议制，因为司法人员可能凭借主观意志而极为专断，故而采取合议制的方式根据多数决原则来处理案件。

（三）美德培育

公权力行使者滥用权力，一方面是由监督和制约的缺失造成的，但另一方面也应该同样注意权力行使者的道德问题，若是权力行使者具有高度的道德情操与公共精神，可以毫不夸张地说，腐败不可能有容身之地。然而，人毕竟不是天使，克服人性的偏私和以理性设计权力相互制约的制度一样困难。而且德性是最根本的，若是政府官员都是道德高尚者，以制度约束权力的必要性也就不存在了。而保持官员的美德实际上存在两个不同的方向，一是对主权者与国家的忠诚，在这个意义上，官员的美德体现为对上级的忠诚；二是自身的道德约束，其中又可以分为两个方面，即自律与他律。

1. 政治忠诚

忠诚的概念并非一种普遍性的概念，因为人们总是忠于特定的主体，如忠于个人、忠于家庭、忠于国家等。由此，忠诚的概念并不符合现代道德主义的普遍性主张，它表达了对特定对象的排他性的关系。忠于祖国者，不应在祖国与其他国家发生冲突时而选择其他国家。对于公权力的行使过程来说，忠诚的重要性在于人们总可以通过忠诚的对象来选择特定的道德行为。忠诚总是与特定的政治身份以及政治认同相关联，对于现代国家而言，其政治忠诚首先就表现为对于国家与人民的忠诚，也就是在国家与人民利益之间发生冲突之时，总可以作出忠于国家与人民利益的选择。①忠诚作为一种强烈的道德情感，是个人对某项事业或者主体的奉献精神。而政治忠诚则是政治行为主体对特定事业、政治信念、理想与原则的坚定不渝与矢志奉献。现代国家强调公民对国家的忠诚，尤其对宪法的忠诚。

---

① 关于忠诚的概念以及政治忠诚的道德结构，参见邬蕾《论孝的原则与政治忠诚》，《原道》2014 年第 2 期。

公民对国家的忠诚与对国家的热爱是分不开的，一个热爱自己祖国的人很难想象其可以作出背叛祖国利益的行为。而对于官员而言，其忠诚的对象应该包括三个方面。一是忠于国家，以国家的利益为其效忠的对象，不要背叛国家的托付，行使权力要以国家利益为最高价值；二是忠于人民，人民作为主权者是所有权力的来源，忠于人民的托付的本质是权力的行使要以公意为指导；三是忠于职责与事业，官员的职业决定了官员作为特殊的群体有其典型的责任要求。按照韦伯的信念伦理，政治家要以政治理想为其行动指引，"以信念以及心意为伦理原则的人，觉得他的责任只在于保持纯洁的信念"。① 对于国家而言，保持官员的政治忠诚是维持政治体生命的重要手段。

2. 自律与他律

谈及道德问题就不得不涉及自律与他律概念对个人道德问题的影响，尽管自律与他律在伦理学史上有着漫长的争议，但就政治体的道德培养而言，自律与他律同样重要。自律强调自我的内在约束，而他律强调的是外在规范。康德认为，道德概念无须外求，也非历史文化熏陶之结果，道德概念端赖于内心。他认为，"纯粹理性是实践的，也就是说，它能够不依赖于任何经验的东西自为地决定意志……这个事实就是理性借以决定意志去践行的德性原理之中的自律"。② 道德若以有条件的经验性概念为前提则破坏了道德的纯粹性，故而按照康德的观点，他律的道德概念是假言命令，而自律的道德概念是定言命令，因为是无条件的，故而才是真正的道德概念。从社会角度来看，道德的自律与他律是同样重要的，任何个体都是置身于社会中的个体，而社会本身也会形成自己的道德规范以及行为评价标准。从官员的自律与他律来看，无论是从个体的德性培养以及拒绝腐蚀的内在德性来看，还是从社会风尚构成的外在行为评价标准来看，二者对于官员以公共精神行使公权力同样重要。因此，在道德领域我们可以从两个角度入手，一是廉政文化的塑造，二是个体美德的培养，前者主要以他律的方式来塑造风清气正的官场风气，而后者主要依靠自律的方式来促

---

① 〔德〕马克斯·韦伯：《学术与政治》，钱永祥等译，广西师范大学出版社，2004，第262页。

② 〔德〕康德：《实践理性批判》，韩水法译，商务印书馆，1999，第44页。

进个体道德的养成。人的行为总是由观念引导的，道德思想教育的目的在于通过影响人的观念来引导人的行为，只有官员树立廉洁的思想才会产生廉洁的行为。因此，要加强信念教育，树立崇高的世界观、人生观、价值观，抵制和批判拜金主义、特权意识和享乐主义的思想。要培养个人自律的生活美德，树立艰苦奋斗、吃苦耐劳的道德理想，抵制各种腐化个人思想的因素，不仅管好自己还要管好亲属与朋友。而从他律角度培养官员的德性主要是从廉政文化入手，廉政文化本质上是一种社会观念与理念，是整个社会或者官员内部形成的一种对反腐败的基本态度和认识，从其内容上看，它包括各种具体的形态，其中就有物质、制度和精神三个层次。廉政文化的建设既包括执政者自身具有的关于廉洁的政治文化，也应该包括组织内部形成的廉政的组织文化、社会领域形成的社会意义上的廉政文化以及职业操守中应遵循的基本职业道德等。

国家如同人的生命一样，都存在不可抗拒的自然规律使其走向衰亡，国家的生命在于维护其内在的权力平衡，达成这种平衡的关键就是要处理好个体的私欲与公意之间的关系。为此，只能从两个角度入手来处理，也就是从制度与道德角度。制度与道德，前者强调外在的约束，而后者强调内在的约束，无非是将人性的偏私控制在一定的范围之内，中西的政治制度与道德风尚，从历史上看，虽然表现各不相同，但其根本目的确是相似的，也就是遏制公权力行使者的私欲延续政体生命。

第三章 权力制约与政治廉洁

　　权力无节制地滥用以及行使权力之人违背主权者的嘱托以公共性为名而行私利，其具体的表现就是腐败。腐败是自有公权力以来普遍的人类现象，它是廉洁的反面，无论古代社会还是现代社会都将其当成"政治之癌"，然而，尽管人类在制度上想尽各种各样的办法，但是直到政治昌明的现代世界，依然拿腐败无可奈何。从其根源来说，腐败乃是与公权力相伴而生的，哪里有公权力哪里就存在腐败。阿克顿勋爵在《自由与权力》中写道："权力导致腐败，绝对的权力导致绝对的腐败。"然而，尽管权力可能导致腐败，但是人类社会不可能不要权力。国家乃是必要的恶，如何将这种恶限制在最小的程度，这对人类智慧提出了重大的挑战。既然权力无法避免，那么就需要回到问题的源头，为什么人类始终无法克服腐败这种政治的癌症，政治机体如同人体一样，自其诞生之日起就蕴含着衰败和死亡的基因。一般认为腐败是国家公职人员利欲熏心以权谋私的行为。这种观察通常诉诸的是行使公权力者的道德来惩治腐败。然而，这种观察忽视了制度对约束腐败的价值。实际上，历史上的腐败并非都由道德不良造成，政治制度本身的不合理也是滋生腐败的重要原因。对此，我们可以从两个层面对腐败进行观察，从个人行为层面来观察腐败，无非是公权力与个人私欲的结合。因此，控制腐败的方法被归结为两种。一是从制度上防止公权力私用，以此在制度设计上注重对公权力行使过程的限制。二是从道德上入手克服人性之私，因此以"廉政"为治理官员腐败的道德路径，而这种治理也被称为"吏治"。吏治的本质是从人的道德层面来治理腐败，然而寄托于个人美德的路径往往与现实政治的发展背道而驰。

一 权力制约

凡存在权力就应当对权力进行制约，其逻辑前提本身就是对权力的不信任。凡是未被限制的权力，因为人性的偏私，终会走向权力的膨胀以及无节制地滥用。而关于权力的限制，历史上人们从道德、神学、逻辑以及社会角度予以多方面的思考，直到现代宪法诞生以后，人类才逐渐形成关于节制权力的系统化思考。

（一）权力制约的模式

既然权力导致腐败，那么对权力的限制就被认为是医治腐败的良方。于是，人们在政治社会中就展开了与权力的漫长斗争，一部人类史就可以被看成是一部与权力不懈斗争的历史。由此，为了战胜权力的傲慢专断，人们想出各种方法对权力予以限制。这些模式可以归纳为四种：以权力限制权力模式、以权利限制权力模式、以法律限制权力模式、以道德限制权力模式。[①]

第一种模式是以权力限制权力模式。这种模式被认为是现代政治的伟大成就，在王权时代权力对权力的限制在理论上几乎是不可能的，因为最高统治权的所有者在法律上是不可能受到限制的，至于具体是否受其臣属以及宗教势力的限制不是理论问题而是实践问题。进入现代之后，真正以权力限制权力的模式才得以形成。这种模式的特点是破除最高权力，将主权归于人民，而将治权予以分割，让权力之间相互限制，这在现代宪法中就体现为权力分立原理。

第二种模式是以权利限制权力的模式。近代启蒙之后，人之尊严成为现代法政秩序的基石，人之权利不仅构成国家权力的观念前提，而且从宪法基本权利规范中构成了对现代国家权力的限制。这种模式就是为权力行

---

① 关于权力限制模式的四种方法的研究，参见后向东《权力限制哲学：权力限制模式及其作用机制研究》，中国法制出版社，2018。

使的范围设定禁区，从实践层面看，各国根据人民的基本权利可以对国家权力进行合宪性审查。以权利限制权力模式是一种负责的现代宪法机制，在理念上人们达成了广泛的共识，然而在具体实践中则总是需要一定的社会条件。

第三种模式是以法律限制权力模式。这里的法律是指法治原则，其核心要义在于国家要以法律的形式来实施统治，首先是国家需要根据规则来行使权力，也就是"法无授权不可为"；其次是国家实施统治的方式是通过规则来进行的。以法律的形式约束国家权力就是要排除国家的恣意性，从而让权力的运行符合规则。若权力的运行是变动不居而且不可预测的，那么对权力的限制就无从谈起了。现代国家都奉行法治原则，但是即便以法律的形式来对权力进行限制，也无法应对权力运行的自由裁量的可能。然而，法律之网也不可能覆盖所有的漏洞，否则法网如织，而政府却无行动能力。

第四种模式是以道德限制权力模式。在穷尽了所有理性的制度设计仍不能限制权力时，人们只能求助于道德。法律能对权力行使者的外在行为进行限制，而道德则是对其内心的限制，以道德来约束行为动机，以抵挡权力带来的诱惑。由此，这种限制模式在制度上的实现方式就是道德教化、感化以及劝说。然而，从其实践中看，道德劝导的方式起到的作用总是有限的，在自利的倾向与道德的束缚之间，权力的所有者总是存在侥幸的心理，而最终被私利俘获。

即便存在以上四种权力限制模式，但是从其具体实践中看，没有任何一种是独立存在的，在具体的国家反腐败实践中，这些模式都是综合运用的。制度的形成总是在历史和文化的土壤中缓慢进行的。但是，以上模式综合运用也并未根除隐藏于权力行使过程中的腐败现象。根本原因还是要追问权力腐败的根源，这种根源从人性上讲就是公权力在目的上的公共性与权力行使者在人性上的自利性之间的对立。基于此，除了四种模式之外，人们设想是否存在一种权力类型，它也是一种公权力，但是这种权力运作的目的是监督公权力的行使，换言之，它试图弥合公权力的公共性与权力行使者的自利性之间的对立。在现代意义上，这种分离也可以表述为："权力所有者的退隐，对权力的使用者缺乏控制力。"[1] 从历史上看，中西方对于权力的限制方式虽然颇多不同，但是从具体的权力原理上双方却是相互呼应的，凡有权力行使之地就必须对权力予以监督。因此，除了以上四种模式之外，这里还存在另一种对权力的监督模式，即监察制度。

（二）权力制约的哲学基础

权力制约属于政体理论的范畴，其核心思想是以权力的对峙寻求权力的平衡，具体而言包括三个过程，即对峙、互动与平衡。权力制约理论必然将权力置于相互对峙的结构之中，而所谓对峙，是承认各种权力处于大致相当的地位，不会存在以一种权力彻底吞没和控制另一种权力的现象；关于互动，权力之间不可能不发生关联，权力之间不管是限制关系还是推动关系都是一种互动关系，这种互动过程是一种权力之间相互调整力量与状态的过程。所谓平衡，即不管是对峙还是互动，最终要回到平衡状态，若权力最终因恶性对峙而导致失衡，则权力限制的结果不仅没有实现，反而陷入权力结构的崩塌，顾此失彼，这就远离了权力制约的初衷。

1. 对峙

对峙（opposition）实为对立，对峙是一种哲学思维方式，按照马克思主义哲学的观点，事物处于矛盾的状态当中。中国古代缺乏对峙思维，个体、社会、国家之间缺乏明确的界限，权利意识不发达。黑格尔认为，中国古代的哲学精神其实是家庭精神，家庭作为实体，其内部缺乏必要的分化，因此，个体意志并不成熟，缺乏以对峙思维共存的自由权利意志。[2] 而权力制约哲学的第一个原则就是将权力置于水平的结构当中，让权力构成一种相互对立的状态。使对峙状态得以成立的条件是权力的分解，高度集中和统一的权力是不可能出现对峙状态的，以政治国家观察权力的分解，在古代，权力是高度集中于特定集体或者个人手中的。近代国家以主

---

[1] 在陈端洪以财产权概念对政治腐败进行的经典分析中，发掘出腐败的根源在于，国家权力作为公共财产与权力行使者的私人财产倾向之间的对立，其实就是揭示了公权力的公共性与权力行使者的自利性之间的对立。参见陈端洪《国家权力作为财产——政治腐败分析》，载信春鹰编《公法》第3卷，法律出版社，2002。

[2] 〔德〕黑格尔：《历史哲学》，王造时译，生活·读书·新知三联书店，1956，第157~168页。

权观念为起点，将国家的所有权力集中于主权概念，其现代国家形态就是绝对主义君主国家，立法者不可能受到任何人间制度的制约，但是却可以受到道德与神法的约束。从绝对主义君主国家的主权概念来看，这种权力模式是不可能出现对峙性结构的。

权力的对峙被称为是一条现代政治权力安排的基本原则，而此原则到人民主权诞生之时才被确立起来。人民主权原则确立了权力归属于人民，但是其困难之处在于人民不可能直接行使其权力，因为这会破坏一切社会秩序和法律基础，为此，权力必然通过层层授权的形式赋予政府来行使。由此，第一重区分就是在主权和治权之间所进行的区分，这种区分将权力的来源定位于主权，而受托者行使的权力为治权，治权绝不可染指主权，主权是产生其他权力的权力，而治权是其他权力所产生的权力。现代宪法诞生之后，主权与治权的区分也以另一种形式被表现出来，也就是制宪权与宪定权。制宪权是制定宪法赋予国家以秩序结构与形式的权力，在制宪权之下才会有以宪法来安排国家各项事务的权力结构，也就是权力架构。按照现代国家对权力的安排，一般分为立法权、司法权和行政权，这些权力以其性质被配置给不同的机关。按照孙中山的观点，他将权力分为权与能，人民有权，而政府有能，这里的权与能的区分其实就是主权和治权的对应物。只有在区分主权与治权的前提下，才可能将治权的不同权能置于相互对峙的水平面上，形成一种权力大致相当又相互限制的共存状态。主权与治权的分化是一种层级的由一到多的过程，"一"与"多"之间存在质的差异，即"一"是统领"多"的。在治权理论中，治权的分化就不再是基于质的区分，而是治权的内部区分，从而形成不同权力类型的并置与对立状态。一般而言，这种状态中的权力不是两种权力的对峙，而是三种或者更多。有时之所以选择三种权力的对峙关系，是因为相比于两种权力要素之间此消彼长的关系，三种权力要素共存更为稳定。故而中国古代三国时期的国家间关系被认为是一种相对稳定的政治状态，因为任何其中两方要采取行动，则需要拉拢和警惕第三方，因为它的介入可以改变权力对比结构。三足鼎立思想本质上是一种均势理论的模型。

2. 互动

权力处于对峙状态并不是处于孤立状态，权力需要互动以塑造各自的边界、连接点以及自身的运作模式。从政治哲学角度观察，权力并非概念推理的直接产物，而是在政治运行过程中逐渐缓慢演化的。这个互动过程既可能是和谐相处的，也可能是相互冲突的。互动是权力运行的自然结果，但是互动却不能超越边界以特定权力制服其他权力，如果发生以特定权力宰制其他权力则对峙状态被打破，从而发生权力集中现象。因此，也不可能形成稳定的权力限制关系。故而关于权力互动的理论，应该包括权力互动的过程以及权力互动的结果两个部分，其中权力互动的过程也可以分为两个部分，即恶性互动与良性互动，恶性互动导致的结果就是权力的失衡，而良性互动则会随着历史的推移而形成权力的规则与惯例。

从历史上看，权力规则的形成并非理性建构的直接结果，而是在权力的相互碰撞中历史地形成的。以美国早期联邦最高法院为例，建国之初的美国党争激烈，立法权优于行政权，司法权所起到的作用十分有限。经过马伯里诉麦迪逊案之后，联邦最高法院确立了自己的权威。虽然宪法对联邦最高法院的违宪审查权只字未提，但是联邦最高法院却以党争为契机为自己赢得了解释宪法的权力，从而让立法、司法和行政处于大致对等的状态。这毫无疑问是权力良性互动的结果。当然，除了权力的良性互动之外，还有权力的恶性互动，其结果是以特定权力排斥或者打击其他权力导致权力彻底走向失衡，造成宪法危机。以法国为例，二战后法国建立了第四共和国，延续了第三共和国议会制的传统，立法机关以两院制形式组织起来并且凌驾于行政权之上，法国出现议会难以形成多数决的难题，由于政党林立，政府毫无施政能力。1951 年国民议会选举后，6 个政党在议会中未超过 100 个议席，从而形成奇怪的"六边形议会"。以法国的情况观之，议会制国家的权力是极其失衡的，而且由于议会始终无法形成多数决导致内阁危机频发。为此，1958 年阿尔及利亚危机爆发时，戴高乐主持新宪法的制定工作，确立第五共和国实行半总统制以加强行政权，以摆脱立法权的控制，从而让国家元首拥有不受议会牵制的行政权。而权力以良性互动的方式最后形成的是权力的运行规则，在宪法学领域这一规则可以被称为惯例。惯例是宪法在长期实践中形成的，而且被沿袭下来作为普遍认可的规则被遵守。英国的议会体制形成了诸多惯例，在历史上英国国王与议会的斗争史塑造了议会的体制。如英国的上议院作为贵族院在历史上享有巨大的权力，但是随着民主思潮的兴起以及下议院代表性的增强，上议院的权力被一点点剥夺，从而形成下议院组织政府并施政的宪法结构。而在英国的宪法体制中，英国国王是有否决权的，但是在长期以来的宪法实践中英国国王并未对法案行使过否决权，从而形成了宪法惯例。

3. 平衡

权力的对峙和互动最终走向的是权力的平衡，实现权力在动态中的平衡是权力限制的目的。根据《现代汉语词典》的解释，"平衡"有以下含义：一是对立的各方面在数量或质量上相等或相抵；二是几个力同时作用在一个物体上，各个力互相抵消从而让物体处于相对静止状态，匀速直线状态或绕轴匀速转动状态。而《辞海》的解释是衡器两端承受的重量相等以及哲学上的"矛盾暂时的相对的统一"。所谓权力的平衡指的是，尽管各种政治力量或者权力之间相互斗争，但是通过妥协和合作最终实现权力的平衡状态。甚至有人直接认为，宪法本身就是一种权力的平衡机制。

宪法作为一种权力的平衡机制，主要是让权力呈现出一种对抗与妥协和谐共存的状态。为此，第一，它是以多元对抗为前提的，若不存在对等的力量是不可能出现对抗性关系的；第二，平衡要求权力的妥协，若斗争与对抗是置对方于死地，则不可能存在平衡，取而代之的是征服；第三，平衡具有动态性特征，平衡总是在运动中产生的，若静止不动则宪法自身无法生成灵活的权力运作机制，没有选择与变动的地方是不可能存在政治的，更遑论宪制了[1]；第四，权力实现平衡的结果就是相互妥协之后形成公众认可和遵守的原则；第五，宪法秩序中的平衡，其本质类似于游戏规则，要遵守底线思维，平衡不是置对方于死地。从英国议会的宪法实践来看，它就突出地体现了平衡的思维，正如学者安德鲁·甘布尔指出的，通过漫长的君主与议会的斗争，英国出现了一部混合而平衡的宪法，"在这部宪法中，不同的因素得到了很好的平衡，独裁被压制到了最低限度"。[2]在英国的议会体制中，无论是王室、贵族还是平民都深谙平衡的智慧。而

---

① 〔美〕迈克尔·奥克肖特：《哈佛演讲录——近代欧洲的道德与政治》，顾玫译，上海文艺出版社，2003，第8页。
② 〔英〕安德鲁·甘布尔：《自由的铁笼：哈耶克传》，王晓冬、朱之江译，江苏人民出版社，2002，第173页。

马克思主义也认为国家无非是一种斗争的力量相互平衡的状态，"国家是表示：这个社会陷入了不可解决的自我矛盾，分裂为不可调和的对立面而又无力摆脱这些对立面。……就需要有一种表面上驾于社会之上的力量，这种力量应当缓和冲突，把冲突保持在'秩序'的范围以内；这种从社会中产生但又自居于社会之上并且日益同社会脱离的力量，就是国家"。① 这一定义将国家界定为平衡社会力量的机制，而国家状态就是一种力量的平衡状态。国家始终处于对抗状态当中，这种对抗不仅包括国家与社会的对峙，也包括政府内部各个权力之间的对峙。② 从本质上说，宪法思维是以对抗求妥协的思维，它立足于国家权力的结构化特征，以功能性的权力的对峙互动最终寻求权力的平衡。

（三）权力制约与现代宪法

权力制约被认为是现代宪法的主要价值之一，宪法也被认为是限权的宪法，这种权力限制是通过两种方式实现的，一是上位权力对下位权力的限制，如以主权对治权以及上位立法权对下位立法权的限制，这种限制方式可以被称为纵向的限制，即权力监督。二是通过权力之间的相互限制以实现限制权力的目的，这种限制是大致相当的权力在一个水平上的相互限制，故而可以称为横向限制，即权力制约。宪法是对国家政治权力的组织和构造，其目的是限制国家权力以保护公民的基本权利，这种限制主要是通过水平分权和垂直分权实现的。虽然监察权本质上属于广义上的权力的范畴，但是这种权力是上位权力对下位权力的监督考察，因此，它不属于水平分权，而属于垂直分权，其特征是上位权力通过授权或者通过自身来对下位权力施加限制。正是因为对权力在结构性上的认识存在偏差，权力制约与权力监督极少被细致区分，从而二者相互混同的情况长期存在。本质上，无论监督还是制约都是权力的控制术，二者主要是权力层级上的差别，当然它们在具体作用机制和主体构成以及作用效果上也存在区别。但是，当我们谈及权力限制的时候，主要是指横向限制。

---

① 《马克思恩格斯全集》第21卷，人民出版社，1965，第194页。
② 陈端洪：《宪治与主权》，法律出版社，2007，第269页。

1. 权力区分

谈及权力制约，就必须以权力区分为前提，现代宪法中通常以权力功能的不同来对权力进行区分，从而将功能不同的权力并置于同一平面上使其相互对峙。实施这一组织原则的目的，一方面是赋予权力本身以权限，另一方面是赋予权力以可预测性。从历史上看，这一原则滥觞于英国在议会上的实践，在君主与议会的斗争中，人们逐渐在理论与实践中将国家权力活动的领域区分开来，其中至关重要的区分是将法律与国家意志活动的其他领域分开。克伦威尔在内战期间曾三次解散议会，从而导致议会与政府之间的区分，这一实践启发了英国的思想家。哈林顿在其著作《大洋国》中阐述了这一复杂的相互掣肘的权力系统。[①] 而若论其古代渊源则可以追溯到混合政体理论，这个理论的目的就是通过对政体类型的综合运用而延续政治体的生命。进入近代，诸多理论家都反复论述了这种将权力予以区分的理论形态。洛克在其《政府论》中将国家权力区分为立法权、执行权与对外权三种权力，而孟德斯鸠因为对英国宪制的研究而提出的权力区分理论成为现代三权分立理论的基础，孟德斯鸠认为，"每一个国家有三种权力：（一）立法权力；（二）有关国际法事项的行政权力；（三）有关民政法规事项的行政权力。依据第一种权力，国王或者执政官制定临时的或永久的法律，并修正和废止已制定的法律。依据第二种权力，他们媾和或宣战，派遣或接受使节，维护公共安全，防御侵略。依据第三种权力，他们惩罚犯罪或裁决私人讼争。我们将称后者为司法权力"。[②] 无论权力区分原则发展出多少花样，基本上都可以回到这一区分之上，也就是对立法、行政和司法的区别，因为这三种权力的功能存在本质性的区别。

当然，关于为何是三权区分而不是其他的区分，存在诸多解释，其中宗教的解释是政治权力的区分是模仿圣父圣子圣灵三位一体，在《圣经》中还有类似的表述，"耶和华是我们的审判者，耶和华是我们的立法者，耶和华是我们的君主，祂必拯救我们"（《旧约·以赛亚书》）。除了这种对宗教神学的比附之外，康德还从实践理性的逻辑结构中论证三种权力的内在关联，他认为国家权力如同逻辑上的三段论，包括大前提、小前提与

---

① 〔德〕卡尔·施米特：《宪法学说》，刘锋译，上海人民出版社，2005，第194页。
② 〔法〕孟德斯鸠：《论法的精神》（上册），张雁深译，商务印书馆，1961，第155页。

结论三个部分，大前提是主权者作为立法者的规定；小前提是政府行政权贯彻立法者的规定；结论是司法权的判断。尽管区分为三权，但是其内在逻辑首先是遵循立法权与行政权的区分，这一区分被认为是摆脱政治权力专断的根本区分。如果同一批人既制定法律同时又执行法律，那么就不可能区分出何为法律、何为命令。这一将政治权力予以区分以期达成政治权力相互制约与平衡的机制在 18 世纪的政治实践中大行其道，1787 年受到启蒙运动影响的北美诸贤在建国时首先将这一理论付诸宪法实践，其制定的宪法中反映了权力分立对他们的影响。汉密尔顿直言不讳地指出，对权力进行区分的目的就是"野心必须以野心来对抗"。[①] 按照分权制约和平衡的原则，他们将立法权、司法权和行政权予以区分，其中立法机关分为两院，由代表州的参议院与代表大众的众议院组成，总统独享行政权，而司法机关在联邦制定宪法之初反倒没有显示出其在权力上的重要性。在美国之后，法国在 1791 年也以权力分离的原则制定了"1791 年宪法"，这部宪法确立了法国为三权分立的君主立宪政体，其中立法权由人民自由选举出的国民大会来行使，行政权交由君主及其官员来行使，而司法权以人民按时选出的审判官行使。不过需要注意的是，不管权力如何区分，都不可能将权力彻底独立而不相互发生关联。各种权力必须以多元的方式发生关联以实现平衡和互动。若是对权力予以彻底地分离而不发生联系，则违背权力分离的初衷。采取这种权力区分原则的原因在于避免任何一种权力的专断从而克服人性之恶，若彻底地对权力予以分离则可能导致三种权力都陷入专断之中，最后裂解国家的政治统一性。宪法将权力区分原则作为其权力组织原则的根本原因在于，通过这一区分可以保证权力的相互制约：其一，对国家权力之职能予以分立；其二，让它们之间发生实质关联；其三，实现分与合的对立统一。任何国家宪法若不能实现这三个要求，所谓权力区分最终会演化为国家权力的分离。

2. 权力相互制约

现代宪法以成文法的形式将基本规范以及权力组织形式置于法典之中，一方面以权限设置为权力的组织与运行确立基本准则，另一方面以基

[①]　〔美〕汉密尔顿、杰伊、麦迪逊：《联邦党人文集》，程逢如等译，商务印书馆，1980，第264 页。

本权利以及正当程序对权力的运行进行限制。为了让权力不被单一主体所垄断，宪法发展了诸多方法，其中最为关键的就是根据功能对权力予以区分，故而有人以"驯化利维坦"来比喻现代宪法的价值目标。根据惠尔的分析，现代宪法必然满足以下几个最低限度的要求：第一，将权力按照职能分解为多个，并交由不同主体掌握，避免让权力集中在一个主体手中从而使其无法约束；第二，宪法还应当规定掌握权力的若干机关之间的相互合作和限制关系；第三，为了避免诸多权力持有者之间的相互竞争而使政治运转陷入僵局，因此要设计相应的机制以裁决冲突；第四，尽管宪法应当具有稳定性和至上性，但是随着社会情势的变化，宪法也理应存在可以随着社会变化而进行修改的机制；第五，宪法应当包含底线思维，即对个人权利的尊重。① 尽管现代国家采取的政体形式五花八门，但是从权力相互限制的角度看，其基本上都遵循这一逻辑。而且从权力区分的角度，一般也将国家的权力区分为立法权、行政权和司法权几种，当然因为国家选择的政体形式不同，这些权力在国家机构中的权重和分量也不尽一致。但不管怎么说，以三者之间的关系探讨权力相互之间的限制可以一窥宪法权力限制的基本机制。而且国家机关内部也存在水平意义上的相互限制，故而可以划分为机关内的制约和机关间的制约两种模式。

（1）机关内的制约

按照现代国家的权力组织模式，国家内部存在以行政机关、立法机关和司法机关为核心的内部制约机制。首先看行政机关，行政机关是最为活跃的权力机关，其组织形式也是多种多样的，如果行政权力掌握在一人手中，那么就不可能在行政机关内部对其实施有效控制了，以美国总统为例，其在合法的范围内行使的权力并不受行政机关内部任何其他个人的制约，除非其违犯法律。除了一人享有行政权这种模式之外，还存在诸如合议组织、委员会、内阁以及集体领导等行政权的组织形式。在立法机关中，因为其一般是由集体来行使立法权的，机关内的制约模式则显得更为繁杂。司法机关的情况比较特殊，为保证司法的独立性，国家一般采取独任制的方式，但是也并不意味着司法机关不会滥用权力。机关内的制约所

① 参见〔英〕K.C. 惠尔《现代宪法》，翟小波译，法律出版社，2006。

遵循的逻辑就是权力的分享，避免任何个体垄断所有权力，将权力进行分割和制度化是机关内的制约的基本思路。

对于行政机关来说，机关内的制约主要采取的是合议制。它是有效避免行政权高度集中于一个人手中的办法，古罗马的行政机关多采取合议制的形式。而进入现代，一般采取二元行政的模式，即将行政权交由国家元首与政府来行使，尽管立宪民主制将国家意志的形成过程交由二者合作来完成，但是现代宪法逐渐剥离了元首的行政权，而交由政府和内阁，国家元首仅保留象征性的权威，其政治行为需要总理或者内阁的同意才得以成立。实际上，合议制最为典型的是瑞典的联邦委员会，这一委员会以各成员的地位平等为前提，其成员在决策中的分量一样重，因此他们集体承担决策责任。而对议会制国家来说，内阁制是行政权的主要组织形式，在内阁中，一般说来首相处于领导地位，但是这并不意味着首相可以超越其他成员的地位。当然，随着政治家个人风格以及国家体制的变化，内阁制的权力模式也会因历史和情势的变化而变化，强势的首相可能大权独揽，而弱势首相可能需要内阁成员的支持以完成其政治任务。而且不同的国家体制内阁权力运行机制也存在差异，比如法国的部长会议主席，其施政更依赖于内阁成员的同意，而美国的总统，内阁对于他来说更类似于一个顾问和执行团队。还有一种社会主义国家采取的行政权的组织模式，即集体领导制，这种体制常常与委员会制相混淆。委员会制是以权力大致相当为原则来形成决策，但是集体领导制中存在领导核心，其决策基础是民主集中制，而且就其执行而言是分工合作。

对立法机关来说，其特别之处在于议会是由党派构成的，为避免议会内部为多数党垄断，议会会制定相应的议事规则来保证少数派的利益。议会还会按照分权原则在议会内部对多个委员会的参与权在政党之间进行公平的分配。保证议会立法机关内部控制的有效方式就是实行两院制。通过将立法权让两个议事组织分享从而使其相互制衡和控制。当然，两院制，一方面也是由作为古老政体的贵族制与民主制转化而来的，因为对于任何国家来说精英和平民的合作是国家得以长治久安的基石；另一方面可以吸纳国家结构形式中的联邦制要素和民主要素。议会也以代表类型之不同进行区分，比如英国分为上议院和下议院，美国则分为参议院与众议院，法国是参议院与国民会议，而德国则以联邦参议院与联邦议院来区别两院。当然，这并不意味着两院制是议会的唯一选择，议会组织中还可能存在三院制①或一院制等组织形式。以两院制为例，两院制最初起源于英国，上议院的主要成员是贵族以及宗教人士，而下议院的主要成员是平民以及中产者。两院之间相互平衡，后期随着民主理论的发展，下议院起主导作用。一般来说为了避免两院的高度同质性导致代表性不足，很多国家设计了不同的两院选举机制，如一者采取直接选举，另一者采取间接选举，一者采取指定，另一者采取选举等方式，不一而足。不同的国家，两院的权力地位也不尽相同，有的国家两院之间的权力并不平等，比如英国下议院的权力明显大于上议院，上议院的权力非常有限，对于下议院来说其具有议案的"延搁权"以及司法审判权，上议院充当英国最高的上诉法院，立法和司法职能兼而有之。还有的是上议院的权力大于下议院，以美国的联邦参议院和众议院为例，联邦参议院的权力实际上比众议院要大，批准总统任命官员的权力以及批准条约的权力都是上议院的。当然，两院也可能存在不合作的问题，从而导致法案和决议无法达成一致，使两院陷入僵局。一般说来为了避免这种情况出现，两院制的设计者一般会尽力避免将两院的权力设计得一样大，因为解决矛盾的方式总是得其中的一个作出让步。

司法机关有自身的独特性，司法机关以法官的良知和法律开展工作，因此司法机关要具有一定的独立性，一方面它不应被社会大众的意见所影响，另一方面也应该排除政治力量对司法活动的干预。在现代宪法体制中，司法机关被寄予厚望，甚至被认为是保障宪法实施的重要机关，故而司法的权威对于国家权力运行而言极为重要，但是这并不意味着司法机关内部不需要监督。而对于司法机关内部来说，监督也极其重要，从现代国家发展出来的监督模式来看，司法机关内部监督主要有审判监督、院庭长监督以及法官行为调查委员会或者法官惩戒委员会监督等。审判监督一般

---

①　如蒋庆就鼓吹过议会三院制，即议会分为"国体院""通儒院""庶民院"，三者代表的价值不同，国体院代表的是历史文化传统，通儒院代表的是天道，庶民院代表的是人民的利益，且不论这三院制是否符合现代政治的道德正当性，且从效率一端来考虑，三院制的可行性也是颇有疑问的，参见蒋庆《再论政治儒学》，华东师范大学出版社，2011。

表现为上诉制度，人们在法律问题上可以通过上诉来使上级法院作进一步的审查，以避免单个法院可能造成的不正义。而院庭长监督是西方大陆法系国家普遍采取的制度，"每一个法院都有相应的审判机构和审判人员，这些机构和人员之间存在着分工和制约，从而形成与法院外部结构相似的内部结构"。① 而法官惩戒委员会或者法官行为调查委员会可以对法官的行为发起职权调查，是一种司法机关的内部监督模式。当然，从其组织形式来看，还有法庭合议制等形态，即多个法官根据多数原则来裁决案件。

（2）机关间的制约

在宪法领域，权力之间的相互关系一般由宪法的基本原则来予以确定，但是在具体宪法实践中，权力之间的关系通常需要在具体的政治过程中来确定。在此，需要明确的是权力间的制约并不是不需要条件的，它至少需要两个基本前提：其一，权力并不是完全的区隔而不发生关联；其二，权力的制约不是权力的僵局。虽然，权力制约的目的是对权力的行使予以限制，但是这种限制的目的不是让权力彻底无效，也不是让权力各自为政而无法恢复到权力的统一状态。另外，就权力之间的限制而言，尽管历史上通常的做法是将其区分为立法权、司法权和行政权，让三者之间产生复杂的互动关系，但是还有一些模式，如五权宪法，它将权力区分为五种，让五种权力之间构成复杂互动的宪法实践。按照权力原则，立法、司法和行政三者按照功能予以区别是权力区分的普遍做法，三者之间至少存在以下几种互动关系：立法对行政施加影响；行政对立法施加影响；行政对司法施加影响；司法对行政施加影响；立法对司法施加影响；司法对立法施加影响。探讨国家机关间的制约关系，应该涉及以下几个方面：权力的严格分离；权力的相互限制；权力的僵局。

一是权力的严格分离。若实施严格的权力分离，则权力的关系就表现为三个方面：行政权对立法权和司法权不产生影响；立法权对行政权和司法权不产生影响；司法权对立法权与行政权不产生影响。在具体的宪法实践中，在某种程度上行政机关对立法机关不产生影响是可能的，诸如行政机关无权召集国会，无立法创制权、无法参与立法决议的形成，无法获得

---

① 陈业宏、唐鸣：《中外司法制度比较》，商务印书馆，2000，第166页。

立法机关的法律授权，对立法机关没有否决权、不得公布法律、不得解散议会等。行政机关对司法机关不施加影响也是可能的，但是在日常管理与合作方面，二者不可能毫不发生关联。而立法机关不对行政机关施加影响的宪法实践可能通过以下方式来进行：一般性地禁止立法机关实施行政行为，立法机关不得参与国家公职人员的任免与选举，立法机关无法监督行政机关和弹劾行政官员、政府行政无须取得立法机关的信任。而立法机关对司法机关来说不产生影响的情形包括：立法不享有法官的任免权，无法对司法机关进行监督，立法机关无法作为司法的组成部分弹劾官员等。而对司法机关来说，若不对行政机关产生影响则无法对行政权进行司法审查，也不能参与行政官员弹劾案的审判，而对立法机关来说，司法机关完全不对其产生影响的情形可能是：法院对法律完全没有审查权，那么司法机关就与立法机关失去了法律上的关联。若彻底将三个机关予以分离，则结果是各行其是，国家的权力不仅被分离而且之间毫不相关，若任何一方主张其权力具有至上性，那么国家的统一性就被撕裂了。

二是权力的相互限制。国家机关相互限制的主要依据是几个国家机关共同分享国家权力和行使国家权力，尤其是在根据立法和司法的区分而构成的现代政治模式中，立法机关与行政机关的合作与限制构成国家权力运行的核心。

立法机关可以对政府进行多方面的限制。为保证议会的独立性，一方面议会会采取多种措施来捍卫自身不受行政机关的干涉，诸如避免政府对其议员任免权的控制，避免政府对议会会期的控制；另一方面在非内阁制国家，议会还可以采取不相容原则，如议会议员不得担任政府官员。以议会自身的独立性为前提议会还可以通过积极作为来约束政府行为，这包括对政府的任命，对政府行为的政治控制以及对政府官员的任免等。在议会制国家，政府要取得行政权必然让其所在政党在议会中获得多数席，因此政府的施政需要取得议会的信任。若是在总统制国家，虽然国家元首的产生不依赖于议会的选举，但是议会依然可以通过财政预算以及决议案来限制行政机关的行为。除了对政府任命权的控制之外，立法机关还可以采取常规手段对政府进行限制。第一，议会可以否决政治提案以及政府的拨款请求。第二，议会还可以通过日常质询和听证会来监督政府行为并且对其过程予以公开。第三，议会可以成立调查委员会对一些重要事项以及官员的不法行为进行调查。第四，议会还可以通过对行政机关的重大决定进行审查和辩论，以实现对行政机关行为的具体控制。第五，议会还可以对行政官员的任免进行控制，从而实现有效的机关间的限制。

从各国的宪法实践看，不可能存在完全不受议会控制的政府，但是反过来政府也可以通过多种形式对议会进行控制。政府对议会的控制主要是通过对立法过程的影响、对完成立法的影响以及政府的立法权等多种形式来实现的，而且在议会制国家，政府还可能拥有议会的解散权，从而实现对议会的控制。政府对立法过程的介入其实是各国的普遍做法，无论是在动议、起草还是审议过程中，政府都可以与议会密切合作。因为政府就其施政来说需要立法支持，因此政府不可能远离立法机关而独自行动。而且从实践来看，一般政府若能顺利施政，执政党在议会占主导地位，从而可以参与法律的制定过程，为政策方针奠定合法性的基础。另外对已经完成的立法，政府并未完全丧失控制力，以总统制为例，总统对议会立法拥有最终的否决权。而即便是在议会制国家中，议会立法也需要国家元首予以最终确认，尽管这种确认一般只具有形式意义。除了政府对立法过程的参与之外，政府还享有一定的立法权，现代国家行政权越发强大，议会将部分立法权让渡给行政机关行使已经逐渐成为一个普遍现象，尤其是在危机时期，通过授权法的方式，行政机关的权力高度集中。政府对议会的解散权是政府对议会进行控制的有效手段，与政府的解散权相抗衡，议会享有对政府的不信任投票权。在内阁制国家，政府与议会若僵持不下，政府可以解散权来威胁议会推动其施政，解散权，则是一种诉诸选民来裁决议会与政府争端的方式。

机关间的另一个重要的控制手段是通过司法机关来对政府和议会同时实现限制。在现代国家，司法机关因为其自身的独立性以及较少的危险性，一般被寄予厚望来捍卫国家的法律秩序以及社会正义。所谓司法的独立性主要包括两个方面：一是法官任免上的独立性；二是职能上的独立性。为了保证法官的任免不受干涉，国家会让法官成为终身职位，如美国联邦最高法院的大法官都是终身职位。而所谓职能的独立性是法官的审判权行使不受政府、议会和社会大众观点的影响，由法官自行判断。然而，就现代国家的司法权运作而言，其受到来自政府和议会的强烈影响，这种影响主要是通过法官的任命权来实现的。历史上的法官产生方式有购买、选举和直接委任等，以美国的法官任命为例，法官需要政府和议会合作才可以产生。而在司法机关对政府和议会的控制方面，司法审查是主要方式。一方面，司法机关可以对行政机关进行行政审判，保护公民的基本权利免遭行政权的干涉已经成为司法机关的重要任务。而对于立法机关来说，司法机关可以针对立法情况是否符合宪法进行审查。这一司法审查的实践在美国显得尤为突出，以马伯里诉麦迪逊案为例，联邦最高法院确立了自己的违宪审查权。联邦最高法院不仅可以审查联邦政府和各州之间的权限争议，还可以审查政府权力是否侵犯公民的基本权利与自由，而且当议会与政府发生争议和冲突时还可以居中裁决。尽管司法机关不应当卷入政治从而形成司法政治化的局面，但是从现实的司法实践来看，诸多关涉政治的事件，司法机关都深度介入。这意味着在水平的权力并置状态中，无论是何种机关都被自然地卷入到权力的博弈当中，相互斗争与合作以期形成平衡的关系。

三是权力的僵局。权力制约固然是宪法秩序要求的一个目标，但是权力之间如果爆发不可调和的矛盾，也绝非宪法之福。权力限制走向其反面，就会出现权力的僵局，其最严重的情况就是会爆发宪法危机，从而危及整个国家的宪法秩序。宪法出现了僵局意味着宪法内部机制并没有调和这些僵局的办法，这种僵局的表现形式既可能是立法机关内部出现了政党竞争的僵局，也可能是政府与议会之间发生了僵局，还有可能是司法机关也卷入到僵局中。产生僵局的原因是多方面的，第一种原因是制度上的，是宪法制度的先天缺陷随着权力运行而自然暴露出来，也可能是宪法秩序无法适应时代变迁，而产生与社会脱节的现象。以英国为例，英国宪法制度并不是一开始就是稳固的，它是在几百年的斗争中求得的平衡，而且上议院和下议院的权力分配往往会引发冲突，1910~1911年，上议院的多数党自由党与下议院的多数党保守党之间就出现过权力冲突，导致了议会内部的僵局，而最终这场冲突以国王任命更多的自由党议员进入上议院而得以解决，从而使得下议院获得对上议院的优势，并且这一优势形成了法律即1911年的《议会法》。第二种原因就是宪法秩序内部的权力失衡，以权力制约权力的制度需要维护微妙而脆弱的平衡，这种平衡非常容易被打破。以美国为例，美国建国早期的宪法设计主要以国会为权力的中心，后来随着形势的发展，总统权力扩张进而凌驾于立法机构之上，在罗斯福新政时期，罗斯福大权独揽，不仅极大地扩张了行政权而且控制了国会的立法进程，为此与联邦最高法院发生冲突，最后其出台"填塞计划"准备改造联邦最高法院，这次宪法僵局最终以联邦最高法院的妥协而告终。在诸多国家政体形式中，议会制是特别容易造成僵局的政体形式，它小心翼翼地处理政府与议会之间的平衡关系，稍有不慎平衡关系就会被打破。以英国脱欧为例，尽管议会通过公投而获得人民关于脱欧问题的同意，但是当政府与欧盟进行脱欧协议谈判之际，政府却无法取得议会多数的支持，导致脱欧问题几度难产。尽管政府诉诸解散议会而提前开启大选，然而执政党并未获得议会多数席从而陷入脱欧的僵局中。

一个好的宪法并非总以权力对抗权力，或以权力限制权力而导致政府失能，好的宪法是在限制权力的前提下政府还可以正常地行动，也就是说它既可以防止政府的某个权力分支滥用权力，同时也不至于限制权力出现僵局没有机制予以解决。任何宪法体制都是各种政治力量相互博弈需遵循的规则，政治领域是各种团体争夺权力的角斗场，良好的宪法体制应该善于利用权力之间的制衡实现公民权利的最大化。当然，宪法的权力限制并非仅限于权力之间的水平关系，在宪法体制内还存在多重机制来对权力进行限制，以宪法和法治精神来约束政治，其重要的思想就是程序思维和底线思维，宪法体制对权力的运行还施加了程序限制，另外宪法体制还将基本权利作为宪法保留的核心价值进行了界定。不过，在宪法体制外依然存在其他的权力限制方式。

（四）宪法之外的权力制约

除了在宪法内部对权力的关系进行规定以实现不同功能之间的权力相互制约之外，在宪法之外还存在各种机制来限制权力。施米特在论及宪法与人民的关系时，认为人民与宪法之间的关系除了人民以宪法规定的形式行使国家权力之外，还存在一种宪法无法予以彻底吸纳的人民力量。因为根据制宪权的逻辑，宪法作为人民的一次性制宪行为，并未穷尽人民所有的力量，人民通过宪法授予国家的权力绝非所有的人民权力，作为制宪权的源泉与根据的人民充满着历史的创造力，在其变动不居的历史文化互动中，人民不断地给宪法注入生机与活力。[①] 在宪法之外，还存在三种对公权力行使的限制，一是政党的限制；二是社会团体的限制；三是公共舆论的限制。这三种力量以积极的方式参与权力的制约，一方面可以补充宪法内部制约的不足，另一方面可以让公共生活充满生机，让社会参与国家意志的塑造。

1. 政党

政党是现代国家制度中不可或缺的组成部分，政党不仅通过社会动员和组织以选举的方式参与政治意志的建构过程，而且政党还是公权力行使的制约者。尽管受到不同的历史文化和政体形式的影响，政党起到的限制公权力的作用也不尽相同，但是一般说来其限制公权力的方式有两种，一是作为执政党可以通过议会来限制公权力的行使，二是以在野党或者影子内阁的方式来限制执政党的行为。以宪法的角度观之，谈及宪法体制外的限制方式，主要是指在野党对公权力的行使进行的限制。

近代政党主要以英美为代表，最初的政党并不招人待见，其开始以宗派的面目示人，后来才逐渐被政党所取代。[②] 因为政党意味着一种分裂，从概念上看，政党（party）指的是一部分，而国家则要求整体。美国第一任总统华盛顿卸任之时对其身后即将发生的政党斗争忧心忡忡。英国历史上也曾经出现过托利党与辉格党的恶斗，而且随着政党执政的过程腐败也随之滋生。政党本身是多元主义的产物，政党以纲领来组织大众，其最终目的都是取得政权。故而在诸多政党中自然衍生出复杂的政党政治，在国家权力运行过程中，既有执政党也有在野党，既有多数党也有少数党。尤其是，当特定政党执政时就会出现少数党或者反对党的限制。在野党的限制使得执政党的腐败不至于导致国家的解体，而只是政党的倒台，因此有人认为，反对党是"宪法和法律的保护者"。[③] 这种限制或者发生于议会当

---

① 关于宪法与人民之关系的论述，参见〔德〕卡尔·施米特《宪法学说》，刘锋译，上海人民出版社，2005，第 356～270 页。

② 〔意〕G. 萨托利：《政党与政党体制》，王明进译，商务印书馆，2006，第 11 页。

③ 阎照祥：《英国政党政治史》，中国社会科学出版社，1993，第 76 页。

中，或者发生于议会之外，其一般通过社会动员来对执政党的施政进行评判。归结起来在野党主要以以下几种方式来对执政党的权力进行限制：（1）选举竞争；（2）政策批评；（3）人事监督。

（1）选举竞争

现代政党以取得执政权来推行其政策为使命，故而政党竞争是政党发展的常态。在西方国家中，政党主要通过选举来获得执政权，无论是内阁制还是总统制国家，通过选举赢得议会多数席位或者取得总统职位都是政党竞争的目标。故而选举活动构成政党活动的主要内容，如推举候选人、制定选举纲领、筹集竞选资金、宣传政策纲领等，这些选举活动主要是通过政党的组织才得以完成。执政党以继续争取执政为使命，而反对党以批评者的身份来争取执政地位或者限制执政党。选举活动需要在野党与执政党广泛地进行社会动员，利用其纲领与政策吸引力组织社会力量，形成共识。通过竞争过程，执政党不可能为所欲为，而反对党构成的少数派对执政党行使权力的过程可以有效地进行监督。这种政党间的良性竞争可以纠正执政党的傲慢以及权力滥用的倾向。以美国为例，民主党与共和党作为美国两大长期相互竞争的政党，对行政权与议会的争夺体现着两党之间的相互制约关系。

（2）政策批评

反对党因为没有获得执政地位，故而对政府保持一种批评的立场，可以对政府的政策制定与施政提出批评。无论是执政党还是在野党一般都会成立智囊团与政策制定团队，通过对社会意见和公共利益的体察而出台自己的政策主张，并对其他政党提出批评意见。以英国为例，在野党一般会组织"影子内阁"，对应执政党的执政团队来组成自己的政策班子，分头负责不同的领域。在议会辩论过程中，"影子大臣"会就各自关心的问题要求政府相关部门的负责人予以答复，从而构成对政府施政的评判，限制政府的权力。以法国为例，2007年法国大选中，反对党批评执政党在社会、政治和经济政策方面的诸多问题，在诸如治安、税收、能源、养老、住房等问题上批评执政团体没有切实可行的政策措施和方案。

（3）人事监督

人事监督是反对党的又一项重要职能，这种人事监督的作用或者通过检举、揭发的方式来实施，或者通过议会的人事任免权来体现。执政党会在政府各个部门安排本党的成员，但是反对党会对这些官员的任免以及官员的行为进行严格的审查。一旦官员出现违法、怠政以及个人生活作风等问题，则会向社会披露，发动公共舆论和用正当法律程序进行追责。严重者，甚至会导致国家执政团队的辞职，或者总统等国家领导的下台。通过对人事问题的监督从而保证官员谨言慎行，严格依法施政。另外，还可以通过正式的法定程序来限制执政党的人事任免权。以美国为例，美国联邦最高法院的任命首先要获得总统的提名，其次还要获得参议院的多数通过。由于民主党和共和党在人事问题上的争论，2016 年 2 月在大法官斯卡利亚突然离世之后，联邦最高法院一直无法任命其继任者。

当然，政治的良好运行需要反对党与执政党的团结与合作，其反对也不能超过一定的限度，故而现代政党竞争要遵循合法反对的原则。[①] 第一，合法反对原则认为，政党间的竞争要符合宪法，无论是何种政治主张都应在宪法框架内得到认可，而不能直接挑战宪法本身的秩序，政治竞争必须是合法的，不能采取诸如暗杀、诬陷等非法手段来打击对手；第二，反对党不是为了反对而反对，仅仅以取代执政党为目的，而是要提出真正具体可行、符合大众利益的政策主张，这就是对政党的"负责任性"的要求；第三，政党的反对应当是有效的，所谓有效指的是其提出的政策不仅是可行的，而且可以组织起来足够有力的团队予以实施。反对党与执政党作为非宪制性的国家机构，其相互对峙、制衡的关系对于约束权力的滥用是至关重要的。

2. 社会团体

利益团体或者社会团体对政府权力的限制，其逻辑前提是现代政治的多元主义。从实际运作来看，因为政府为了共同利益行使权力时不可避免地要与代表多元利益的社会团体发生冲突，从而在施政上政府需要与社会团体合作。这一冲突和合作可以促进对政府权力的限制。对于个人来说，一方面，由于个人力量过于弱小，需要置身于多元利益团体之中来增强其对政府公权力的抵抗力；另一方面，多元团体作为特定利益的联盟可以参与国

---

① 朱光磊编著《政治学概要》，天津人民出版社，2001，第 311～313 页。

家意志的塑造，从而代表个体的利益。通过复杂的社会运作，多元团体的利益诉求可能得到政府、公众的认可而成为社会中的主流政治意见。从多元团体的运行状态来看，对于国家权力的限制来说，多元团体是必不可少的。

多元团体是基于共同利益而组织起来的组织，故而是有明确意识的。除了政治政党之外，还有诸多其他类型的社会团体。既有根据宗教信仰而组织起来的宗教团体，也有根据经济活动而组织起来的工业和劳工团体，还有根据行业而组织起来的手工业者团体、卫生医疗协会、金融业者联盟等，以及基于公益目标的各种环保、妇女权益保护等团体。在美国，由于多元主义社会的现实，各种团体五花八门。而利益团体对政治权力的制约和影响主要包括以下几个方面：（1）干预立法；（2）影响选举；（3）社会抗议。

（1）干预立法

通过游说活动来干预立法是社会团体参与政治权力运作的重要方法，它们组成游说团体前往立法机构，通过承诺政治献金、提供好处等各种方式影响议会议员的投票决定。而特定的利益团体与特定的政党相互勾结，形成利益捆绑关系。以美国为例，在国会游说的团体有着严密的组织和分工，游说团体按照其职能可以分为"联络人"、"信息人"和"监督人"。联络人和议会议员建立联系，让其为这些团体在议会中说话。而信息人的任务则是收集相关信息，通过向社会和媒体散发相关信息而影响立法进程。而监督人的职责主要是监督利益团体的诉求是否被满足，以适时提醒利益团体对立法者施加压力。如美国的全国步枪协会（NRA）作为美国历史悠久的持枪组织利益集团，对枪支管制政策发挥着巨大的影响力。根据其官方数字，这一组织的成员多达 500 万人。尽管枪支泛滥在美国引发了严重的社会问题，每年有大量无辜的平民因为枪支管理不善而死亡，但是这一组织依然发挥其在国会的巨大影响力。其以"宪法第二修正案"为由支持那些反对枪支管制的候选人，当其支持的人当选后会阻挠枪支管制的立法。不仅如此，利益集团还可以参与听证会或以媒体为手段对议员和政府官员施加压力，发动抗议和示威活动。

（2）影响选举

通过影响选举过程，让利益团体的代理人担任政府要职和议员是利益团体实现其政治目标的主要方式。因为利益团体一般具有较高的组织性和资金筹集能力，候选人需要利益集团来完成社会动员和竞选资金的筹集工作。在不同的国家体制中，利益团体对选举的影响力都不容小觑。比如在两党制国家，利益团体很难与两党相抗衡，而是需要借助两党中的亲自己利益的派别来协助其完成利益诉求。而在多党制国家，因为党派众多，要想构成议会多数议席通常需要联合执政，此时利益团体就可以发挥更大的作用，通过作为关键少数来影响其施政。甚至有些利益团体专门成立相关组织来服务选举活动，美国的很多公会和商业团体就成立了专门的"政治行动委员会"等接受社会捐款，赞助相关的候选人。

（3）社会抗议

除了积极介入议会和政府选举等正式渠道来达成其利益诉求之外，利益团体还可以发起抗议和诉讼来限制政府的权力应用。也就是利用宪法和法律赋予公民和组织的权利来捍卫自己的利益，尤其是通过诉讼手段来发起对政府的控告。还有就是支持某些个人的诉讼案件来达成其社会目标。在美国历史上著名的罗伊诉韦德案中，利益团体就协助被告来反击当时德州地方政府奉行的禁止堕胎的政策。在这个案件中，支持堕胎的团体发挥了重要的作用，在利益团体的支持下罗伊获得帮助以寻求法院支持。在西方很多涉及公众利益的诉讼，尤其涉及环保、同性恋合法化等主题，利益团体都发挥了重要作用。除了通过法庭的诉讼之外，利益团体还可以组织抗议和示威活动来表达其诉求。如美国历史上著名的黑人运动领袖马丁·路德·金为反歧视和争取黑人的平等权益发起的诸多抗议示威活动背后都有相关的利益团体的支持。

3. 公共舆论

公共舆论或者民意能否发挥限制权力的作用，依赖于两个重要的条件，一是法治条件，即宪法和法律可以很好地保护公民的言论自由和新闻自由；二是社会条件，有发达而成熟的社会公共领域。满足这两个条件之后，公共舆论或者公共意见才可能针对特定的社会问题表达出具有共识性和倾向性的看法与意见。然而，公共舆论有其自身的弱点，一方面，公共舆论自身是变动不居的，既有建设性的意见也存在煽动社会情绪的偏见；另一方面，正是由于其易变性，故而容易被操弄而满足特定政治团体的利益。个人的意见汇合为社会的公共意见倾向和共识从而影响政府权力的运作，是公共舆论对政治权力进行制约的重要方式。其中，媒体的作用十分重要，尤其是当互联网普及之后，每个人都可以围绕社会热点事件发表自己的看法。通过新闻和媒体披露的事实，每个人针对国家公共事务、社会事件等发表看法，其态度或者拥护，或者反对，或者愤慨，或者鼓舞等，这些都会对政府权力的行使造成压力，形成一种权力运行的社会公共氛围。

根据宪法学理论，宪法并未穷尽人民的所有创造力，除了以宪法形式授予国家机关的权力之外，人民还以无定型的形式存在于宪法旁边。人民的优点与缺点都在于其无定型。民意的特征在于其"风云变幻、聚散随风"。但是，即便如此，民意也反映着某种公共性的诉求，故而使其与政治权力之间形成一种制约关系。尽管民意不可能表达出清晰的命题，但是作为官署或政治权力的监督者，其可以"是"或者"否"的方式对政治权力的作为予以回应。正如施米特所言，"民意是现代的喝彩方式"。① 现代意义上的公共舆论对政府权力的限制，主要通过三种方式来实现：（1）民意调查；（2）媒体批评；（3）民风民谚。

（1）民意调查

所谓民意调查或者民意测验指的是通过系统、科学以及定量化的方法来收集公众对特定议题的看法，从而为公共决策、政策评估以及选举策略做统计学意义上的参考。现代国家的权力运作与民意调查关系密切，最早的民意调查出现于 19 世纪 30 年代的美国，当时的报纸记者以街头采访的形式询问路人是否同意杰斐逊担任美国总统。后来这种模式成为被仿效对象，诸多媒体都以民意调查的形式发表公众对政府政策的看法、候选人的支持率及当选的概率。进入现代社会，随着统计学和信息技术的进步，民意调查这种方式被使用得更为频繁，出现了专门从事民意调查和测验的组织与企业，以为政府提供咨询和为候选人提供选举服务。由此，民意调查大致可以分为两类。一类是围绕选举议题展开的，针对候选者的支持率和当选者的威望来进行调查；另一类是关于政治、经济、社会文化等重大议

① 〔德〕卡尔·施米特：《宪法学说》，刘锋译，上海人民出版社，2005，第 264 页。

题形成的民意测验。通过对民意的分析，可以用其来衡量政府施政效果和满意度，从而为调整政策措施提供参考依据。如果一项政策在民意调查上遭到绝大多数人的反对，可以想见政策的可行性是存在问题的，因此民意调查可以限制政府的某些施政行为。

　　在民意调查与政府施政之间的关系上，首先，政府施政的公信力的塑造离不开民意调查的支持；其次，通过民意调查还可以促进民意对政府权力行使的民主化塑造；最后，民意调查是政府科学施政的重要构成部分。政府公信力需要得到两个方面的支持，一是施政主体的正当性，二是施政对象的满意度。民意调查所得出的相关数据可以为政府施政赋予充分理由从而塑造其合法性，而且从施政对象的角度看其满意度与政府施政的效果密切相关，从调查的结果上可以观察其施政效果。现代国家被民主观念所塑造，除了从选举代表以及政府官员的角度来体现民主性之外，政府的施政过程也可以通过民意调查的方式来赋予其民主性，通过民意调查，公民的意见被吸收到政府的决策机制之中，它是公民对政府施政的民主参与的重要方式。现代政府不仅要具有法治精神，其施政也要满足科学性的要求，而科学性的一个重要指标就表现为收集信息、分析信息以及处理信息的能力。民意调查是以一套科学的方式来收集信息的手段，通过复杂的统计学原理以及样板分析而得到关于整体社会情势的概观。对信息进行分析和整理并以合理的方式来制定政策、作出决策是政府施政科学性的重要方面。尤其是，当今社会高度复杂化，而且存在各种各样的风险，政府施政不能凭借主观经验和个人意志来进行，它需要结合民意来完成其科学施政的任务。民意也通过这种信息渠道来对政府的施政予以限制，从而达到限制政府权力滥用的目的。

　　（2）媒体批评

　　以宪法自由权利为根据的新闻自由并不是从其表面所看到的只是诸多个人自由的一种，从新闻自由的历史来看，它与有限政府、权力制约等政治理念一道构成对政治权力限制的重要手段，甚至有人将以新闻自由为名的权力称为"媒介权力"或者称为"第四权"，它与立法、司法和行政一样构成现代政治权力的重要一支。而正如伯克说过，"议会中有三个等级，但是，在记者席那边，还坐着比他们全体更为重要的第四等级"。① 从现代社会的权力运行过程来看，媒介权力具有举足轻重的地位。良好的媒体生态以及新闻道德不仅可以澄清事实、教化大众，而且还可以凝聚人心促进政治进步和社会发展，但是若新闻工作者罔顾事实、扭曲真相而服从某种特定的政治议程，那么这样的新闻工作同样会导致权力的滥用，只不过这时的权力并非宪制性的国家权力，而是一种社会权力。

从媒介权力与政治权力的关系上看，确实存在二者的相互对立。媒介权力主张对政治权力拥有知情权，但是从政治权力自身运转的逻辑来看，它并没有意愿披露其权力的运行情况。媒介权力与政治权力长期处于相互冲突的状态，首先，媒介权力与政治权力在知情权上的冲突。尽管现代宪法都规定了公民、法人和其他组织依法享有知情权，而政府有信息公开的义务。但是从实践角度看，基于媒介权力与政治权力各自的利益，二者是相互冲突的。基于权力行使者的利益以及某些权力指向的特殊领域的不宜公开的理由，政治权力并不愿意将权力的运行过程予以披露。其次，媒介权力的多元化与政治权力的集中性之间的矛盾。从新闻自由的角度看，媒介权力倾向于及时地、多角度地报道和传播事实，但是政治权力却相对保守，它并不愿意在事情真相还未明确的情况下将其作为新闻传扬出去。新闻自由强调广泛的社会参与，充分表达多元化的观点，但是政治权力则本能地倾向于排斥与自己不一致的主张。最后，政府通常希望公民以法定途径来捍卫自己的利益，但是媒介权力则为公民的利益诉求提供其他途径。从现代网络社会的发展看，公民利益往往诉诸媒介而非法定的途径，从而导致事实在舆论中发酵影响整个社会对事实的判断，甚至出现诸多利益团体借助媒介而主导特定议题的情况。新闻自由或者媒介权力若要发挥其积极的建构性的作用，需要以公共利益为出发点，而拒绝受到特定利益团体的议程主导。从新闻自由的发展史与媒介权力在社会权力中的作用来看，媒介权力对抑制公权力的滥用起到了相当重要的作用。

（3）民风民谚

舆论监督中还存在一种民间的表现形式，它通过小道消息、谣言、民

---

① 转引自〔英〕托马斯·卡莱尔《论英雄、英雄崇拜和历史上的英雄业绩》，周祖达译，商务印书馆，2005，第 186 页。

谚、讽刺诗等方式呈现出来，其意图是以委婉幽默的形式表达对公共权力的批判。中国《诗经》中就存在大量的政治讽刺诗，对君主及当政者压迫人民、挥霍无度的行为进行讽刺。除此之外，还有很多民间的歌谣与谚语一方面反映出百姓生活的艰难，另一方面也折射出统治者的残暴与贪得无厌。进入现代社会，信息传播更为便利，从而出现诸如段子、短视频和讽刺画等各种各样的艺术形式来表现大众对政治权力的批判。当然，由于个体信息的不完整以及口耳相传导致的信息夸张与扭曲，还出现了各种各样的谣言。谣言被看成是信息衰减之后的产物，尽管其可能是对某些事实情况的夸张与扭曲，但是其背后也可能反映了社会集体的信念，因为谣言并不完全是虚构、不实的信息。正如卡普费雷所言，"谣言并不一定是'虚假'的；相反，它必定是非官方的。它怀疑官方的事实，于是旁敲侧击，而且有时就从反面提出其他事实。这就是大众传播媒介未能消除谣言的原因"。① 大多数情况下，谣言被认为是虚构、捏造以及诽谤性的言论以及信息，但是这并不意味着其中毫无真实的判断。当谣言满天飞时则意味着，大众通过谣言的方式反抗主流的被政治权力操纵的舆论，由此，它往往对政治权力构成一种抗议。

在舆论领域，还有一种以个人身份来实施对公权力限制的主体，即吹哨人。吹哨人以公权力内部人士自居，但是却可以发现其中潜在的问题，为揭露危险和滥用权力的情形，从而以个体身份予以举报视警。"吹哨人"（whistle blower）指的是将其发现的违法违规的行为或者危险的信息向组织内或者组织外进行披露而拉响警报的人。② 从历史上看，"吹哨人"一词最早起源于1883年美国威斯康星州的一家报纸，该词用来描述了为防止暴乱而拉响警报提醒小镇居民的一名警察。由于其象征性和形象化的特点，吹哨人的概念后来与"举报行为"密切关联，并且还制定了相关法律来保护举报人的权益，成为反贪的重要手段。如美国，在1972年的水门事件之后，美国国会制定了《吹哨人保护法》。我国宪法第41条规定："对于公民的申诉、控告或者检举，有关国家机关必须查清事实，负责处理。任何人不得压制和打击报复。"此规定也为保护吹哨人权益提供了宪法依据。

---

① 〔法〕卡普费雷：《谣言》，郑若麟、边芹译，上海人民出版社，1991，第274页。

② 彭成义：《国外吹哨人保护制度及启示》，《政治学研究》2019年第4期。

在商业领域，吹哨行为被发展成为"雇员或者前雇员对雇主的违法违规、危险或不端行为的举报"。

二 政治廉洁

有廉洁才有廉政，所谓廉洁是从个人自律与他律的角度谈如何预防自身道德腐化所导致的权力滥用。一般认为，权力是中性的，使用权力的人决定了权力使用的效果。以权谋私，则权力遭到滥用，以权为公则权力就自然保持其公正。然而，人性是复杂的，官员既是私人，同时又是国家的公职人员，而且还是主权者的成员。这三种身份相互交缠，导致在特定的背景下官员在行使权力的过程中其往往无法辨明方向，作出正确的决定。从现代国家的角度看，我们通常诉诸道德自律与道德教化等方式来使官员保持政治廉洁，除此之外，还以制度性的方式，比如高薪养廉、财产公开、回避等制度来实现廉政。由于人性使然，贪腐无法予以彻底根除，但是从政治廉洁与廉政制度的角度，却可以道德自律与教化的方式来营造良好的廉洁政治生态。生态是多元素共生的系统，通过交互作用可以形成一种和谐平衡的存在状态，以政治生态的观念观察政治廉洁，就可以将政治廉洁问题置于系统性的角度进行思考。

（一）廉洁与廉政

廉洁与廉政是有区别的，前者强调的是从个人道德角度来观察个人德行与公权力之间的关系，而后者主要是从制度角度来塑造政治清廉的权力运行模式。前者偏重道德，后者偏重制度。屈原的《楚辞·招魂》中有"朕幼清以廉洁兮，身服义而未沫"，根据东汉王逸的注释，他对廉洁的解释是"不受曰廉，不污曰洁"。廉洁就其本意来说，就是不接受他人财物，自身清白不受他人玷污。而廉与政合用，最早出自《晏子春秋》，齐景公问晏子，"廉政而长久，其行何也？"晏子的回答是，其长久之道在于为政者能够坚守清白，出淤泥而不染。古代社会由于缺乏详密复杂的权力制约机制，因此对廉政的强调主要从道德和伦理角度来进行，它主要是指"掌握权力的群体和个体奉公守法、清正廉洁，和为达到此目的而采取的措施、手段和方法"。① 因此，关于廉政概念有人主张其为伦理范畴，是官员和政府基于公共性的原则来约束自身行为以落实善政的理念、规范以及制度。它总体上属于伦理范畴。故而，廉政建设更多地属于精神文明建设的范畴。

尽管廉政制度的内涵与范围存在诸多争议，它可以非常宽泛地涉及个人行为规范、权力运行的法治约束、官员廉洁从政的法律规范以及不廉洁行为的惩戒机制等诸多内容。但是若以个人道德约束与道德教化的角度来观察廉洁与廉政问题，则可以相对清晰地区分出其所涉及的三个方面的内涵。因为从"腐败＝权力＋私欲"的角度看，权力的制约问题前面已经从纵向制约角度谈及，并且从宪法结构的外在制约和内在制约角度也予以了区分和处理，但是涉及后者，私欲则完全是从道德角度予以探讨的。道德问题主要涉及个人的行为层面，如可能涉及内心的自律，但是从克服私欲角度而言，外在的他律也是必不可少的。另外，我们还需要注意到人是与周遭环境频繁互动的，在这种互动过程中会不断地受到各种各样的影响，故而从诸多要素互动塑造的政治廉洁的氛围来看，营造廉洁的政治生态是政治廉洁需要探讨的问题。从现代国家的廉政实践来看，无论是自律、他律还是政治生态建设都是一体存在的。因此，本书探讨廉政问题主要围绕的是其道德与伦理内涵。道德与伦理概念实际上在现代日常语言中难以区分，但实际上二者还是存在相当大的差别的，"伦理"一般用来指称互动中构成的风尚、习俗，谈及廉政的道德与伦理问题，前者主要是从个体的道德自律角度来约束自身的行为，而后者主要从人际互动的角度强化行为的公共性，尤其是当将这种伦理设想为政治伦理的时候。

（二）道德自律

探讨道德自律与廉政的关系，即是从自我道德约束的角度建构与公共性的关系，若以康德意义上的自律概念来反思其与公共性的关系，则必然

---

① 李明辉：《论廉政的伦理内涵》，《伦理学研究》2005 年第 5 期，第 97 页。

要谈及公共性本身到底属于经验性的范畴还是属于理念或者纯粹理性的范畴。公共性若只是被界定为公共利益，则必然属于经验性的范畴，它就无法作为自律概念的根据，但是若以康德实践理性的内在立法与外在立法的区分来观察，公共性则刚好居于中间位置，构成从外在立法向内在立法的过渡阶段。以此，可以认为道德自律的概念实现了对公共性概念的反思并在自律概念中最终奠基。

1. 自律

以自律概念来探讨道德问题的哲学家是康德，康德认为道德概念的根基不应当从自身之外去寻找，诸如诉诸上帝的意志、外在的道德情感或者公共的幸福这些不确定的概念，而是要直接阐明道德的根基完全在于道德主体行为的客观有效性，即只被自身理性的普遍性所决定的意志行为。它是无条件的，因此也被称为定言命令，而任何诉诸经验的原则认为道德奠基的理论是他律的，从而是假言命令。道德的真正基础在于实践理性的普遍性。康德的自律概念摆脱了传统道德哲学或者伦理学的说教，不是用"道德大拇指"对人的行为指指点点，而是诉诸道德主体自身的反省。故而，真正排除所有私欲的经验性约束而直接受理性的普遍性决定的意志行为才有资格被称为是道德的。在康德之前，哲学家在道德根据的问题上相互争论，在古希腊以斯多亚与伊壁鸠鲁学派为代表，前者主张以德性为幸福的最高原则，而后者以快乐为幸福的最高原则，其实质都是将人的自然性作为道德论证的根据，即按照欲望的原则来探讨道德的基础。中世纪之后，道德问题的研究与神学理论纠缠在一起，上帝的诫命被认为是道德的根据，然而上帝的诫命既不确定也存在各种各样的解释，道德根据的神学基础最终演变为道德上的教条。而近代之后，道德之基回到人性的前提上，但是以功利主义理论学为代表的伦理学说，将道德的概念置身于人的理性之外。康德将之前的伦理学说定义为他律的，它不是从意志本身出发而是从意志之外的神学或者经验角度出发，将道德问题交由自身之外的因素来决定，从而消弭主体自身的道德性，在康德看来，只有无条件的善才可以保证德性本身的纯粹性，其他如快乐、幸福、财富、勇气等，都不足以作为德性的根据，因为若用它们作恶，则恶上加恶。而真正的无条件的善是理性自身自律，它将理性的法则作为规定，自律性就是"意志由之成为自身规律的属性，而不管意志对象的属性是什么"。①

以自律概念反思政治廉洁性，则可以发现真正的政治廉洁并非受外在约束的结果，真正的政治廉洁本质上属于自律的范畴，即以自身的道德自律展示经验性的欲望和私欲从而保证自身行为的纯洁性。行使公权力的官员的政治廉洁，一方面的表现是官员以高度的自律无条件地按照权力的公共性来行使权力而无一丝一毫的私心杂念，这种高度的自律是完全道德性的；另一方面的表现是他们虽然受外在经验性利益的诱惑，但是可以公共利益为先抵挡其诱惑。二者都需要立足于自律。实际上，中国古代君子小人之别表达的就是从主观上对欲望的控制力，所谓"君子喻于义，小人喻于利"。中国古代以"利义之辨"为君子自我反省构造了内在的人性价值，"见利思义"与"正其义不谋其利"都是从自律的角度强调道德性而非被外在之物以及私欲所操纵。所以对于廉政来说，克己奉公和少思寡欲都是儒家传统主张的君主人格的重要部分，并且通过日常修养和道德践履来落实在生活之中。相对于道德修养的日常性自律实践，自律的另一方面就是将自身的行为与天下的利益结合在一起，也就是天下为公的理想。由此构成了公共性与道德行为之间的复杂关系。

2. 公共性

尽管公共性被解释为公共利益从而具有外在经验的特征，但是就具体行为层面来说，公共性可以作为某种理念性的存在而决定意志采取的行动。西方政治传统中对公共性进行彻底形而上学论证的是卢梭，他将人民自我统治以及人民意志的高度一致性作为其哲学前提，这一概念被表达为公意（general will），也就是取消统治者和被统治者的实质区分，而将统治者和被统治者同一化，即都是人民。这样就形成公共意志和个别意志的根本差别，而政治社会的稳定性和结构都在于合理地处置这种差别，并且在其中寻求平衡。而公意也作为全体对全体的立法而构成共同体道德上的公我。这种公共性一方面构成政府行使权力的合法性基础，另一方面构成政府中官员活动的内在价值。在现代社会，公共性就被表现为社会成员之间，针对生活领域中的公共事务，进行公共讨论与对话的结果，也就是形

---

① 〔德〕康德：《道德形而上学原理》，苗力田译，上海人民出版社，2005，第61页。

成公共利益的共识，从而确保公共利益的价值与诉求得以实现。① 在古希腊，柏拉图就已经探讨过城邦的公共性问题，城邦的统治者、保卫者以及劳动者各自都有自己的美德，而城邦乃是公共的权利联合体，那么公共利益就是城邦政治的首要目标。在古罗马时期，由于区分私人性和公共性，公共领域成为人们展示其公共性的重要空间，国家权力的运行与古罗马公民的生活密切相关。在现代社会，公共性不仅是政治权力运行的合法性基础，而且是公职人员道德操守的一部分，由此廉政的观念与公共性密不可分。

就公共性与政治廉洁的关系来说，政治廉洁本身是一种自律的道德要求，但是无关经验和外在对象的道德实践毕竟是不可能的，官员行使权力的过程必然与具体的人和物打交道。由此，对其行为的反思要结合具体的公共原则来进行。以行政官僚为例，尽管有依法行政作为其行事的基本原则，但其仍有一定的自由裁量权，然而在其裁量权范围之内存在偏私的可能，由此公共精神与公共利益介入的必要性就是存在的。公共性一方面作为一种自我反思的道德要求从而具有自律的特征，但是对于其是否廉洁的道德判断则要诉诸客观的可计算的外在效果，即公共利益的实现程度。以此，建构自律的道德价值与实践价值的乃是公共性。故而廉政一方面要求基于主体反思性的道德自律，另一方面则要求公共性的道德实践。

3. 廉政作为公共性的道德实践

从公共权力行使的角度看，廉政的道德要求通常成为限制公权力效率得以发挥的一个要素。这种观点就是将公权力理解为一种客观、中立的、技术化的力量，它是非道德性的，但是从公共性和道德的关系中我们可以观察到，廉政并非消极地限制公权力的行使，而是可以参与公权力行使的道德力量，它会增加公权力自身的道德性。为此，探讨廉政问题还需要将公共性的道德实践置于权力行使的过程之中进行考量。因为公权力的行使还应当追求公平正义、社会和谐以及社会道德风气之改良等内容。由此，廉政的理念还包括塑造社会道德风气的伦理主张。我们可以将这种廉政理想称为公共性的道德实践。

---

① 曹鹏飞：《公共性理论的兴起及其意义》，《北京联合大学学报》（人文社会科学版）2008年第 3 期。

以行政权为例，由于"政治"与"行政"的二元区分，道德和价值问题通常通过政治过程来解决，即通过社会公共参与而塑造国家意志，而非将价值和技术性的领域推给行政，行政作为执行意志的行为，自身不应该有自身的意志，而应以国家意志为其行动根据，但是即便是严格的依法行政的过程，也始终存在自由裁量的可能，行政不是简单的传送带。它并非绝对回避价值判断而只具有技术性和客观性的手段。从行政权的行使过程来看，将公共性作为行政权行使的道德根据，一方面可以体现以人为本的基本价值，另一方面可以促进行政伦理性的形成。故而，行政不仅限于特定目标的达成，而且还可以从对象的满意度和获得感上来发挥作用。廉政不是无所作为，自缚手脚，而是积极有为，只是这种有为既要满足法律的要求，同时要在其自由裁量的范围内实现伦理目标。

（三）他律

与个体自律相对的是他律，若从严格的康德立场来看，道德上的他律会让道德价值大打折扣。因为所谓他律力量无非是外在于自身的强制性力量，不管这种外在力量是诱导主体采取道德行动，还是强迫主体服从道德义务，总之，从道德价值的角度看，这种他律的道德是否能够成为道德是颇有疑问的。若以此观点来观察廉政问题，则廉政只可能被归为道德自律的领域。但是，从之前探讨的公共性的道德实践的角度来观察，廉政并非只诉诸内在的道德反省，还应对其行为对象的客观性有所考察，因为公共性最终表现客观的公共利益才是可以衡量的。然而，反观古今中西的廉政实践，廉政并不限于道德反思的自律性领域，而是涉及教育、法律、风俗、制度等多方面的内容，这些要素都是通过非道德反思的外在性形式来约束各个主体作出符合廉政理念的行为。从廉政的他律角度，它应该包括以下几种常态化的机制：教育、预防、监督与惩戒。

1. 教育

个人的道德水准一方面需要依靠自身的道德反省能力，但是道德的教育也不可忽视，它是个人道德养成的必不可少的环节。所谓廉政教育是通过与廉政相关的材料来影响人的心理，塑造人的人生观、世界观和价值观，从而达到约束腐败行为的效果。通过廉政教育可以树立廉洁从政的理想信念和政治伦理，规范自身的行为，秉公履职。通过廉政教育可以培养正确的价值导向和行为习惯，廉政教育的成败主要是通过是否能以价值观的认同从而达到个体行为真实的转变来衡量。廉政教育具有确立价值导向、增强自律约束、营造廉政氛围等功能。

2. 预防

与其在腐败之后予以惩戒，不如在腐败之前进行预防，预防权力滥用最好的方式就是形成常态化的机制。在现代国家治理中，腐败的预防是其重要的组成部分。诸如回避制度、财产申报制度、政务公开制度，这些制度对于预防腐败起到重要的作用。以回避制度为例，回避制度可以有效地预防姻亲、地域和朋友关系影响权力的行使。因为与自身利益相关者若牵扯进权力行使的过程中，极有可能导致权力行使者违背公正原则以权谋私。而财产申报制度可以让权力行使者以权力获得非法财产的行为暴露在阳光之下，从他律的角度实现权力行使者自我约束。

3. 监督

现代国家主要通过监督机制来实现对权力的约束，除了一般意义上的宪法体制的监督模式之外，权力行使机关还会在内部设立各种监督机制。监督可以有效地预防权力的腐败，而监督的形式是多种多样的，有舆论监督、权力机构的内部监督、部门间的相互监督等。这些监督形式可以有效地保证权力按照公共性的要求行使，保证权力在阳光下运行，避免权力被当作财产而被私有化。当然，这里谈及的监督并未涉及监督的实质性内涵以及监督权性质的探讨。但是，从私欲的控制角度，以预防腐败为目的的监督是其重要的组成部分。我们在后面的章节中还会专门论述监督的概念以及监督权的性质等问题。

4. 惩戒

对腐败进行惩戒是震慑腐败的必要手段，没有惩戒而只有道德教育的廉政制度是不可能收到实效的。不同国家针对腐败的严重程度均制定了相应的惩戒制度。中国共产党党内有相当严密的惩戒制度，以《中国共产党纪律处分条例》为例，其对党员的廉洁纪律进行了详细的规定，其中党纪处分从轻到重依次是：警告、严重警告、撤销党内职务、留党察看、开除党籍。除了一般意义上的惩戒之外，若是触犯到了法律，涉及职务违法与职务犯罪，还应以法律手段来实施惩戒。

（四）廉洁的政治生态

关于腐败问题除了将权力与个体之间的公私关系作为观察和思考的角度之外，还有一种方法来理解政治问题，那就是将政治视为一个生态体系，以政治生态或者生态政治的视角来理解政治问题。正如阿尔蒙德所言，"政治体系是一个生态学的概念，因为它强调了政治领域与环境之间的相互作用"。[①] 无论是政治权力的行为主体还是社会自身的政治态度，其在相互作用的过程中都会像自然界一样形成一种生态环境。自然界的生态环境若是遭到破坏或污染就会失去平衡，从而打破共生关系。对于政治系统来说也是如此，若是腐败已经危及系统的平衡和稳定自然就会破坏政治系统，与之相应，政治生态的维持和平衡需要小心地处理各个要素之间的关系。

1. 生态、政治生态与政治廉洁

"生态"的英文"ecology"出自希腊语，由两个部分构成，一是作为居所、栖息地的"oikos"，二是科学的词根"logos"。合在一起就是关于生存环境的科学。"生态"从自然科学的角度就是探讨生物与自然环境关系的科学。现代意义上的生态学的诞生源自美国海洋生物学家蕾切尔·卡森的著作《寂静的春天》，此书指出人类破坏环境从而为灾难的到来埋下伏笔。而汉斯·赛克斯将生态的概念作为哲学问题予以思考，他认为生态是一种研究关联的学说，它研究的是生物及其环境、部分与整体、人类与自然、个人与社会的整体性的哲学。以生态学的角度来研究事物，就是以系统论、整体论、层次论与协调论的方式来看待事物的发展与变化。而所谓系统论是指"特定功能的、相互间具有联系的许多要素构成的整体"，而所谓整体论是将研究对象置于种群中予以研究，因为作为整体它具有个体不存在的特征。而协调论所强调的是物种之间的相互适应和竞争，最终实现协同进化。

从生态的角度观察政治现象，将政治现象理解为一个系统性的整体，

---

① 〔美〕加布里埃尔·A. 阿尔蒙德等：《比较政治学——体系、过程和政策》，曹沛霖等译，东方出版社，2007，第 4 页。

那么这种思考方式就是生态政治学的思考方式，即将政治系统理解成一种政治生态。这种理论就可以称为"生态政治学"，根据《中国大百科全书·政治学》的定义，"运用生态学的观点研究社会政治现象的一种理论与方法。一般生态学以生物的生存条件及其与生存环境之间的相互关系为研究对象，探究有机体与其环境之间的相互作用形式与规律。生态政治学借助生态学的方式，从政治与其环境的相互关系中研究政治现象的产生与发展"。① 从学科上讲，生态政治学，首先将生物体与环境的关系类比为政治与其社会环境的关系；其次，探讨权力和权力行使者在政治系统内部生态中的存在状态；最后，生态政治学要确立自我理解的基本原则和方法。其目的是通过对政治生态的系统性和功能性认知转变传统的政治控制论的思维方式，从而引导政治系统以及社会环境之间的和谐共生、动态发展。生态政治学有自己的理论原则，诸如整体性、有机性、主体性、开放性、平衡性、多样性以及动态性等原则。② 从生态政治学的角度来观察腐败现象，就可以将其理解为一种政治生态败坏的情形，从而导致政治生态中的诸多要素相互影响。从政治生态的角度来分析政治系统的内部生态及其与社会环境之间的相互关系有助于形成一种清正廉洁的政治生态环境。

当前我国的政治生态主要指的是一种整体的政治风气、环境与精神面貌，从其具体表现来说就表现为党风、政风、家风以及社会风气与公共权力行使者之间的相互影响。而廉洁的政治生态就是指这些要素之间的互动和个人的公权力行使过程能够达到纯洁、清正的理想状态。人总是以个体形式存在的，他不可避免地以个人的思想、观念和欲望为行动指导，但是良好的生态环境可以塑造其行为和思想观念，当政治生态呈现出一种整体的清廉状态时，个人行为偏离公共利益的情况就很少发生。就官员与周遭环境的关系而言，它的生态状态既包括小型的家庭环境又有自己所在的政治系统，同时还涉及整个社会的风气和环境。政治生态对官员的行为具有极大的影响作用，尤其是市场经济更为成熟的今天，追名逐利者影响官员的廉洁从政，让官员吃喝拿要现象层出不穷。官场政风败坏就表现为形式

---

① 《中国大百科全书·政治学》，中国大百科全书出版社，1992，第 327 页。

② 夏美武、金太军：《政治生态学：理论原则、价值与现实意义》，《学习与探索》2012 年第 2 期。

主义、官僚主义现象屡禁不绝，政治生态环境的污染导致官员腐化堕落。对于政治生态的划分也存在不同的方法，有人将其划分为三个层次，即政治体系内生态，政治—社会生态以及政治—社会—自然生态。其中，政治体系内生态是核心生态层次，而政治—社会生态是政治体系的外延性生态；而最后一个层次则将政治系统和社会系统延伸到自然环境中。① 除了这种分类方式之外，还可以根据中国独特的政治环境，将其区分为党内政治生态与党外政治生态。实际上，现代中国的政治生态是多重环境与官员行为共同构成的，其中个人行为总是在特定的环境中发生，尤其是家庭，家庭伦理在中国古代社会具有举足轻重的地位，进入现代以后，家庭关系依然对个人行为具有巨大影响力，而且官员腐败与家庭的管束不严有着莫大的关系，按照微观到宏观的区别可以将官员所处的生态环境区分为家庭、政治和社会三个层面。这三个层面分别体现为家风、政风和民风，它们构成官员行使公权力的基本生态环境。

2. 家风

家风是家族世代相传而形成的价值观、生活方式和为人处世原则。在中国古代，家庭教育尤其重要，儒家传统十分注重家风的培养和传承，甚至出现专门为了培养家风而形成的经典，如从中国古代《孝经》开始，家风、家教与家法就构成个人道德培养、风气养成的重要方式，修身齐家治国平天下，从个人德性到家庭治理再到国家天下的政治实践都是从家庭这一小环境开始的。家风的形成是一个漫长的过程，需要长期的积累，家风构成家庭成员为人处世的精神尺度，它是家庭成员生活行为乃至文化传承的家族纲领。颜之推在《颜氏家训》中对为官之道就进行了相当深刻的论述。他认为，为官之道首先要善于治家，而治家之道应当清廉简朴，不可贪婪，"文史足用，廉白自居"。治家之道尤其不能以公权力为家人以及亲戚朋友谋取私利。尽管传统的大家族形态已经不再是现代社会的主要家庭结构，但是小家庭的内部价值传统的意义并未因此而有所减损。实际上，在家庭生活中如何培养个体美德形成代际养成的关系依然非常重要。尤其是对于官员而言，其家风如何会关系到其为官做人以及约束家属亲戚的行

① 唐贤秋：《论廉洁政治生态的价值维度与构建理路》，《中国特色社会主义研究》2015 年第 5 期。

为。若家风败坏则可能导致家庭式腐败，家庭成员之间相互腐蚀，最终导致个人走向贪污腐败的深渊。在家庭的腐败中，不仅是个人将权力作为私人财产，而且家庭成员的全体介入易导致公权力的家庭私有化。从反腐败的角度看，家庭的整体性腐败更加难以预防和治理，它具有严密的内部结构，如同堡垒，因为基于亲情的相互联合将比一般意义上的利益交换更为牢不可破。与个人腐败相比，家庭式腐败的运作过程更为隐蔽，具有高度的协作性，形成共同利益的联盟。① 更为可怕的是家庭成员还会将其贪腐行为相互传导，因此，预防家庭式腐败必须从涵养家风做起，尤其是从领导干部自身的家庭成员做起。从家与个人的角度而言，它与廉政的关系涉及三个方面：一是个体的道德养成；二是家庭成员的相互关系；三是伦理的辐射效应。

从个人与家庭的关系角度看，家庭教育是个人教育的重要组成部分。因此，从家风建设角度要强化家庭内部成员的道德教育，尤其是领导干部要以身作则，做家庭的道德楷模，约束家庭成员。从家庭成员的相互关系来说，要相互监督和提醒。家庭成员之间的关系比较特殊，无论是夫妻还是子女，相互之间的关系过于密切，稍不注意可能导致自己行使公权力时丧失原则和立场，从而为犯错留下缺口，因此家庭成员之间要相互监督，树立正确的家庭观和职业观。最后，家庭伦理是社会的重要构成部分，家庭关系处理不好可能会给社会带来负面的示范效应，应避免近亲繁殖以权谋私现象给社会带来的不良影响。

3. 政风

所谓政风是指政治领域或者官场中的官员的行为模式、言谈举止以及精神风貌而形成的一种整体状态，它具有稳定性、持续性等特点。政治风气，或者政风是一种官场的小气候，这种气候或者风貌会影响到官场中普通官员的做事风格和为人处世的模式。良好的官场风气对预防腐败具有重要作用。官场若是任人唯亲、官本位、唯利是图、溜须拍马、欺上瞒下，则腐败必然会发生。而官场风气一旦形成就难以遏制，就像环境被污染一样，污染容易，但是治理就非常困难。所以《论语》指出，"政者，正也，

---

① 何旗：《家族式腐败及其防治路径》，《理论探索》2018 年第 6 期。

子帅以正，焉能不正"，也就是在政治领域风气会相互影响。所谓"君子之德风，小人之德草"，也就是以君子的道德操守形成的风气来影响其他人，其中君子因为其道德品质可以开风气之先。从政治风气与社会风气的角度观察，政治风气对社会风气更具有带动作用，也就是"官风正则民风淳朴"。良好官场风气的主要表现就是上级官员以身作则带领下级官员遵纪守法、廉洁从政。恶劣的政治风气，诸如官僚主义、形式主义、欺上瞒下、弄虚作假等，一方面严重影响了社会对政府机关及其工作人员的观感，使得公权力的威信和官员的威望大打折扣，另一方面这种风气会相互影响，相互传递，从而形成气候。

政府与社会的关系是表率者与追随者的关系，若前者败坏，后者未有不随之败坏者。所以，要净化社会风气，政府应以自身作则。如果政府要成为社会的道德楷模，第一，其则要敢于将政府的行为公开于大众之下接受人民的检验；第二，政府应该朴实无华，开创节俭、务实的作风，政府若是铺张浪费必然遭到人民的厌弃，拜金主义不仅会腐蚀官员，而且也会给社会以错误的示范；第三，政府工作要讲求实效，切勿搞形式主义，相互推诿。官场懒惰之风的形成是一个长期的过程，相互推诿拒绝承担责任和履行职责必然消磨意志，造成怠政、懒政。

4. 民风

民风也可以指社会风气，是社会大多数成员或者社会群体的道德观、行为模式和精神风貌的总称。有人认为，"社会风气是一个民族或者全体国民文明水准、心理状态、价值观念和行为方式的总汇……它是社会兴衰存亡的晴雨表"。[①] 它是社会成员经过长期的历史实践和在相互影响中逐渐形成的相对稳定的、持续性的态度和行为模式，它蕴含的是关于道德判断、审美品位、共同价值的共识，这种约定俗成的风气会影响到每个成员的态度和行为。从民风与政风的关系上看，二者之间是相互影响的，如果政治生态是小环境，那么社会和民风就是大环境。人民的风气一旦养成，再想改变就非常困难了。根据系统论的观点，社会系统和政治系统之间存在复杂的互动关系，一方面社会风气会受到政治风气的影响，既包括积极

---

① 申平华：《政治风气和社会风气及其综合治理》，《探索》1989 年第 3 期。

的影响也包括消极的影响。另一方面，如果政治上的风气败坏，则社会风气也会随之恶化，反之如果政治风气清正，社会风气也会向朴实清明的方向转变。而且一般说来，政治风气的转变会快于社会风气，一旦政治风气发生转变则会扭转社会风气的发展方向。

家风、政风和民风的养成是一个漫长的过程，但是一旦道德败坏以权谋私的行为发生就会严重地伤害到长期累积的家风、政风和民风，官员作为普通人生活于不同的系统之中，其行为受环境的影响。在有形和无形因素的影响之下，个人的价值观和人生观非常容易被扭曲。因此，预防腐败要注意政治生态的维护和培养，不可掉以轻心。

第四章　权力监督与政治忠诚

　　若从国家层面来观察腐败，腐败乃是权力行使者违背主权者的托付，以公共之名行谋私之实，即权力行使者背叛主权者，在行为上是不忠，在结果上是不义。从这个角度出发，治理腐败就要从另外两个层面入手。一是从主权者的角度强化对权力受托者的约束，这种思路也叫作监督；二是从权力受托者的角度强调其对主权者的政治忠诚。从监察权的性质出发，设立监察制度的目的在于强化对权力受托者的约束与控制。从"腐败＝权力＋私欲"的公式出发，遏制腐败无非从两个角度入手，或者是从权力自身相互制约的角度，或者是从个人以道德自我克服欲望的牵扯来实现。我们在上一章中主要是以这一公式的两个衍生逻辑来处理权力和私欲的关系，前者表现为权力的制约，而后者表现为自律与他律的作用，以及最后形成的清正廉洁的政治生态。仅通过权力制约和道德约束来抑制腐败是从横向的角度来实现的，但是还存在另一个角度，即从纵向的角度来应对腐败，因为这时腐败被理解为公职人员违背主权者的委托，主权者对其失去控制力，从而可以发现腐败的另一个公式："腐败＝授权＋背叛"。从这个公式出发，惩治腐败可以从两个角度入手，一是从对权力的控制入手，即保持权力委托者对权力受托者的控制；二是从受托者的政治忠诚入手，即保证权力受托者对主权者的政治忠诚。

一　权力监督

　　如果从权力的上下控制来说，这种控制既包括权力对权力的控制，也包括权威对权力的控制，从效果而言都是下位权力对上位权力的服从，但是二者之间是有区别的，前者是被动的服从，即从权力或者暴力强制性的角度让下位权力服从，而后者的服从，则是出于对上位者权威的尊重而产生的自愿服从。这就涉及权威和权力的区别与相互关系，以及其在制度上的安排。另外是从政治忠诚的角度保持权力受托者对权力委托者的服从，保证政治忠诚既有制度上的安排，诸如宣誓以及其他培养忠诚情感的制度形态，也有道德上的建构，这一章的主要任务就是从"腐败＝授权＋背叛"的逻辑出发来探讨权力监督与政治忠诚的问题，其中首先就要对权力监督与一般意义上的权力制约进行概念上的区分。

（一）权力制约与权力监督

权力制约与权力监督通常被混为一谈，在理论和实践上，二者之所以被等而视之，其主要原因在于二者无非都指的是对权力本身的限制。尽管监督和制约都是对权力的限制，但是限制的方式和角度以及权力主体的性质和相互关系并不是完全相同的。比较二者之不同首先可以从词源上对其予以考察，所谓"制约"之"制"的意思是制止、控制，而"约"有限制而不越出范围的意思。根据《辞海》对"制约"的解释，它是"一种事物的存在与变化以另一种事物的存在与变化为条件"。[1] 在英文中关于权力的制约，制约用的是"checks"，它也有"阻碍进程、抑制和控制"的意思。因此，"制约"通常是一种双向互动的关系，在一种相互影响的关系中彼此限制着对方的运动与发展。围绕着权力之间的制约，可以构造其相互制约的规则、机制和规范。在现代政治制度中，宪法作为一种权力的构造机制，它经常使用权力之间的"制约"手段来实现权力之间的平衡。因此，权力的制约绝不是单向度的，而是一种作用力与反作用力的互动过程。反观监督，从词源上看，"监"在古汉语中的本义是"盛水于盆以照视己形"，而其与权力相关的含义是"监视"，《诗经》云："天监在下，有命既集"，其引申为监守和掌管。而"督"的含义也是"察视"，后来引申为统领、督帅等意思。[2] 实践中，监督和制约二者也存在明显的区别，

---

[1] 《辞海》，上海辞书出版社，1979，第423页。
[2] 《王力古汉语字典》，中华书局，2001，第778、791页。

以总统制为例，对其的监督主要表现为政府内部的监督，即政府内部成立相应的监督机构来监督总统的行为，而议会对政府的监督主要是以代议制和立法机构的名义实施的，当然这一监督关系被笼统地纳入到权力的制约关系中。从理论和实践看，对监督和制约的关系我们可以作出如下区分。

第一，在权力的层次上是不同的。权力制约关系一般立足于同一层级与水平的权力之间的相互制衡。在理论上表现为分权原则下的权力制约与平衡，而在实践中主要是水平意义上的国家权力之间的互动关系。而监督关系则反映的是权力上下级的关系，行政权的内部监督者和被监督者居于上下权力层级之中。

第二，在互动的模式上是不同的。权力制约的互动模式是双向的，此权力可以制约彼权力，但是反过来彼权力也可以制约此权力。这种权力互动关系是双向的，而不是单向的，正是在这种权力的相互碰撞过程中求取平衡。但是，监督关系则不然，它们的互动是单向的，主要表现为监督者对被监督者单向地行使权力，被监督者没有足够手段来反制监督者，否则监督关系又会重新转变为制约关系。

第三，制约主体的确定性与监督主体的不确定性。制约关系以权力的确定性为前提，正是因为权力的性质、权限的大小先予以确定才可能发生权力之间的相互制衡并塑造其边界。反观监督主体，因为本质上监督是一种上下级的关系，其主体具有相对的不确定性，比如既可以授权其他机构来监督其下级机构，也可以自行监督。而且随着现代社会对公权力行使的监督的参与性逐渐增强，呈现出权力监督主体向多元化方向发展的趋势。

第四，在时效性上也是不同的。权力制约的逻辑立足于权力的前瞻性，因为对权力的限制是一种提前的政治制度安排，故而是通过预防性的权力安排来实现对权力的限制。权力制约的逻辑是一种避免权力运行失范而做的提防与防范，它并不是以后果为前提来实施限制的。但是与此不同是，权力监督在时效性上主要立足于权力运行脱离轨道之后的警示和惩戒。

除以上提到的权力制约与权力监督的区别之外，其实二者还可以在很多方面找到不同点。[①] 不过，在现代政法理论中，一般不对其进行细致的

———————————

① 吴永生：《权力制约与权力监督的差异性分析》，《行政论坛》2019 年第 6 期。

区分，因为就其二者实现的效果来说都是限制权力以让公权力的行使者约束自身。关于权力监督和权力制约，二者都是对权力及其行使者进行限制的方法，其目的都是节制权力的傲慢与滥用。但是，就惩治腐败来说，权力监督具有更强的针对性，它是对特定机构针对特定问题进行直接监督，而权力制约关系是一种常态化的、体系性的权力限制机制。

（二）权力对权力的监督

根据历史和现代各个不同体制国家所采取的监督制度，监督可以分为两类：一是同体监督；二是异体监督。同体监督和异体监督还被称为外部监督和内部监督，但是若观察其权力运行模式，其实二者还是存在一些细微的差别。按照权力监督的逻辑，权力监督是上位权力对下位权力的监督，但是内部监督通常也被当作一种权力相互制约的模式，从而让监督的概念变为制约的概念。那么，从监督权力逻辑来看，所谓同体监督是指权力体系内部设立监督机构对自身的权力运行过程以及权力内部的上下级关系进行监督，而所谓异体监督是专门设立相应的监督机构对其他权力进行监督。从监督权发挥的实际效果来看，异体监督相对可以更好地发挥其监督作用，但是依然不可忽视同体监督的作用。

1. 同体监督

采取同体监督模式的机构一般是通过在机构内部设立专门机关来行使其监督权。采取同体监督方式的机构一般以立法机关与行政机关为多，尤其是行政机关因其掌握巨大的行政资源和对社会的直接影响力，所以对行政机关的监督则更为严格和多样。议会作为代议制机关以及立法机构，它一般是监督其他机关而非被其他机关所监督，但是议会因为其享有立法权及决定权，因此对议会的监督也是必不可少的。因为议会中的议员不仅可以阻挠正常议事进程，而且还会与议会外部的利益团体相互勾结以滥用立法权。故而在议会内部设立相关的监督机构也是各国的常见做法。

议会监督的必要性在于两个方面：一是对议员的监督，二是对议会本身的监督。从议员的角度来说，为了保证议员的公开议事权利，各国的政治体系会赋予议员一些特权，诸如议员在议会议政时的发言有不受追究的权利、议员未经议会的许可不得被逮捕或者拘禁，以及给予优厚的工资福利待遇等。但是，因为议员的选举活动一般需要得到其选区和特定利益团体的支持，从而易导致他们相互勾结而滥用议会权力。另外，议会作为整体可能陷入政党的恶性斗争，导致议会立法只有政党利益而无国家利益的情况发生。因此，议会在其内部会设立廉政机构以负责系统的内部监督。以美国为例，美国国会参议院设立了廉政委员会，在众议院中设立了行为标准委员会。而且为了保证立法机关选举过程的廉洁性，美国还在国会中设立独立的监督机构——联邦选举委员会，它可以规范选举的捐款、推动竞选捐款和募款的公开化，而且它还具有一定的惩戒权对选举的违规行为轻则罚款，重则移交司法部门予以起诉。在英国的议会中，议会成立了标准委员会以及议会标准专员等内部机构和人员专门负责审查有关下议院的行为是否适宜的问题。标准委员会与标准专员合作以审查投诉议员的报告，向下议院提供动议，督导各种行为守则的执行。标准委员会监督标准专员的工作，而标准专员的任期是固定的，而且合同结束后不再续期，因此具有独立性而不受其他人的威胁。① 议会作为政党竞争的舞台，政党在议会内部也成立相应的机构和代表来管理本党的党员，如党鞭，在议会关键议题上发挥监督作用。

　　行政内部监督对于行政机关的廉洁自律非常重要，而且从行政机关的内部体制来看，其内部监督也是更为复杂的，它既包括中央政府对地方政府的监督，也包括上级机构对下级机构的监督，而且上级官员也可以对下级官员行使监督权。各国体制不同但一般都会设立内部监督机构来观察行政机构的内部情况，所谓行政内部监督主要是设立专门的监督机构来进行监督、调查政府部门及其公职人员在行使权力时是否存在违法和贪腐问题。以美国为例，美国设立独立的监察官制度来监督政府的行政行为，独立监察官由总统任命，并经参议院同意，监察官领导的监察处下又设立稽核部和调查部。监察官领导的监督机构的主要职责包括两个方面：一是对财政的支出情况进行审核，预防出现侵吞公共财产、贪污浪费等现象；二是对不合理不合法的财政计划进行调查取证，从而提出相应的建议。在此之外，行政部门还设立了政府廉政办公室、联邦政府道德署等机构来监督

---

① 〔英〕罗伯特·罗杰斯、罗德里·沃尔特斯：《议会如何工作》，谷意译，广西师范大学出版社，2017，第137、174页。

政府机构及官员的行为。另外，美国还有一个有特色的职位就是独立检察官，负责对国家高级官员的违法犯罪行为进行调查与起诉。其实，各国都在自己的政府内部设立相应的行政监察机构，如英国在政府内部设立特别调查组及监察专员以监督政府官员并提供防止腐败的指导意见，而法国在中央政府各个部门还设立督查团，督查团在督查长的领导下协助部长开展日常行政工作并对其下属官员进行监督和调查等。

由于司法权相对消极而且需要培养法官的权威，所以司法权的内部监督往往被忽视。但是从司法机构的监督实践来看，司法权的内部监督事实上是广泛存在于司法体系之内的，这种监督包括审判监督、院庭长监督以及司法官员的行为监督。审判监督制度包括检察机关对审判机关的监督、本级法院院长对本级法院的监督、上级法院对下级法院的监督等。其中，再审制度是法院监督体制中的重要构成部分，通过再审制度可以纠正司法判决中的错误和不公从而实现司法公正。多数西方国家都会设立初审、再审和上诉法院等。而院庭长也承担了重要的监督职能，对下级法院以及法院内部事务进行监督，从而督促和制约其他法官的审判活动，保证法律适用的统一性。另外，从司法内部监督的实践来看，司法机关还设立了诸如司法委员会或法官行为调查委员会等机构专门监督法官的行为。①

2. 异体监督

相比之下，同体监督因为监督主体与对象在权力性质上具有同一性，而且权力系统内部难以避免利益纠葛，其监督效果往往有限，故而现实中一般权力监督模式更依赖于异体监督。异体监督主要有不同权力主体之间的监督以及专门设立的监督机构的监督。前者主要是通过权力层级上的上下之别以上位权力来监督下位权力，主要存在于代议制机构地位高于行政机关的行政形式中，以立法机关来实施对行政机关的监督。而后者主要是专门设立一个特别的行政机关对其他机关进行监督，比如设立专门的廉政机关来监督行政权力的行使。异体监督模式有其自身的理论根据，即现代宪法中并未专门针对腐败问题设计一个权力分支来遏制腐败，因此像阿克曼所设想的，政府应该设立一个专门的廉政分支机构来持续地监督权力，

---

① 崔永东：《关于司法机关内部监督问题的探索与思考》，《北京联合大学学报》（人文社会科学版）2015 年第 3 期。

并且他还对这一廉政分支机构进行了制度设想。他认为，这样的机构首先要独立于行政机关，因此要保证其成员具有高薪。他还提到中国香港和新加坡提供这样的制度经验。①

所谓议会监督是指代议制机关根据其职权对机关的人、财和物的运用进行监督，其监督过程通过同意、弹劾、纠举、审计等多种方式来进行。当议会行使其监督权对政府进行监督时，这种模式很容易与权力制约相混淆，因为二者从效果上都是对权力的限制，但是二者依然存在细致的差别。议会对政府权力的制约主要是通过权限的划分以实现二者的相互限制来实现的，但是以议会为监督主体而以政府为监督对象的时候，议会和政府其实并不能视为同一权力层级。从中国的全国人大及其常委会与政府的关系可以清晰地判断出，前者与后者是监督关系而非制约关系。因为西方议会制中既包含了制约性要素也包含了监督要素，二者以制约和监督的名义混用从而易导致观念上的混淆。实际上二者是不同的。尽管在效果上议会的立法权、财政权、人事任免权与其行使的监督权都构成对政府权力的限制，但是其行使的监督权是以议会高于政府的逻辑来实现的，其根据在于议会作为代议制机构代表人民，而政府是权力的受托者是执行人民意志的机关。虽然各国的政体形式不同，代议制机关的组织方式也都基于历史和传统而并不一致，但是从其监督权的行使方式来看，还是可以区分为工作监督与法制监督两类。工作监督是针对具体行政过程进行跟踪、质询、评价和处理。而法制监督是对行政机关是否越权行政、是否按照程序行政进行监察从而捍卫法制的统一与尊严。一般说来，议会制的国家采取工作监督的方式较多，法制监督的方式较少，但是总统制国家则与之相反。而对比东方国家和西方国家在地域上的差别，法制监督在西方国家采用得较多，而在东方国家则相对较少。② 就议会监督本身来说二者都是同时予以使用的，只是其侧重点不同。议会行使监督权一般是通过定期听取政府汇报、对政府预算进行审查等方式，还可以通过质询、调查、信任投票、弹劾等方式来进行监督。所谓质询是常见的议会监督方法，它是议员以集体

---

① 〔美〕布鲁斯·阿克曼：《别了，孟德斯鸠：新分权的理论与实践》，聂鑫译，中国政法大学出版社，2016，第83~87页。

② 尤光付：《中外监督制度比较》，商务印书馆，2003，第64~65页。

或者个体的名义对行政机关的权力行使过程进行询问并要求对方口头回答。在实行议会内阁制的国家，这种监督模式比较常见，其对政府主要官员的质询又可以分为询问和质问。询问带有了解情况的意味，要求政府对其决策与权力行使过程进行公开，不带有强制性，但是质问则针对的是可能存在的渎职、违法犯罪行为，具有强制性。而且当议会对政府的答复不满意时可以要求其进行补充回答。除质询外议会还可以针对政府行使权力的特定问题进行调查，议会的调查程序是，首先，一定数量的议员通过表决授权某个委员会来调查特定的问题；其次，专门的委员会对有关部门进行调查并组织听证会等对必要的证据进行收集和整理，以形成调查报告；最后，议会专门委员会公布调查结果请求议会采取措施对行政机关的作为进行处置。这种调查既有临时性调查也有成立专门的机构进行日常的调查。还有就是信任投票和弹劾，这些都是议会对政府的施政情况进行监督的手段，信任投票是议会对政府采取的非常强有力的手段，若政府无法获得议会信任则会出现执政危机，而弹劾是针对特定官员的轻罪或者重罪进行弹劾以决定是否罢免某个官员。

在异体监督中，除了以议会监督政府之外，还有一种是设立特定机关来监督政府的行为，这一专门机关既不同于立法机构的监督，也不是行政机关的内部监督，更不是司法机关的审判，这种监督模式其实也被很多国家所采用。如瑞典督察专员（Ombudsman）制度，它诞生于1809年的瑞典宪法，当时，瑞典根据宪法会议任命一名官员取代原来大法官负责督察任务。督察专员是一种由议会产生、独立开展活动以协助议会监督行政、司法等机关行为合法性、合理性的机关。①瑞典的督察专员由4人构成，任期为4年，可以连选连任，4人中间1人为首席督察专员，负责协调工作，其他3人职位平等，各自独立行使职权。4个督察专员之间分管不同领域的监督工作，各自独立不相互干涉。督察专员既可以出席法院和行政机关的重要会议，还可以查阅法院、行政机关的文件和工作报告等，并且若发现其中存在问题还可以要求相关责任人出具书面报告来说明情况。从其具体工作方式来说，督察专员主要以受理公民申诉并进行调查来进行工作。

---

① 罗豪才：《瑞典的督察专员制度》，《国外法学》1981年第2期。

当然，督察专员还可以通过阅读报纸、观察社会热点问题而发现问题，从而发起主动调查等手段来行使其职权。

　　新加坡的贪污行为调查局以及中国香港地区的廉政公署作为独立的反贪机构，对惩治腐败起到重要的作用。新加坡的贪污行为调查局是新加坡的专门反贪机关，它成立于1952年，最初主要职责是调查与走私相关的贪腐活动，后来逐渐延伸到其他领域，最终以彻底铲除腐败为目标。贪污行为调查局的局长根据总理提名由总统任命，调查局局长直接由总理领导，并对总理负责。调查局还有副局长一名以及根据具体情况任命的局长助理和特别侦查员。新加坡贪污行为调查局的特殊之处在于它既是监督机关同时也是执法机关，可以高效地完成反贪任务，根据新加坡的《反贪污法》，调查局被赋予广泛的权力以完成其反贪任务。调查局享有诸多特别的权力，诸如调查局局长和特别侦查员可以在没有逮捕证的情况下逮捕任何涉嫌贪腐的官员，而且可以不经过诉讼机关行使刑事诉讼所赋予的一切特别权力来调查贪腐官员，甚至拥有入户搜查、没收银行账款等权力，而且有权对涉嫌贪腐的官员进行跟踪等。

　　除新加坡外，中国香港的廉政公署也是重要的独立贪腐调查机构。这一机构成立于1974年，在香港回归之前称为"总督特派廉政专员公署"，回归后改为"香港特别行政区廉政公署"。廉政公署由专员、副专员和其他人员组成。廉政公署并不隶属于任何政府公务员架构，其廉政专员直接对政府最高首长负责，其调查对象初期主要是公务员，后来扩展到公共事业机构以及私人机构，它的主要职权包括执法、预防和教育等三个方面。根据《香港特别行政区基本法》，廉政公署由执行处、防止贪污处和社区关系处三个部门组成。其中执行处主要负责接收、审阅和调查有关贪污方面的指控，处理市民的检举行为。防止贪污处的职责是预防贪污，专门对政府及相关部门的工作情况进行审查，并且还可以为各部门的防止贪污工作提供咨询和建议，修补制度漏洞。而社区关系处的主要职责是通过宣传教育来增强市民的廉洁自律的意识，认识到贪腐的危害，以协助和支持政府的反贪工作。廉政公署的法定职权很大，如果政府官员的所得与其职位并不相称，廉政公署就可以认定其违法。廉政专员可以对任何政府部门或者社会私营机构及其人员进行调查，有权查阅相关文件，可以在没有办理拘捕令时对涉嫌贪腐人员进行逮捕、搜查和拘留，必要时还可以使用武力。廉政公署享有其他机关无法享有的广泛权力，其目的在于保证其有足够的权限以集中精力惩治腐败。①

3. 中国的权力监督体制

在监察体制改革之前，无论是同体监督还是异体监督，在中国的监督体制中都是存在的，新中国成立之初就成立了政务院人民监察委员会，后演变为国务院的监察部。而从中国的监督权的配置来说，主要是以人大为核心的监督体制，"一府两院"对人大负责，受人大监督。除了政府体制的监督之外，还有党的内部监督机制，即党的纪律检查委员会、人民政协的民主监督以及社会团体、舆论以及人民群众的监督，以此观之，中国的监督体制是相当分散和复杂的。若以同体监督与异体监督的二元区分为标准，既有人大的异体监督又有政府内部的同体监督。

宪法和法律规定，全国人民代表大会是国家最高权力机关，其他国家机关由它产生、对它负责，并受其监督。全国人大及其常委会可以对国家行政机关、审判机关和检察机关进行监督，除此之外还可以监督下一级国家权力机关。人大监督的内容相当广泛，既可以进行法律监督又可以实施工作监督。人大的法律监督主要是根据宪法和法律对国家行政、审判和检察机关及其工作人员是否按照宪法和法律的要求来工作进行监督。这种监督包括两个方面，一是立法监督，二是执法监督。立法监督的目的是维护法制的统一和尊严，主要包括人大常委会有权撤销国务院和省级人大制定的与宪法、法律相抵触的法规、决定和命令，同时上级人大常委会有权撤销下一级人大及其常委会制定的不适当的规范性文件，而且全国人大还可以纠正、撤销最高司法机关和行政机关在适用法律过程中所作的不符合立法精神的司法解释和执法解释。而所谓执法监督是对"一府两院"工作是否符合宪法所进行的监督。就其工作监督而言，指的是人大听取、审查政府和司法机关的工作报告，审批涉及国家经济社会发展的重大事项、财政的预算与决算等，督促司法机关公正办案。其监督权的行使主要通过听取和审议报告，质询、调查以及撤职、罢免、撤销等方式来实现。

---

① 徐岱：《中国内地和香港反腐败法律比较研究及启示》，《金陵法律评论》2005 年第 2 期。

　　我国行政部门中也设立了相关的监督部门，如原监察部、原国家预防腐败局、审计署以及相应的行政监察机构，这些机关可以对同级的政府行使监督职能。行政监察机关是政府内部的专门监督机构，它受上级监察部门和本级人民政府的双重领导。行政监察是一种同体监督模式，其监督对象是同级国家行政机关及其工作人员，其监督范围限于行政系统内部的所有部门，难以覆盖全部国家机关及其工作人员。行政监察机关接受同级政府领导、对其汇报工作，因此，它对同级国家行政机关及其工作人员的监督就相对乏力。而且同体监督更依赖于机构自身的内部监督和自律，故而在监督效果上大打折扣。在行政部门之外，还有检察院的监督，中国的检察院的职责以刑事诉讼监督为主，以民事诉讼和行政诉讼监督为辅。其职权范围包括，法纪监督和经济犯罪监督、侦查监督、审判监督以及刑罚执行监督等。在检察机关的监督模式下，检察机关将侦查主体与侦查监督主体集于一身，其本质上也是一种同体监督。在行使侦查权的过程中，如何有效进行自身的监督也是同体监督的问题。所以检察机关的同体监督模式在制度设计上存在诸多问题，而上级检察院的监督范围也有其局限性，尤其在腐败和职务犯罪的预防、侦办和监督过程中会出现监督缺乏效率的问题。[①]

　　另外在监察体制改革之前，中国国家监督体系中还有党内监督制度。党内监督包括三个方面：政治监督、组织监督和思想监督。所谓政治监督是指监督国家机关及其工作人员是否在工作中按照党的路线、方针、政策来办事；组织监督，即党对各个国家机关部门的主要负责人员进行考核、选择和任免；思想监督，即要以党的主要思想理论来教育、影响公职人员保持自身的先进性和清正廉洁。这种政治性监督与国家监督的关系就表现为：一是通过立法建议将党组织的正确路线、方针、政策通过程序上升为国家法律，从而形成国家意志；二是通过人事建议权影响国家权力机构对主要国家机关的领导和工作人员进行任免；三是通过影响人大和各级政府对经济社会发展的计划和步骤提供建议，从而将党的重大政策转变为政府的施政举措；四是通过各种手段监督人大自身及其他工作人员工作的合法

---

　　① 秦前红等：《国家监察制度改革研究》，法律出版社，2017，第5~6页。

性和合理性；五是提请、建议和督查人大撤销政府通过的与宪法和法律相抵触的法规、决定和决议，维护宪法和法律的权威。① 当然，具体落实党内监督工作的机关是党的纪律检查委员会，也就是纪委。但是，产生的问题是纪委监督与国家机关监督之间的衔接问题，尤其涉及具体贪腐案件的时候，其集中表现就是"双规"问题。因此，中国监察体制改革要处理好两种监督模式之间的关系，尤其是要整合监督力量，以形成"集中统一、权威高效、全覆盖"的监察体制。

监督是民主集中制原则下约束权力的重要方式，对监督的重视，造就了纪律监督、人大监督、司法监督、行政监察、审计监督等并行的多元化监督体系。当前，我国的国家监督体系主要由国家权力机关的宪法法律监督、监察委员会的监察监督、人民检察院的检察监督、审计机关的审计监督以及审判机关的司法监督构成。这一国家监督体系不仅直接来源于我国宪法的规定，也有相关基本法律如人大监督法、国家机构组织法的保障。宪法第 3 条规定，国家行政机关、监察机关、审判机关、检察机关都由人民代表大会产生，对人民代表大会负责，受人民代表大会监督，这奠定了我国国家监督体系的制度基础，而宪法中关于全国人大及其常委会宪法法律监督权、任免权等规定以及人大监督法的具体规定，为人大监督在国家监督体系中核心地位的确立奠定了宪法法律基础。国家权力可以分为非宪制性权力和宪制性权力。非宪制性权力是无法进行制度化的人民权力，而宪制性权力是在人民主权的结构下被制度化和集中行使的权力。我国监察制度改革，可以看成将非宪制性权力进行宪制化的模式，以构建"集中统一、权威高效的中国特色国家监察体制"。由名称来看，"国家监察"强调集中和组织化的监察，但在具体设计中，引入了委员会制这一集体负责制形式，既达到了集中的目的又防止了独断。在监察制度改革过程中，党的自我革新将是监察权行使的逻辑终点。

在我国官方的政治话语体系中，人民是党领导下的中国人民，党领导一切，人民拥有分散的监察监督权，在党的领导下集中行使。在革命、改革和建设时期，党的领导是贯穿始终的，党领导人民制定宪法，创设国家

---

① 尤光付：《中外监督制度比较》，商务印书馆，2003，第 313~315 页。

机构，实现党对国家政权的领导。中国共产党通过嵌入的方式对政府机关、事业单位和国有企业等公共部门进行组织领导。而党的组织领导权主要是干部的培养、选拔、使用和监督。"党管干部"原则不仅指党对干部的选拔和任用，还包括教育和监督。① 但是，在政治意义上，由于党之上无法存在更大的政治主体对其进行外部监督，因此，党形成内部制衡机制是最可行的办法，党必须进行自我监督，党员干部守法是依法治国的关键。实行监察制度改革，将政党自律和国家监督进行整合，实现纪委监委合署办公，将自律与他律统一起来，把内外的监督权统一到一个机构行使，是制度上的创举也是历史实践经验的总结。因此，将国家监督权发挥好的前提，是政党良好的自我监督。

（三）权力与权威

区分权力与权威的原因在于，在腐败问题上，行使权力者和拥有权威者的表现并不一致。公权力作为建制性的权力，其力量源自法律的授予，行使权力者与其权力是分离的，即权力的所有者和行使者是分离的，在具体制度上的表现就是职位与人的分离。但是，权威则与此不同，权威乃是基于人格概念而产生的让人服从的权力，权威者的权力与其自身相统一。在这个意义上，权威者滥用权力的问题则更为隐蔽而不易察觉。而权力所有者和权力行使者在职位上的分离，导致职位职责可以按照法律的形式予以确定，在滥用权力的问题上诉诸的惩治方式就是法治。另外，区分权力与权威的意义还在于监督权力行使的制度的不同。以权力思维来设计监督制度，权力之间的相互监督主要以理性化的力量实现权力之间的相互制约等；若以权威思维来设计监督制度，则对权威的监督需要诉诸权威产生的根源，其更偏重道德和文化历史传统。另外，权威也是约束权力一种力量。那么，这里首要的问题是探讨权威与权力的区别。由此，可以发现，监督与制约在概念上有明显的区别，制约是指不存在从属关系的权力之间的相互限制的状态，而监督则是在权力关系上存在层级或者隶属关系。从监督的概念可以发现，监督关系强调的不是权力之间的互动关系，而是上

---

① 刘杰：《党政关系的历史变迁与国家治理逻辑的变革》，《社会科学》2011 年第 12 期。

对下的限制和监视。故《后汉书·荀彧传》云"古之遣将，上设监督之重，下建副二之任"。监督具有对权力的行使进行查看、监视和督查的意义，从权力运行的角度看，监督权是一种非对称性的权力，是单向度的权力。尽管现实生活中或者政治实践中，存在监督制约或者相互监督这样的日常语言表述，但是从权力运行的本质来说，是不应该模糊监督和制约之间的关系的。

1. 权威的概念

权威的概念经常与权力概念混淆不清，其主要原因在于权威概念的滥用，在日常生活意义上，权威可以指向那些有权发布命令的人或者组织。当谈及政治领域的时候，权力和权威的细微差别才会慢慢浮现出来。相较于权力作为一种实现某种目的的手段的物理性的力量来说，权威概念更多地具有伦理道德的含义。在罗马历史上，元老院所拥有的是权威（auctoritas），它既不是统治权（imperium），也不是权力（potestas）。① 权力是根据法律或者习俗而行使的，也可以译为支配权，具体含义是由法律规范以及相关限制所界定的权力。但是权威概念则与此不同，权威则为合法性自身提供了担保，因为权威概念本身就有人格性特征，它让人服从的能力并不是源自特殊的授权而是来自其自身的人格特质。这种基于人格和历史延续性的权威概念在现代政治中被认为是自由和民主的对立项，正如阿伦特所言，"权威已经从现代世界消失"。② 现代政治理论通常不在权威和权力之间作出区分，而仅仅将其当作自由和民主的对立面，并斥之为威权主义的余孽。通过比较思想史上关于权威和权力之间的差别，我们可以总结如下：第一，权威和权力的实施效果都是服从，但是对权威的服从乃是自觉服从，而对权力则是被迫的服从，前者服从的原因是内在的认同，而后者则是外在的强迫；第二，权威产生的根源是历史连续性，权威具有人格性特征，权威总以特定的人格、知识或者具体地位而形成，但是权力可能仅仅来源于职位或者基于法律的授权；第三，权威并不是暴力，刚好相反，权威排斥暴力的运用，而权力在暴力的胁迫以及力量对比关系中才得以形

---

① 〔意〕吉奥乔·阿甘本：《例外状态》，薛熙平译，西北大学出版社，2015，第117页。
② 〔美〕汉娜·阿伦特：《什么是权威》，元同惠译，载许章润、翟志勇主编《历史法学：优良政体》第5卷，2012，法律出版社，第217页。

成，也就是阿伦特所说的，权力被运用则权威就生效；第四，权威是可以增加的，随着时间的推移权威也会逐渐增长；第五，与权力不同的是权威的施展对象并不对权威者本身产生影响，相反权力的施展对象可能与权力行使者处于冲突之中。而且一般来说，权威者不需要做任何事情就可以行使权威，也不会遭到权威实展对象的反对。

2. 权威的类型

马克斯·韦伯在谈及正当性支配的类型时已经揭示出权威和权力之间的区别，他只是从正当性的角度来阐述。除建立在成文法基础上的法理型支配外，克里斯玛型以及传统型支配的基础乃是权威。只是韦伯没有以权威和权力相区分的形式予以论证，真正对权威的类型进行深入研究的是科耶夫。科耶夫通过现象学的方式来探讨权威的最原初类型。他认为，"如果不知道权威本身是什么，那么显然不可能讨论国家的政权和结构本身。因此，关于权威的概念的研究，哪怕是临时性的研究，都是必不可少的，它必然先于任何关于国家问题的研究"。[①] 根据其本质性的不同，即权威理由之间的绝对排他性，科耶夫将权威的类型分为四种：父亲对孩子的权威；主人对奴隶的权威；领袖对团伙的权威；法官的权威。这四种纯粹类型的权威不可以相互还原，而且建立在完全不同的理论基础之上。

父亲的权威。这种权威的形象是父亲，父亲的权威对应的范畴就是"原因与结果"，原因对于结果来说具有优先性。其衍生形象包括：老年人对年轻人的权威；传统对那些传统之下的人所拥有的权威；死者的权威；遗嘱；作者对其作品的权威；等等。[②] 这种基于时间先后顺序的权威的一个极端类型就是神的权威。父亲的权威形象的理论基础是经院哲学和神学。这种理论认为，一切真正的权威以及让人服从的合法力量都来源于上帝，世间的权威诸如国家的元首、世俗的领袖是通过继承而获得权威的，这就像孩子从其父亲那里继承而来的财富。而这种神学理论若探究其理论根基，实际上来自时间上的先后关系，也就是父亲的权威，因为上帝在这个意义上也会被认为是"父亲"。

主人的权威。这种权威的形象就是主人，其对应的范畴是危险，奴隶

① 〔法〕亚历山大·科耶夫：《权威的概念》，姜志辉译，译林出版社，2011，第1页。
② 〔法〕亚历山大·科耶夫：《权威的概念》，姜志辉译，译林出版社，2011，第13页。

之所以不敢反抗主人是因为他意识到这里存有危险。根据黑格尔的哲学理论，这种权威可以解释为胜利者要获得失败者的承认。其他衍生形象包括贵族对贱民的权威；军人对于平民的权威；男人对于女人的权威等。黑格尔的哲学理论是主人对奴隶的权威的理论基础。因为主人和奴隶都有一个非动物性的目的——作为人而被承认。主人与奴隶为承认（anerkennen）而进行斗争。主人为了证明自己的尊严而克服其动物性，从而其人性获得了承认。

领袖的权威。这种权威的形象就是领袖，其对应的范畴是计划和预见，领袖之所以拥有权威是因为其高度的远见性。其衍生形态包括上级对下级的权威；教师对学生的权威；学者和技术人员对于普通民众的权威；先知、预言家的权威等。领袖对团伙的权威的理论基础是亚里士多德的理论，一个人对另一个人的指导或者引导建立在其洞察力以及目光比另一方更为深远的基础上，由此，另一方才愿意接受其指导。这种洞察力和眼光可以是知识、预见力等。在历史上存在神、先知和圣贤对民众的权威。

法官的权威。这种权威形象是法官，法官权威的对应范畴是公平和正义。法官的权威源自自身的公正，其衍生形态包括仲裁者、监督者、听忏悔的神父、公正而诚实的人所具有的权威。柏拉图的哲学理论为法官的权威提供了论据，柏拉图只承认一种公正的权威，而其他权威都是偶然的、短暂的，若不建立在公正的基础上，那么就没有任何东西是根基牢固的。所以，公正所建立起的权威可能会抵消甚至毁损其他权威的形式。法官的权威并不提供计划也不会预知任何东西，他仅仅是裁决现存的事务，其权威的独特之处在于其裁决的公正性。

而其他所有的权威都由这四种权威类型复合而成，以军官的权威为例，其权威就是一种混合类型。从其对士兵的权威来说，军官对士兵发号施令是以领袖对团伙的权威为基础的，因为军官在知识与预见性上比士兵更为卓越，军官还可以裁断士兵之间的争议从而享有法官的权威。不仅如此，军官因为其年长、饱经风霜而对士兵享有父亲的权威。科耶夫还以父亲、领袖、主人和法官的权威为基本类型组合形成64种权威类型。① 科耶

---

① 参见〔法〕亚历山大·科耶夫《权威的概念》，姜志辉译，译林出版社，2011，第26～27页。

夫还根据权威和时间的关系，将权威与现在、过去、未来和永恒对应起来。

（四）权威对权力的监督

权威的本质是人的现象，也就是说权威的形成是一种社会和历史现象。而实际上在国家当中秩序的形成与运作，就其形态来说存在四种可能。第一种是国家秩序只凭借权威的情形。就上文所述，政治秩序必然包含权力的要素，秩序之下不可能让每个人都自觉和主动地服从统治，没有抗议者的社会自然也就是自由最少的社会。仅凭借权威而形成的统治关系通常是不健康的政治关系，从历史和现实上看，以先知、圣人自居的统治者其国家都是不长久的。第二种情形是仅凭借权力来治理。实际上，仅凭借权力而无人发自内心认同的秩序并不能将社会成员团结于国家的精神感召之下。仅凭暴力不足以形成优良的秩序，历史上那些存在暴政而无视社会公平正义的国家并未存在多久。仅仅以强者的权力为统治根基的政权最终也会因为强力之间的冲突而毁灭。第三种类型是权力与权威结合的情形。如果在现实政治领域中，权力与权威完全结合，那么权威者不仅可以让其对象自觉服从，而且垄断知识与神圣性。权威与权力高度一致的情形在神权国家才会出现。上帝毫无疑问是权力与权威结合在一起的最好体现。任何人都是凡夫俗子，如果以上帝的智慧或者以哲学王自居的人来统治世界，那么就可以不需要政府了，而且这样的政府也不可能有任何限制。对于人性的现实性来说，这种政体是不适合的。

1. 元首的权威

在现代宪法中，以人格承担秩序权威的是国家元首。现代国家当中，元首有各种各样的形式，如君主立宪制中的君主，总统制国家中的总统。国家元首以其个人人格担负着秩序中的价值寄托、国家象征以及中立性的协调者等多种角色。现代国家元首与古典时代的国家元首的重大差别在于，古典时代的国家元首不仅享有至高无上的权威，而且直接就控制着权力。在进入现代民主国家之前，王权时代的国家权力结构对主权与治权不予区分，从而君主既是国家秩序的象征，同时也直接执掌政府，此时元首的权威与权力是合并一致的。但是，进入现代之后，现代宪法奉行的是人民主权原则，其人格性的权威要素被国家元首与政府的实质性权力分离，尤其是贡斯当所论证的中立性权力，最终为君主立宪制与现代元首制奠定了理论基础。

若论及元首制之雏形，一般会追溯到古罗马时期的奥古斯都创立的元首制，元首原意为第一公民（Princeps Civitatis）。奥古斯都作为国家元首与元老院共享古罗马的统治权，也有人认为，这种元首制实质是披着共和外衣的君主制。元首的正式权力包括被视为最高权力的保民官权力，同时拥有最高军事统帅权以及宗教事务上的道德威望。① 而元首要发挥其作用就应该和元老院一起赞同或谴责以增加其权威。从元首制发展的过程来看，元首作为公民团体的受托人其具有法理型权威，同时元首不断地集权又使其具有君主特征。这种矛盾后来通过神化的方式赋予了元首以宗教性的权威。赋予元首以"大祭司"的头衔从而使得元首体现出"父亲的权威"，元首作为"祖国之父"吸收了家族性的"父权"。综述古罗马元首制的发展历程可以看到一个从法理型权威到传统型权威与超凡魅力型权威的转型过程，其人格性特征逐渐凸显而其法理型的制度化特征被削弱。现代意义上将元首的权威作为建构性的力量以调和权力之间的斗争关系的是贡斯当。贡斯当认为，行政、立法和司法之间无法相互合作而发生冲突时，就需要一种中立性权力来使各自恢复到秩序状态而不引起敌意，这种力量就是元首的权威。他说："立宪君主制在国家元首身上建立起了这种中立的权力。国家元首所真正关心的不是让这三种权能的任何一种推翻其他两种，而是让它们互相支持，互相理解，协调行动。"② 重新梳理君主的权威性要素可以抑制现代分权制内部之间的权力斗争失衡状态，而在权力的结构上，无论是立法权、司法权还是行政权都是能动的权力，其在位阶上都低于君主的中立性权力，这种权力的本质实际上是一种基于人格的权威。而中立性的君主是不能占据其他权力的位置的，其作用在于预防。以此来反观，在白芝浩论及的英国宪法中，他区分了宪法中的"尊严部分"以及常规机构的"效率部分"，尊严部分赋予政治以力量，而效率部分则

---

① 〔俄〕科瓦略夫：《古代罗马史》，王以铸译，上海书店出版社，2007，第662页。
② 〔法〕邦雅曼·贡斯当：《古代人的自由与现代人的自由——贡斯当政治论文选》，阎克文、刘满贵译，上海人民出版社，2003，第90页。

使用了这种力量。^① 现代国家的元首以个人人格权威为政治秩序象征，一方面在关键时刻对于维护政治秩序的稳定和安宁具有重大意义，另一方面则对于政治结构中的其他权力具有抑制作用，从而实现权力的谦卑和自我克制。在各国的政治实践上，元首制的存在消除了争夺最高权力的野心和冲动，同时其塑造的威望高于一般性的权力，在政体构造上可以让其他权力自觉和主动地服从。

2. 法官的权威

根据科耶夫对权威类型的论述，法官的权威就其本质来说是一种基于公平和正义原则所确立的权威。法官的权威是一种纯粹的权威类型，柏拉图论证了这种权威的哲学基础。他认为，一切权威都是建立在公平之上的。所以科耶夫认为，诸如仲裁者、监督者、公正而诚实的人就容易形成这种权威，而现代政治体系通常赋予法官以独特的宪法地位，法官及其司法权构成政治权力中关键性的一部分，尤其是当对司法权寄予厚望以求让其成为宪法的守护者的时候，法官的权威达到了权力秩序的巅峰。这种法官的独特权威让托克维尔认为，联邦最高法院的大法官们已经成为某种类似于祭司的团体，由于脱离人民而只遵循宪法，他们就像"埃及的祭司一样，只充当玄妙科学的解释者"。^② 在美国宪法史上，非民选的司法机构为何可以撤销由多数选民选举产生的立法机构制定的法律，这一问题被称为司法审查的"反多数难题"（the counter-majoritarian difficulty）。宪法理论必须回答：非民选的法官否决多数人制定的法律的正当性何在的问题。法院拥有宪法解释权，但其权威从何而来？为何法院拥有比民选的国会更大的权威？事实上，美国宪法并未规定法院拥有违宪审查权，这项重要的权力，是建院之初的首席大法官约翰·马歇尔通过"马伯里诉麦迪逊案"这个经典的宪法判例为法院争取到的。

"反多数难题"的本质其实就是要解决司法权自身的权威问题，换言之法官为何在非民选的情况下拥有权威，而且其判决被强势部门国会以及总统所承认。简洁明快地答复是，"历来如此"。也就是这种权威是历史累

---

① 〔英〕沃尔特·白芝浩：《英国宪法》，夏彦才译，商务印书馆，2005，第 57 页。
② 〔法〕托克维尔：《论美国的民主》（上卷），董果良译，商务印书馆，1988，第 344～345 页。

积而成，是通过法官不懈地努力，以及通过其在判决书中写就的真知灼见以及审慎的智慧而取得的。因此，美国杰克逊大法官说过，法官不是因为没有错误而成为终极权威，而是因为终极权威而没有错误。在宪法体制中，司法权之所以可以与实力部门相抗衡，不在于其现实掌握的力量，而在于其权威。汉密尔顿也意识到了这一点，故而其说："可以正确断言：司法部门既无强制又无意志，而只有判断；而且为实施其判断亦需要行政部门的力量。"[1] 而实际上，从司法权的原始形态来看，其实司法权本身并无权力实质，甚至孟德斯鸠也在《论法的精神》中谈及司法权的时候说："在上述三权中，司法权在某种意义上可以说是不存在的。"[2] 就司法权的本质而言，它其实是从法律的"执行权"中分离出来的一种裁判权，所以这种司法权本身不具备自己的政治存在，其权威依赖于法官的权威，对于独立的法官来说他仅凭自身的智慧以及法律来进行判断。当然之所以后来司法被寄予厚望而演化为掌握违宪审查权，就在于人类对政治权力的防范，它以法官的权威来遏制政治权力的滥用。法官的权威是司法裁决得以为人所接受的基础，根据权威来源，我们又可以将这种权威区分为"传统依赖型法官权威"以及"理性独立型法官权威"，前者依赖的主要是历史传统和积累，而后者则基于法官身份行使司法权获得人民的信任而形成。实际上，在现代法治国家，二者都是法官权威的重要来源，当其判断某事是否公平公正之时，其他政治权力也会对法官的权威保持谦逊和服从。这种服从就不是一种基于力量的强制，而是基于权威的自愿服从。

3. 人民的权威

现代宪法奉行人民主权原则，人民不仅被认为是所有权力的来源，而且也是至高无上的权威，这种权威实际上将共同的民族精神作为秩序的源头。然而，问题在于人民作为整体不可能成为政治制度的一个机关，否则政府就没有存在的必要了。正是因为人民作为整体缺乏行动能力，才创设政府来作为主权者人民和法律服从者人民的中介，从而建构统治和被统治的关系。谈人民的权威其本质就是弘扬人民作为主权者的地位。然而，从

---

[1] 〔美〕汉密尔顿、杰伊、麦迪逊：《联邦党人文集》，程逢如等译，商务印书馆，1980，第391页。

[2] 〔法〕孟德斯鸠：《论法的精神》（上册），张雁深译，商务印书馆，1961，第160页。

实际的政治制度来说，人民缺乏必要的人格形象，尤其是在宪法政治的条件下，人民不仅不可能直接出场展示其权威，而且人民还以无定型的形态存在而无法识别其正直的意志。

对现代政治而言，在何处去寻找人民才是其根本问题。在《社会契约论》中，为了保持政治体的生命，卢梭诉诸的是人民的直接出场，并且以例常化的方式来弘扬主权者人民的权威以抑制政治权力篡夺主权者权力的可能。然而，卢梭的政治社会的基础毕竟是小国寡民，现代社会庞大而无法阻止，通常通过代议制的方式来代表人民。不过，人民并未因此从政治叙事中消失，它频繁显现于政治修辞以及宪法故事之中。不过，从日常政治的角度而言，人民依然让人捉摸不透，因此更多的是政治权力以人民的名义来谋求私利，而非以人民的利益为其权力行使的依据。若始终将人民的权威作为政治权力服从的对象，则权力自然保持自身的谦逊与服从。现实中，人民是不可能实际聚集而表达共同意志的，但是现代政治并未因此就放弃寻找人民的努力。至少它有以下几种表现：无定型的人民，作为主权者的人民，作为代议制民主制代表的人民以及作为日常政治中公民的人民。这四种人民的形象一再提醒权力行使者：权力最终归属于人民，尽管人民不以具体的政治实在来行使权力，但它并未在制定宪法之后就此消失，敬畏人民才是权力保持谦逊的道德根据。

二　政治忠诚

前面论及腐败是权力行使者违背权力托付者的信任而滥用权力的行为，权力的委托者为了防止权力的受托者不违背信任故而设立相应的机制来监督权力行使者不滥用权力，监督构成了对权力行使者的一种从上至下的限制关系。这种监督关系是一种强制被监督者服从的关系，另外权力所有者还可以通过树立自身权威的方式让权力受托者自愿地服从权力委托者。除了从权力与权威的角度来思考权力的限制之外，还有一种思路就是从权力受托者自身的政治忠诚的角度来思考权力行使过程。如果说从权力与权威角度思考权力限制还是一种具体的制度设计思路的话，那么从政治忠诚的角度来思考权力受托者的权力行使就是从政治伦理角度探讨其权力行使的自我约束。

忠诚观念是一种不具有普遍性的道德主张，现代道德哲学无论是义务论还是后果论都要求伦理原则具备普遍性，即无差别地可以适用于可能存在的各种情况。但是，作为一种人类社会中的独特道德观念，忠诚并不具备对任何对象的普遍性，因为忠诚自身就要求一种排他性的道德实践。然而，从反腐败的角度观察忠诚观念，其要求的是权力行使者对权力委托者的忠诚，而权力委托者的身份决定了权力行使者的忠诚对象。以爱国主义为例，民众忠诚的对象势必是作为整体的国家，由此排除了对其他国家的忠诚。这种排他性的道德观念，使权力行使者不会背弃其理想、信念和原则，从而自我约束实现政治廉洁。从忠诚的角度思考反腐败问题，首先，要探讨的是忠诚观念的起源与构造，忠诚观念与一般的道德观念的差别决定了忠诚在现代社会中对塑造廉洁意识的限度；其次，在中国古代儒家传统中，忠与孝的观念密不可分，这意味着作为家庭伦理的孝观念和作为政治伦理的忠观念存在实质性的转换关系。从现代政治理论角度而言，家伦理依然是社会伦理得以培养和发育的基础，由此探讨古典时代的忠孝观念对现代政治权力的自我约束来说并非没有意义；再次，现代政治与古典政治在忠诚问题上的最大差别是，古典政治的忠诚对象乃是作为主权者的君主，他具有特定的人格，但是现代政治的主权者乃是人民，从而忠诚的对象是作为共同体的国家与人民，在探讨现代政治忠诚原则的时候，必然会触及"为人民服务"的道德原则，这一原则也塑造了现代官僚制的责任伦理；最后，从政治忠诚的观念出发落脚到现代政治的责任伦理是摆脱现代道德普遍主义指责的有效方法。

（一）忠诚观念的起源与结构

在古典时代，忠诚是一种美德，对城邦的忠诚、对国家的效忠是公民个体的德性。古希腊时期，城邦政治是公民生活的中心，效忠城邦，履行作为公民的职责是被高度赞扬的。以苏格拉底为例，他忠于城邦以及城邦的法律，为此当遭到指控说他亵渎神灵和毒害青年时，他拒绝离开城邦而甘愿赴死，这是他对城邦法律的忠诚。城邦如同人一样，有其内在的统一性，可以要求公民对其效忠，否则城邦将如同一盘散沙，在面对危机之时毫无抵抗力。因此，亚里士多德认为，"凡是想担任一个城邦中最高职务和执掌最高权力的人，必须具备三个条件，效忠现行政体就是最重要的条件之一"。① 如果说古希腊的忠诚表现出的是对城邦政体及其法律的效忠，那么中世纪的忠诚观念就是肉体服从灵魂，而灵魂忠于上帝。在尘世中，这种忠诚就是忠于教会，故而忠诚观念往往在世俗的君主与教会之间发生冲突。直到主权观念兴起，教会神权被相对化之后，忠诚观念开始集中在君权神授的君主人格上。真正现代意义上的忠诚于国家的观念诞生于近代政治哲学之后，其主要思想是通过契约论的方式将政治权力的来源从公民的自由和权利中推导出来，从而忠诚的对象是政府以及政府背后的人民和国家。

中国古代也认为忠诚是一种美德，孔子常谈"忠恕"，《论语·里仁》谈及弟子对孔子的教化的理解时说："夫子之道，忠恕而已矣"。而《中庸》有云："忠恕违道不远。"根据朱熹对忠的解释，他认为所谓忠，就是"尽己之谓忠"。②《左传》中也谈及忠的观念，"无私，忠也"。所以忠诚观念在古代中国意味着，尽心竭力，绝无二心。不过，中国古代的忠诚观念主要表现为君臣之间相互依赖的道德关系，故《论语·八佾》中云："君使臣以礼，臣事君以忠。"但是，对君主的忠诚观念也要受到道义的约束，即"以道事君，不可则止"。也就是说在保持对君主的忠诚的同时，还有道义原则作为约束忠诚的更高标准，若君主无道则臣可以不按照君主的要求采取行动，作为儒家系统中君子修养的一部分，儒家并不鼓励愚忠及毫无道德反思能力的忠诚。但无论如何，忠诚总是以特定的政治层级性为基础的，从而构成建构政治秩序的基石。而忠孝之间的相互转换关系进一步强化了忠诚观念的伦理意义。

尽管古典时代的忠诚作为德性备受推崇，但是其作为道德品质并不意味着可以无差别地运用于所有对象，故而常常被普遍主义的伦理主张所指责。现代道德哲学的基础并不是首先建立区别，再在区别中建立起联系，而是首先以普遍原则为前提来探讨伦理原则的可适用性。因此，以现代道

---

① 〔古希腊〕亚里士多德：《政治学》，吴寿彭译，商务印书馆，1996，第 271 页。
② （南宋）朱熹撰《四书章句集注》，中华书局，2011，第 71 页。

德哲学建立的自我是一种普遍自我（universal self），而忠诚作为德性其基础是历史自我（historical self）。[①] 反思忠诚观念的道德内涵要回到忠诚的观念结构之中。其实，忠诚总是对特定对象的忠诚，不可能同时对所有对象都保持忠诚。另外，忠诚对象之间还存在层级关系，因为对国家的忠诚可能与对特定团体的忠诚发生冲突。故而，忠诚表达的是一个人与其忠诚对象之间具有的排他性的关系。

对忠诚关系的道德刻画是某个主体对另一个主体具有排他性的关系，当存在其他竞争者时，忠诚者和忠诚对象也是具有唯一性的。忠诚关系的建立并不依赖于任何普遍性的特征，而是将对象置于自我的唯一性关系之中，只有将忠诚的对象设想为自己的时候才是与自身无法分割的。我们可以将忠诚从特定主体之间的关系向特定团体进行推广，诸如家庭、社群和国家，也就是当某个主体属于特定团体的时候，也应对其保持忠诚，而且这些团体之间是彼此包含的，国家包含社群，社群包含家庭。从忠诚的关系来看，当其忠于某个特定的家庭且又存在其他潜在竞争性的家庭的时候，其依然保持对某个家庭的忠诚，而当涉及社群与家庭的竞争关系时，其会以社会利益为重而适当地让家庭利益退居次席。由此，我们可以认为忠诚的概念具备的特征应当包含这几个方面：其一，忠诚者与忠诚对象是唯一性的关系，这种关系是通过将对象置于主体的自我关系中而得以建构的；其二，忠诚关系表现为在同等级的团体中对其中某一特定团体利益的忠诚，从而使得其他团体对忠诚主体来说没有竞争力；其三，忠诚关系其实存在层级之别，故在忠诚的概念上存在家国之别，当家国利益无法两全时，则对国家的忠诚会战胜对家庭的忠诚。

（二）古典政治的移孝作忠

从思维方式上看，古代中国政治秩序思考的一个重要特征就是以家来思国，国是家的放大，而家是小的国。而在伦理价值上，家国之间共享了诸多相同的价值和理念。故而黑格尔在历史哲学中评价中国时认为，中国亘古不变的宪法精神就是"家庭精神"，而国家的特性就是客观的"家庭

---

① 邹蕾：《论孝的原则与政治忠诚》，载陈明、朱汉民主编《原道》第24辑，东方出版社，2014，第136~137页。

孝敬","中国人将自己看作是属于他们的家庭成员的，而同时又是国家的儿女"。① 所以在中国古代传统中，孝与忠之间存在同构性。但是考诸历史，忠孝之间的相互关系开始是由宗法社会自然生成的，忠孝难以区分，故而可以认定为忠孝一体，但是随着宗法社会解体，进入大规模的国家管理阶段后，孝的观念逐渐被形而上学化，构成忠君爱国的道德基础，这一观念被正统儒家思想所推崇，成为塑造君子人格的重要道德原则。

1. 忠孝一体

孝对于中国国家建构的重要性再怎么强调也不为过，实际上，西方的语言中，甚至没有"孝"这个字，西方人所敬畏者为超验之上帝，而中国人尊崇者乃连接天地之祖先。故而在古代文献中，"孝"这个字在甲骨文中所表现的就是老为上，子为下，子能承其亲，又可俯身以侍奉长辈。在政治上，孝与忠建立的关联是宗法社会自然形成的伦理状态。在远古时代，由于生产力低下，对群体的管理和控制无法通过技术手段来实现，故而诉诸家庭和血缘关系，这种关系最为直接，所以以强大的家庭结构构成政治扩张的基础，依赖家庭内部的忠诚与团结自觉地服从家长指挥，奉献自身，因此对家庭的孝与政治上的忠并无本质的区别。宗法制的社会结构使孝包含了忠的内涵。家国并无本质的区分，其区别只不过是规模不同而已，因此有人认为，"国是家的放大，血缘关系成为整个社会关系的模本。父子关系就是君臣关系的原型，君王既是全国的严父，又是天下的家长，而父亲则在家族中'君临一切'"。② 因此，强调孝的原则就意味着强调最高的政治原则，它是家族和政治集团凝聚力的根据，由此国家制度设置与个人行为规范都围绕孝的原则展开。

孝作为政治原则还得到三个其他的好处：其一，联姻导致的宗法关系的扩大，适用于政治集团的扩张和亲缘间的连接；其二，因为以孝的原则为认同的基础，从而组织内部的凝聚力大大强化；其三，孝的原则适用于构造一个从中心到边缘的等级秩序。从古代宗法制发展出来的秩序来看，五服的内外关系无非是亲疏关系的扩大与地域投射，为了构造内外之间的

---

① 〔德〕黑格尔：《历史哲学》，王造时译，上海书店出版社，2006，第113~114页。

② 樊浩：《伦理政治：中国特色的文化原理与文化机制》，《人文杂志》1992年第6期，第58页。

等级秩序，故有大宗和小宗之分。然而，这种以家庭为秩序建构原则的宗法制在面对广土众民的统治现实时就必然作出相应的妥协，由于时间的推演，血缘关系淹没断绝，政治忠诚也会丧失。故而，古代社会诉诸另一个原则即将孝的原则向忠的原则转化。

2. 移孝作忠

移孝作忠的观念一方面是宗法制无法维系大规模社会统治需要而自然崩解的产物，另一方面也作为一种稳定的道德原则成为秩序得以生存的价值资源。忠孝关系从统一到解体，是宗法制所依赖的血缘关系逐渐疏离的结果，家天下的观念无法约束那些远离家庭实际生活的诸侯国的权力冲动。故而，在春秋向战国过渡时期出现"礼坏乐崩"，天下大乱的局面。君臣关系崩坏，故孟子在评价孔子作《春秋》时有感而发，"世衰道微，邪说暴行有作，臣弑君者有之，子弑父者有之，孔子惧，作《春秋》"。①故而，臣弑君主是为不忠，而子弑父是为不孝。对孔子来说，政治秩序败坏的根源是道德的败坏，而道德败坏的根源是人伦关系败坏，故而儒家将忠孝的伦理原则作为政治秩序得以成立的基础，要以家庭伦理之孝来塑造对政治秩序的忠诚，由此复兴礼乐文明。

关于移孝作忠观念的哲学探讨出自《孝经》，它将家庭中的孝观念向政治领域推广，对家父之孝对应于君父之忠。而能对父母孝敬者必然对君主尽其忠。《孝经·广扬名章》云："君子之事亲孝，故忠可移于君。事兄悌，故顺可移于长。居家理，故治可移于官。是以行成于内，而名立于后世矣。"若探讨忠孝关系的转移，就其本质来说，其实是一种情感的类推关系，而从结构上是以家来设想国家秩序的。尽管后世宗法社会的基本血缘关系不复存在，但是宗法的家庭现象却仍然在政治治理中起到重要作用，而且通过制度设计将孝的道德标准作为选拔官员人才的原则，从而形成价值认同以及制度规范。故古代社会，以忠臣孝子为人格理想且有君父之说。这种治理思路实际上是将政治关系予以家庭伦理化。这种忠诚伦理在社会秩序上发挥了巨大的作用，第一，它是保证政治统一性的原则，对君主的忠诚是维持其秩序的根本，以君父观塑造了共同的秩序；第二，忠

---

① （南宋）朱熹撰《四书章句集注》，中华书局，2011，第253页。

孝观念作为儒家的占据统治地位的意识形态，成为社会的基本道德操守和共识；第三，它构成了社会的心理结构和行为模式的一致性，从而便于君王统治。但是，需要注意的，尽管忠孝观念有其内在的一致性和结构上的想象空间，但是在面对具体决定时可能发生冲突，家庭利益与国家利益并不总是一致的。

3. 忠孝两难全

尽管通过移孝作忠的情感类推可以将孝的原则作为政治秩序的道德基础，但是毕竟孝的对象和忠的对象存在层次上的差别从而导致忠孝之间的紧张关系，即面对特定的状态时出现忠孝难以两全的局面。忠孝之所以难以两全在于忠与孝的对象在利益上的冲突，以家与国为例，二者的利益在特定条件下是相互冲突的，而作为主体不得不作出痛苦的选择，从而导致难以两全的局面。对于这种局面，政府官员在处理二者时尤其为难。原因在于行使权力者具有多重的利益纠葛，他们既是家庭的成员，同时也是国家的官员。故而解决二者利益冲突时必然要牺牲其中一方的利益。根据前面的探讨，忠诚观念在同层级的利益是排他性的，但是在不同层级的对象上就呈现出差异性，以政治忠诚观念来分析忠孝两全的问题，可以发现，忠孝两全并非一直需要予以坚持的道德原则，而是需要以忠诚观念在特定条件下作出价值抉择。若以忠诚观念来观察，行使权力者应以对其受托者的利益为指导来行使权力，而非以家庭利益为宗旨。

（三）现代政治中的"为人民服务"

现代政治与古典政治的根本区别在于政治秩序得以建立的基础根本不同，如果说古典政治的基石与神秘主义或宗教意识相关，那么现代政治的基本原则就是理性。理性是人类规划未来生活的指导，现代性与古典时代的非理性划清了界限。以理性为根据，政治秩序的正当性前提只有人民主权原则，也即政治秩序只能建立在人民的自我统治的基础上，也就是废除了统治者和被统治者的身份关系，而确立了人民既作为统治者也作为被统治者的政治范式。换言之，统治者消失了，而统治关系长在。这一重大改变导致人们在忠诚对象的选择上出现了难题，如果说古代以君主或者王朝为统治者，可以轻易地对统治对象予以确定，但是对于现代政治而言，其忠诚的对象就是人民。而人民的复杂之处就在于，人民是无定型的，它不是一个确定无疑的对象，往往需要通过某些理念或具象化的方式来予以塑造。

1. 人民公仆

既然人民是主权者，因此古典时代的官僚也随之发生了身份转化，其不再是官员而是人民的公仆。在以人民主权为原则的现代政治中，官民矛盾是需要予以认真对待的关键性主题，若不妥善处理则可能导致严重的社会问题。妥善解决这一问题首先就是要确立官员在政治社会中的身份。按照人民主权理论，现代政府只是人民实施自我统治的中介，它是沟通作为主权者的人民与作为法律服从者的人民之间的桥梁，由此，政治社会的意志可以区分为：主权者人民的公意、政府的团体意志以及个体公民的私意。政治社会的稳定和秩序就依赖于这三种意志取得平衡，卢梭提炼出连比例公式以解释政治社会中的权力平衡原理：主权者：政府＝政府：人民。对官员来说，其服务于作为主权者的人民，而对于法律服从者的人民来说，其又将主权者的权力用之于人民，由此产生一种其他的身份构成。对于政府的某个官员来说，集于其一身的是三种不同的意志，即作为主权者人民的公意、政府的团体意志以及个体公民的私意。这三种意志在公权力的行使过程中，往往会发生冲突，其中当团体意志超越主权者的意志的时候，就是侵夺了主权权力，这种情况就是政府背叛主权者，甚至是篡权，而官员的私人意志超越政府的意志，那就是官员在滥用权力。

探究官员如何保持政治忠诚，其实就是始终确定官员自身的身份。在现代意义上，谈及官员的身份，往往会说他是人民的公仆。所谓公仆是与私仆相区分的，私仆服务于特定的个人，君主时代，官员往往是君主的私仆。如汉代官制，往往从君主之家庭私仆制发展而来。而现代政治，人民作为国家的主人，官员服从人民的公共利益，故而是公仆，公仆这一说法反映了其相对于人民的从属地位。而作为公仆的官员就需要对人民保持忠诚，从其忠诚的状态来说应该具备三个基本要求，即自主性、层次性和服从性。

所谓自主性是指官员本身具有自身的判断，作为同时具有主权者成员意志、官僚的团体意志和个人的私人意志的官员，他的任何行为都需要处理三者之间的关系，而对何者更为重要的判断一定是一个自我判断。现代官僚制试图将官员转变为国家行政的工具，毫无个人意志，完全沦为国家机器的一个无人性和灵魂的零件。但是，从公仆的角度来看，官员需要有自身的意志，超越工具理性而作出自主性的判断。从自主性的角度观察官员的行为，官员的行动范围不应该仅仅被理解为合法授权的自由领域，而是也应该服从公共服务以及公权力行使的道德目标。而且要赋予官员一定的行动空间，他不是被密不透风的网络所彻底限制，而要认识到自己的角色，并排除个人私利的干扰以及程式化的思维，发挥主动性。而所谓层次性指的是官员忠诚的对象是多层次和多样化的，除前面论及的三种意志的冲突之外，官员还置身于复杂的组织结构当中，他既需要对上级忠诚，同时也需要对上级的上级忠诚，而且其他组织也可能参与其权力行使过程，因此，在处理这些复杂多样的层级性关系的时候，上级官员的命令与上级组织的命令往往并非一致，在忠诚的对象之利益存在潜在的竞争关系状态时，官员个人的忠诚对象的选择就尤为重要，因为这可能影响到个人的升迁和命运。故而，当各种利益相互纠缠时，就应当确立最高的原则，即以宪法和人民的利益为行动原则，敢于与违背人民利益的行为做斗争。最后是服从性，现代官僚制度之所以可以顺利运转，就在于它设计了一套高效的命令—服从体系，科层制度与标准化流程无不是服从关系的具体体现。但是，既然官员是具有自主性的个人，那么他的服从绝非不问是非、不辨善恶地盲目服从，盲目地服从将导致人身依附关系，从而丧失自主性的判断，沦为附庸。因此，在官僚组织结构中，服从是必要的，但是服从并不是没有条件的。官员的人民公仆意识在某种意义上就是为了强调官员自身的独特身份，他是人民利益的勤务员，而非特定上级的随从。

2. 宪法宣誓

现代国家为了保证公职人员对国家的忠诚，还运用宣誓的方式使其保持对主权者的忠诚，通过神圣的宣誓仪式，公职人员被置于谦卑、虔诚的氛围之中，从而实现权力的自我约束。宪法宣誓是保证政治忠诚的重要手段。宣誓是一种神圣的仪式，人们以语言宣誓并作出承诺，承诺会对宣誓者的良知和道德感起到积极作用。[①] 换言之，宪法宣誓是通过诉诸对宣誓

---

① 关于宪法宣誓的意义以及如何让权力保持谦卑，参见陈端洪《权力的圣礼：宪法宣誓的意义》，《中外法学》2018 年第 6 期。

者主观的心理作用来达成客观的忠诚效果的一种机制。宣誓本身是对其宣誓对象的肯定、推崇和承诺，而宣誓主体要从内心真诚效忠和服从。

所谓宪法宣誓是特定的主体在法定的条件下对宪法表达忠诚的一种言语行为。在宪法宣誓的特定结构中，相关主体忠诚的对象是宪法，而表达忠诚的主体是官员，通过官员的言语行为构建了二者之间的相互关系。因此，在宪法宣誓过程中，会有监誓者以及宣誓者的誓言。以美国为例，在美国总统就职的时候，一般由联邦最高法院的大法官监誓，而总统在民众的见证下，发表宪法已经规定好了的总统誓言。即便是君主制国家，君主在加冕仪式中也要以宣誓以及以上帝的名义宣布自身会公正地履行职责。除了政治官员的宣誓，有些国家对于公民的入籍也会举行相应的宣誓仪式，以表达对国家的效忠。我国作为社会主义国家为了保证公职人员对国家的忠诚也作出相应的决定，实施宪法宣誓制度。进行宪法宣誓的根本原因在于现代国家忠诚对象的转变，古典时代对君主的忠诚在宣誓过程中通常是对君主宣誓，君主的官僚与骑士要向君主效忠，而现代国家因为国家的主权者是人民，人民虽然并不出场，但是通过制定宪法的方式将人民的利益和意志予以法定化，由此，举行宪法宣誓实际上是人民主权国家下的官员对人民表达效忠，效忠宪法和效忠人民其实是一回事。

从官员对宪法的忠诚来说，具有两个方面的意涵：一是作为道德情感的忠诚；二是作为客观行为的忠诚。从行为上，宣誓可以理解为一种承诺或者契约，这种契约应当得到宣誓者的遵守，在君主时代加冕仪式本身也被理解为君主获得权力从而要履行其君主义务的契约，因为契约是否履行无法被第三方所监督，故而宣誓者自身需要以公开的形式予以展示，从而接受历史和民众的监督。而从道德上，宣誓行为本身需要诉诸宣誓者的道德良知来实现其自我约束，它具有教化和宣示作用，宣誓仪式的庄重与神圣会激发宣誓者的道德激情来履行职责，忠诚于宪法。因此，各国在现代多采取宪法宣誓制度，这既有利于强化宪法的权威，也会激励官员忠诚地履行职责，同时作为一种教育方式也可以让公民产生崇高感和规则意识。

（四）政治忠诚与责任伦理

从官员或者官僚体系来说，其忠诚的对象是有层次性的，既包括对主权者人民的忠诚，也包括对上级的忠诚，也是对特定组织的忠诚，从而忠诚与官员的道德认知具有密切的关联。只对上级忠诚而不对集体忠诚的官员，这种忠诚只不过是个人依附关系而已，在古代叫作愚忠，在现代叫作派系勾结。因此探究政治忠诚的内涵以及实践不能停留在某一个层次上，而要对官员行为的全部环境进行考察，同时还应该强调官僚体系中的官员个体绝非一个没有自主判断能力的机器中的零件，而是要诉诸官员自身的责任伦理。官员的责任伦理，首先表现为官员自身道德和良知的自主性；其次，表现在对忠诚对象的判断力上，在忠诚的诸多层次发生冲突时，可以作出符合公共利益的判断；最后，责任伦理还要求对自身的行为负责。

第一，尽管官僚体系庞大而复杂，各种关系和团体利益相互纠缠，个体在这种复杂的社会协作体系中几乎丧失个性、自主性和特征，但是，若所有的行为都按照固定的程序和规范来运行，则自然没有任何自主性可言。实际上，官员的行为并非机械地执行相关事务，官员依然可以按照良心来采取行动。或者以忠诚观之，尽管官员要忠诚于上级和组织以及至高无上的宪法和人民，但是个体首先要忠诚于自身的良知。因为无论来自何处的命令总得经过自由个体的自主判断才可以执行。不经反思地盲目接受所有的命令并对此表示忠诚和服从的官员并不是真正忠诚的官员，他可能是平庸之恶（banality of evil）的一种表征。这种糟糕的现象绝非良心本身的根本恶导致的，而是对任何命令的不加反思。阿伦特对平庸之恶有着深刻的阐述，这种恶是因为毫无主见而导致的对他人以及社会造成的伤害，他并非由主观上的恶的意图造成，而是个人无自主判断能力导致的罪恶。这种罪恶尤其对于官员来说更容易发生，"这种不思考所导致的灾难，比人类与生俱来的所有罪恶本能加在一起还要可怕"。[①] 平庸之恶潜藏于群体之中，无思想和个性，而且难以根除。因此，对于政治忠诚来说并非相关主体无条件地服从，而是要让其建立于自身反思的基础上。

第二，在复杂的权力行使的环境中，忠诚的对象具有层次性的特征，它绝非单一对象，而需要权力行使者对各种关系予以详细的考察与比较。若以权力的根源来说，只有一种对象是需要绝对服从的，那就是作为所有

---

① 〔美〕汉娜·阿伦特：《艾希曼在耶路撒冷：一份关于平庸的恶的报告》，安尼译，译林出版社，2017，第287~288页。

权力来源的主权者，但是对于其上级来说，他也需要对其表示服从，因为这种忠诚也是必要的，否则政令就无法得到执行，官僚体系就无法正常运转。问题在于如何认定何为民众的利益、何为官僚体系的团体利益，以及当二者发生冲突时该如何处理。在现代国家中，探讨这一问题的核心观念就是公共利益，遗憾的是公共利益如同幸福一样都是不确定的概念。现代国家的公共利益的概念经过非常复杂的演化过程，而且在宪法意义上，公共利益一方面明确了公共权力行使的界限，另一方面它还以特定的价值为依据。从实践中看，探讨任何一种公共利益都是困难的，最后不得不交由特定的法律程序来定夺，但是从具体行使权力的过程来看，现代国家的公共利益的价值基础可以溯源至人民的根本利益，而人民的根本利益无非就是人的尊严。因此，从这一个意义上看，对人民的忠诚无非是对人的尊严，或者对人是目的而非手段的尊重。在行使权力的过程中，若无法确定何为公共利益的具体内容，则可将"人是目的"作为其判断依据，按照康德的道德哲学主张，这种道德命令本质上是无条件的命令，即定言命令。① 它无视人在特征上和级别上的差异，而将平等的人作为其权力运行的界限。

第三，谈及官员的忠诚则必然触及职责，也就是它必然是一个职业伦理的范畴。关于责任伦理与信念伦理的区分出自德国思想家马克斯·韦伯，他以这两种伦理取向来区分社会行为，"如果由纯洁的信念所引起的行为，导致罪恶的后果，那么，这个行动者看来，罪责并不在他，而在于这个世界，在于人们的愚蠢……然而，信奉责任伦理的人，就会考虑到人们身上习见的缺点，就像费希特正确说过的那样，他没有丝毫权利假定他们是善良和完美的，他不会以为自己所处的位置，使他可以让别人来承担他本人的行为后果——如果他已经预见到这一后果的话。他会说：这些后果归因于我的行为"。② 因此，从政治忠诚的角度看，官员并非只关乎内心的良善与否，还要为具体的行为承担实质的后果。政治忠诚一方面确实诉

---

① 〔德〕伊曼努尔·康德：《道德形而上学原理》，苗力田译，上海人民出版社，2005，第34页。

② 〔德〕马克斯·韦伯：《学术与政治：韦伯的两篇演说》，冯克利译，生活·读书·新知三联书店，2005，第107～108页。

诸权力行使者的道德情感，但是仅有道德情感与信念还是不够的，权力行使者必须为自己的行为承担实质性的后果。对于忠于祖国和人民的官员而言，如何才能真正实现其职业伦理要求和自身的道德理想呢？无非是责任感、道德情操以及永不放弃的自主的判断力。

第五章　监督模式与监察权的逻辑

　　监察体制改革是事关全局的重大政治体制改革，是党推进国家治理体系和治理能力现代化的重大举措。监察体制改革的深化与发展需要进一步深化对监察权性质的认识。对监察权性质的认识是监察权运行和监察体制改革深入推进的前置性问题，然而法学界对监察权性质的认识存在颇多分歧，正确的理论认识是正确行动的向导，监察体制改革进一步深化，其所涉及的，无论是机构的整合还是功能的再造，首先需要确定的是监察权性质的问题，由此，监察体制改革的时代使命才能在制度运行层面得以落实。

一　监察权的性质：监督权力的权力

　　对监察权性质的认定是讨论监察权理论及其相关实践的前置性问题，若对监察权性质的认识模糊不清，那么监察权与其他权力的关系、监察权的权力运行范围以及对象等问题都无法得到系统的解答。若监察权与其他权力发生冲突的话，监察权的性质不清将导致其不仅在理论上无法以确定性概念予以阐明，在实践中也会出现权力僵局。从学术界的讨论来看，学者关于监察权的认知也不尽相同，这种认知上的差异使得理论探讨缺乏共识，从而导致理论推进非常困难。

（一）监察权性质的观点综论

　　纵观学界对监察权的讨论，主要有以下几种代表性的观点。有观点认为，监察权是相异于立法、行政和司法之外的第四权。① 以此来观察监察权，无非是承认监察权自身具有独立的权力属性，然而这种观点没有阐明监察权的个性，"第四权"这种说法不仅与西方学术领域探讨的"言论自由"作为第四种权力相混淆，而且仅指出其为第四权，可能导致的结果是，是否还可以探讨其他的第五权、第六权等。有观点认为，监察权是新体制构造的国家权力，它不能与行政权、司法权相互混同。② 这种观点的实质是不以权力的一般性来探讨权力的性质，而是从体制决定权力的逻辑来论证监察权的性质，它是在中国独特国家体制下被建构出来的国家权力。尽管以体制决定权力性质的认识阐明了中国监察权设置的独特之处，但是违背一般的理论认识的过程，对权力的性质的探讨是明确权力构成并予以制度化的前置性问题，而非相反。而且以此来推演其他权力，可能会导致有多少种制度就存在多少种权力这样的推论，从而不利于一般性和普遍性理论的形成。还有观点认为，监察权是具有行政权与专门调查权二元属性的复合性权力。③ 这种观点实际上是以监察权所享有的权能来探讨监察权的性质，从中国监察权配置的角度，它显然具有其他权力类型的某些权能，如享有部分的准司法权，监察权可以调查和取证，监察权亦可作出政务处分从而享有部分行政权能等，诸如此类，这样的观点是将监察权理解为一种权能的叠加，这种叠加并未关注到监察权本质的内在统一性问题，既然权力的个体性都不存在，探讨其性质也就没有基础了。当然，除了以上从国家权力角度来理解监察权的见解之外，还有一种观点认为要结合党的领导权与国家权力二者之间的关系来探讨监察权的性质。从监察体制改革以来的官方表述与学术探究来看，实际上各界也形成了监察权是一种政治权力的观点。比较有代表性的是改革决策者的观点，他们认为，监察权是一种政治权力，监察机关是政治机关。而从监察法的表述来看，监察机关的定位是"行使国家监察职能的专责机关"，是反腐败的工作机构。尽管监察的目标定位在官方改革论述中是清楚的，但是政治机关的说法容

---

① 关于监察权属于第四权的观点，参见魏昌东《国家监察委员会改革方案之辩正：属性、职能与职责定位》，《法学》2017年第3期。

② 陈光中、邵俊：《我国监察体制改革若干问题思考》，《中国法学》2017年第4期。

③ 秦前红：《我国监察机关的宪法定位 以国家机关相互间的关系为中心》，《中外法学》2018年第3期。

易让监察机关的性质和特征无法凸显，因为在中国的国家体制之下，国家权力机关都具有政治属性。另外，学术界也存在以党的领导的政治性和宪法定位的法律性来理解监察权的思路。如有观点认为，监察权是一种党的执政权与国家机构的治理权相混合的权力。① 然而，这一观点容易掩盖对监察权本质的探讨，从而被党的领导所吸收，而且在法律上也会造成二者的混淆。由以上探讨可知，尽管宪法修改和监察法的制定已经过一个相当长的时期，而且监察体制改革初始阶段也业已完成，但是关于监察权的性质探讨显然还没有令人满意的结论。

（二） 探讨监察权性质的方法

探讨监察权的性质，首先还是要回到最基本的问题上，即何谓事物或者权力的性质，以及用哪些方法可以探讨权力的性质。所谓事物的性质指的其实是事物的本质、特征，英文将其表述为 property、nature、essence 等，在哲学上，一般认为事物的性质是其区别于其他事物的根本属性，而属性是事物之间所共有的特点。探讨监察权的性质，就涉及两个方面的问题，首先，监察权作为一种权力与其他权力具有相同的权力属性；其次，监察权有自身的个性，这种个性又有区别于其他权力的特征。综合两个方面才可以真正对监察权形成相对客观和正确的理解。一般认为，权力是达成某些目的之手段，其手段越多，自然其达成目的的可能性也就越高，其权力就可以说越大。这样的权力观可能导致将权力理解为某种实体性的东西，从而形成一种实体主义的权力观。另外，除了权力被理解为某种实然性的类似于物理上的力之外，权力还可能被理解为一种关系，因为权力既然是用之于拥有自由意志的人而使其服从，那么这就需要在权力行使者和权力的对象之间建立一种关系，形成一种权力的关系论。监察权作为一种权力，它自然是实现特定目的的一种手段，但是同时它也表达了不同主体之间的相互关系。

若要探讨监察权的性质，无非涉及两个方面，首先是探讨监察权作为

---

① 关于监察权具有双重属性的观点，参见莫纪宏《国家监察体制改革要注重对监察权性质的研究》，《中州学刊》2017 年第 10 期；翟志勇《论监察权的宪法性质——兼论八二宪法的分权体系》，《中国法律评论》2018 年第 1 期。

一种政治权力的共性，其次是探讨监察权之所以相异于其他权力的特性。若二者都得到详尽的讨论，方能对监察权有相对完整的认知。正如很多其他人文社会科学中的概念一样，关于政治权力的概念也存在广泛的争议，尽管不可能对所有的细节达成一致，但先撇开关于政治权力之正当性来源的复杂讨论，单就政治权力的形式、内容以及效果来看，依然可以对政治权力本身予以刻画。从形式上看，政治权力是权力主体对权力客体或者对象的一种支配性的力量，在内容上这种权力可能是物质性的暴力，也可能是非暴力性的价值感召力，其可以潜在的方式存在，也可以现实的方式表征。而从效果上看，政治权力运作的实际效果使得权力主体的意志得到贯彻和执行，而在政治社会中，意志得到遵守的结果无非是存在实在的秩序。从监察权作为政治权力来说，它具有任何其他政治权力的共性，本质上依然是一种支配力量，它可能以物理性的强制或者道德上的劝说达到其目的。从这个意义上，监察权同其他的诸如立法、司法、行政等权力一样都是政治权力。但是，重要的是对监察权性质的揭示，要立足于监察权与其他权力的差异来进行。

这就涉及探讨监察权性质的不同方法。第一种方法是从功能上探讨权力之间的差别，诸如立法权的功能是制定法律，行政权的功能是法律的执行以及行政决策和执行裁量等，与之对应，监察权可以通过其功能来对自身进行定位，监察权的功能主要是防治腐败，就此功能而言，尽管可以揭示监察权的主要功用，但是还不足以阐明其唯一性，防治腐败的方式其实多种多样，除了监察之外还有其他的方式来约束和遏制腐败。第二种方法是通过行使权力的主体来探索权力的性质，如特定的主体才会具有特定的权力，而其他主体不可能有类似的权力，以西方国会为例，国会权力其实有多种，除了立法权之外还有监督权、重大事项决定权以及人事任免权等，但是将此逻辑推广到监察权，那么很显然监察权的主体设置情况各个国家并不一致，以中国来说，国家监察委员会及地方各级监察委员会行使监察权，而对监察权性质的理解直接影响到监察机关的权力行使和机构设置。这样的界定会导致一个问题：到底是主体决定权力还是权力性质决定主体。故而，这一区分模式不足以阐明监察权的实质内涵。还有一种方法是以权力运行的流程来界定权力的性质，如行政权的流程是法律授权—行政主体的自由裁量—法律效果。而对于监察权来说，其流程是监督、调查和处置。然而，从权力运行的流程来看，虽然其可以刻画权力行使的基本过程，但是不足以从要素上对权力进行清晰的界定，从而使得对权力性质的探讨流于要素性的收集。

从以上讨论中我们可以发现，对监察权性质的讨论，无论是从功能、主体还是从运行过程来探究都会涉及权力本身内在的复杂性，而不足以以独一无二的特征对其进行概括。为此，我们可以转换思路，直接从权力的来源来观察监察权的性质。根据《监察法》第 3 条，监察权的职能被界定为："对所有行使公权力的公职人员进行监察，调查职务违法和职务犯罪，开展廉政建设和反腐败工作，维护宪法和法律的尊严。"以此可知，监察权虽然名为监察，其实为监督，监察权的行使其实是监督权运行的一种方式，而监察权之所以不称为监督权，其根本原因在于现代意义上的监督一般都是通过各种不同机构以及各种不同的主体共同实施的，而监察权本质上是由专责机关来负责实施的，并且还配置了专门的权力而非笼统意义上监督，故而称为监察权。以此观之，监察权脱胎于监督权并无疑义，探讨监察权的性质就需要从监督权入手。

（三） 对监察权性质的初步看法

凡权力都要接受监督，这是人类对于权力本性认知之后得到的基本结论，自人类建立政治秩序以来人们都在思考如何对权力进行监督，一旦权力脱离监督则权力可能会走向腐败和滥用。在《中外监督制度比较》一书中，尤光付对监督下了一个相当复杂的定义，"所谓监督，主要是指人们为了达到政治、经济、军事、司法方面的某种目的或者目标，仰仗一定的权力，通过对社会公共治理中若干事务的内部分工约束或外部民主性参与控制等途径，针对公共权力的资源、主体责任、运作效能等而相对独立地开展的检查、审核、评议和督促互动"。① 这种试图囊括所有含有监督权运行诸领域的界定显得过于复杂，其实质无非是想通过权力对权力的检查、评议、督促等活动来约束权力。而实际上，除了一般意义上的监督之外国

---

① 尤光付：《中外监督制度比较》，商务印书馆，2003，第 1 页。

家还存在诸多监督模式，诸如法律监督、政治监督，但是这些探讨都不足以明确监督权的特质。

监督的概念从其本质上首先表达的是权力之间的关系，尤其是上下级权力之间的关系，它是上级权力要求下级权力服从时的检查、督查和评价的活动。英文中的监督（superintend，supervise）等词，都有由上对下的控制的含义，当然这些词还有指挥、管理的意涵，如果监督者与被监督者被置于同一层级，这就不是一般意义上的监督，而是权力之间的制约了。从中文"监"的含义来看也是如此，甲骨文中的"监"是人俯身低头向水面照看的情状。从古代对监督、监察的认知看，都是以上对下地控制、约束。故而，从监督权的逻辑看，它实质上是一种反映了上位权力对下位权力的约束关系，通过检查、督查等各种方式实现下位权力对上位权力的服从。故而我们可以提炼出监督的第一个特征，即监督体现了一种上位权力对下位权力的约束关系。[①]

监督的第二个特征是监督总是对人的监督，对于政治权力的运行领域来说，监督是对公权力的行使者的监督。谈及权力之间的约束关系本质上不可能是通过抽象的权力约束来实现的，权力监督的本质是通过对人的监督来实现对权力的监督，因为权力本质上总是通过对人的支配来完成的，滥用权力的总是特定拥有自由意志的个体。从监督的运用上看，无论是提醒、警示、纠正或者惩处威慑，抑或道德劝说等方式，都是针对权力的行使者来进行的。因为总体说来监督并不是命令与服从的直接关系，无法通过直接的暴力使被监督者就范，而是发布命令者对于命令服从者状态的审查和督促，如果监督演变为直接的命令服从关系，则结果是监督权会直接演变为上位权力，从而监督作为连接命令发布者和命令服从者的中介性特征就会丧失。监督者已经成为命令者，从这个意义上也可以观察到古代监督实践中出现的监督者最后成为被监督者的命令者的情况，不过这不是原本意义上的监督关系，而是监督权异化之后的产物。由于监督具有连接命令者与命令服从者的特征，因此也就过渡到监督权的第三个特征。

监督权的第三个特征即监督权是不自足的权力。所谓不自足的意思是

---

① 关于这种关系其实已经有人注意到了，参见许海峰主编《法律监督的理论与实证研究》，法律出版社，2004，第2页。

监督权是依赖其他权力建构的，换言之，监督权的存在是有条件的而非无条件的。不自足的反面是自足，自我完善，以立法权为例，它并不需要凭借其他权力就可以单独成立，它的功能以及运作过程不依赖其他条件。尽管早期认为行政权是依托于立法权的法律执行权，但是行政权依然可以自足，它是独立于立法权之外的独立行动的权力。而以此来观察监督权，它依靠特定的权力关系而存在，如果监督权成为独立自在的权力，那么它就会超越监督的范围，而成为实质的命令权。正是因为监督权有这样的特征，监督权的自我演化始终是权力设施中需要注意的问题。从中国古代实践中看，监督权极易演化为实质意义上的军政权和民政权，某官员本来只拥有君主赋予的监督地方及其官署的权力，最后却凌驾于官署之上，甚至取而代之。

二 主权、治权与监督模式

尽管我们可以从监督权的内涵来分析监督权所具有的一些特征，这些特征是与一般性的政治权力相区别的，但是其还只是从权力自身来刻画监督权，作为一种政治权力它必须从政治权力的源头去探究其权力性质、在权力结构中的位置及与其他权力之间的关系。也就是从来源上探讨监督权问题，探讨现代政治的两个重要的基点就是主权与权利。主权被认为是所有实质的政治权力的源头，也就是当我们追溯权力来源的时候必然一一上溯到无法再上溯的终点，换言之，将主权作为第一推动力是其他权力得以顺利运转的基础。而权利作为另一个基点，其奠定于个体的自主性。现代政治以承认人的自主性为政治秩序建构的道德基础，因此，所有国家权力的建构必然以承认人的自由为前提，并以人的理性保护人的权利为目的。

探讨监督权也无法脱离对现代政治基本原则的检视，从其目的而言，监督权配置的最终目的当然是保护公民的权利和自由，但是它是通过监督权力行使者是否秉公用权来实现的，同其他权力一样，监督权若讨论其源泉，它依然是从主权中衍生出来的权力，只是这种权力与其他从主权中衍生出来的权力并不相同。如果说其他权力是从主权中衍生出来的治权的话，那么从宪制秩序上讲，监督权并非属于治权的范畴，而是主权为了监督治权独立配置的权力。为此，探讨监督权以及监察权的性质，首先，必须从主权与治权的关系角度入手；其次，基于不同的主权观念，尤其是在君主主权和人民主权时代，对治权的约束所采取的模式是不同的，这也塑造了监督权的权力配置模式；最后，立足于不同的配置模式对监督权进行分类，我们可以发现监察权的本质是集中行使的监督权，而其内含的诸如调查和处置的权力本质上是主权授权的结果，不受一般意义上的治权的限定。

（一）主权与治权

在法国政治理论家博丹之前，政治观念上对治权与主权的关系并未进行任何实质性的理论区分。古希腊哲学家亚里士多德谈过最高统治权，他并将此作为区分政体的原则，但是其未就统治权进行主权与治权的区分。有人在古罗马的政治实践中也谈及了治权（imperium），这里的治权概念类似于统治权，是最高权力的泛称。[①] 古罗马并未在统治权与其他治权之间作出区分，而是将政治统治权拟制为人民的授权，"国王的意志具有法律的力量，因为人民已经把其全部治权和权力交给了他"。[②] 尽管罗马帝国也宣称统治者不受法律的约束（legibus solutus），但是这并非以立法主权的逻辑来理解最高权力。[③] 真正论述主权的是博丹，博丹定义的主权是绝对的、最高的和永恒的权力。之所以界定这种绝对的最高权威的主权概念，与近代民族国家诞生之前教会权力与世俗权力之间的斗争密不可分。正是二者之间长期的斗争导致欧洲陷入混乱状态，为此博丹以主权概念为基础将国家权力绝对化，反观其他权力则在主权之下被相对化，从而构造了现代政治的权力起点。与不受任何法律限制的主权概念形成对照的是受到主权与法律限制的治权观念，治权是受主权委托而行使治理之权的派生性权

---

① "imperium" 一词不是指古罗马统治的政治和地域共同体。它是指一种由古罗马人民授给古罗马最高级官员去统治的权力，就像"imperator"这一称号是授予举行过凯旋仪式的将领的头衔。See H. Hinsley, *Sovereignty*, Cambridge：Cambridge University Press, 1986, p. 37.
② 〔意〕朱塞佩·格罗索：《罗马法史》，黄风译，中国政法大学出版社，1994，第 2 页。
③ 〔美〕小查尔斯·爱德华·梅里亚姆：《卢梭以来的主权学说史》，毕洪海译，法律出版社，2006，第 2 页。

能。进入现代，尤其是人民主权观念的兴起，治权与主权的区分被宪法以法定的形式予以明确，其中主权被唯一确定为归属于人民，而治权则以法定的形式分配给常态化的国家机关。从而在现代宪法意义上，主权与治权的区别被转化为制宪权与宪定权的区别。

1. 主权

主权观念的诞生为公法学作为一门学科奠定了坚实的理论基础，以主权观念为前提，公法学的诸多概念和理论才有继续生长的可能。然而观察主权学说诞生的历史背景，我们可以发现其根植于欧洲的中世纪的政治危机。在近代国家产生之前，中世纪的封建社会教权与王权之间冲突不断，国家也无法对其内部区域实施有效的治理，以至于出现"国王仆人的仆人反对国王"的局面，社会通过各种契约、盟誓、司法关系相互纠缠在一起，不认识统治者也就没有确定的秩序。博丹谈及的主权观念正是为了应对这一局面，他的主权理论让有限的统治权成为绝对的主权，让多层次复杂的社会结构呈现出"主权者—臣民"的清晰统治模式。[①] 这样的主权观念让对其他政治权力的探讨和组织成为可能，也就是将君主作为主权者让政治秩序落实为确定性的统治和被统治的关系，其中设立的政府也就是君主的政府。博丹对主权概念的界定并不复杂，"主权是共同体所有的绝对且永久的权力"。[②] 从其定义来看，主权概念首先是永久的和绝对的，其中所谓永久指的是，主权是没有任期的，而同时也指它是非委任性的，它不可能被任何人所收回。而绝对的意思是无条件的，具体到国家权力来说就是主权不服从任何法律的约束，它是超越任何实定的法律的绝对权力，这种主权的表现就是立法主权。

博丹认为主权有诸多权能，他称为主权的标志，即只有主权者可以享有而无法被分享的权能。博丹认为这些权能应该包括制定最高法律的权力、宣战与媾和的权力、任免最高官员的权力、终审权、赦免权等十几项权力。这些权力被认为是主权的标志，即无法与其他主体分享的权力，一旦在一个确定的领土范围内与其他主体分享这些权力，从效果上看就是国

---

① 关于博丹对立法主权的相关论述，参见陈端洪《宪治与主权》，法律出版社，2007，第50~67页。

② 〔法〕让·博丹：《主权论》，李卫海、钱俊文译，北京大学出版社，2008，第1页。

家的分裂。博丹的主权理论是对最高权力之本质的第一次系统性的研究，其背后表达了政治权力中最高权力的根本性质。主权是一种根本的资格，也就是只有主权者才可以合法宣称其拥有行使这种绝对权力的资格。博丹曾言，当君主隐匿时，其最高官员依然可以主权者的名义行使那些主权性的权能，但是一旦君主出场，这些权力就立即被君主所收回。换言之，主权是行使主权性权力的一种终极资格，在主权者授权和同意的情况下，可以授予其最高官员行使部分权能，但是就终极而言，其权力归属于主权者。以财产权的观念观之，若主权性权力是财产的话，那么主权者享有完整意义上的财产权，而其使用权可以委托给其他人所使用。故而，在这种终极的资格意义上，主权就是不可转让、不可剥夺，更不受法律的约束的。

博丹对主权进行的系统性的理论研究，促进了现代公法和国际法理论的发展，在实践中为现代民族国家的兴起奠定了观念基础。现代民族国家首先以君主主权的模式勃兴于 17 世纪与 18 世纪的欧洲，它为现代国家的秩序、法治和宗教等问题的解决提供了基本的社会秩序架构。然而，考验君主国家之正当性的是以启蒙运动的观念为基础的现代自由、平等的理性威力。尽管诸如霍布斯、洛克等政治思想家以契约论奠定了现代国家的道德基础，但是以主权观念来探讨国家统治的正当性前提的是卢梭。卢梭创造性地将人民主权作为其建构政治统治之正当性的原则，即任何人统治人的制度都是不正当的，而只有人民自我统治才是唯一正当的统治，自此之后，人类建构的任何政治秩序都不再有正当的统治者，政治社会中统治者不在而统治关系长存。问题在于人民作为整体无法集体现身实施统治，故而必然委托政府来具体实施统治，这就导致复杂的主权者与其政府之间的关系。既然主权者是有资格行使主权之人，因此，主权者不可能让渡其主权而只能将治权赋予政府来行使，但是主权者始终要维持其权威。由此，卢梭在《社会契约论》中阐明了一个人民自我统治的基本原则，即始终要弘扬人民作为主权者的权威，也就是始终要让主权约束治权。故而，卢梭的权力平衡公式中的"主权者—政府—人民"的身份模式可以转变为权力模式"主权—治权—权利"。以主权来约束治权才是保持政治体自由和秩序的精髓，首先要保证治权不会被滥用，其次治权不会侵犯或者僭越主权。实际上，现代宪法约束权力的逻辑也是从这个角度实施的。

2. 治权

如果说主权是一种绝对的不可让渡的最终资格，从而任何权力的正当性前提都可以追溯到主权，那么治权就是以主权为前提衍生出来的权力。前者是创造权力的权力，而后者是派生的权力，按照斯宾诺莎的讲法就是前者是"能动的自然"而后者是"被动的自然"。固然主权的逻辑模拟了上帝的全知全能，但是从现代政治的正当性基础来说，这一模拟刚好超越了任何神学的意义，而将权力的始基立于人间。正是由于人民主权观念的存在，我们才可以探讨这种权力派生出来的其他权力。实际上，现代宪法很少谈及治权，而只是谈国家权力，这些权力可以横向地划分为立法、司法、行政等权力，纵向则可以区分为中央与各级地方的权力。治权作为一个笼统的概念，其实指称的并非政治权力中特别的一支，而是表达了其与主权的实质性差别，即主权是原初性权力，而治权是派生性权力。

尽管治权并非一个宪法学上的概念，但是其在分析权力模式方面是有意义的，以海峡两岸的中国论述来说，治权的概念发挥了重要作用。从治权的概念史来说，治权最初在孙中山的建国理论中被提出。不过孙中山并未以"主权"与"治权"对举，而是认为政权和治权是两种不同的政治权力。他以权能二分为基础对此予以阐述，他认为，"政是众人之事，集合众人之事的大力量，便叫做政权；政权就可以说是民权。治是管理众人之事，集合管理众人之事的大力量，便叫做治权；治权就可以说是政府权"。[①]根据孙中山的论述，他所区分的政权和治权其实是管理政府的权力以及政府自身力量的二元区分，在以此设计的宪法体制中，行使治权者为政府，而管理政府者为人民，但是人民管理政府的方式依然采取的是代议制。以主权的逻辑观之，其实孙中山的政权和治权都是"治权"，而不是主权，按照逻辑一致的人民主权原则，人民的主权不可能被一个代议制机构所行使，这种日常的代议制机构更类似于一个治权范畴的"立法"机构。在孙中山所设计的复杂结构中，他将政权划分为选举、罢免、创制和复决四权，而治权则区分为行政、立法、司法、监察和考试五权，前者由国民大会行使，而后者由政府行使。

---

① 《孙中山选集》（下卷），人民出版社，2011，第 821 页。

　　当然，若以孙中山的宪法思想来理解治权，则必须回到治权自身的逻辑和思想中。治权概念的意义不在于描述政治权力的特定属性，而是在与主权的对举中显示出其理论价值。从中文语境中的治权发生的背景来看，其最初是为了解决主权问题，尤其是香港回归时的主权问题。主权与治权概念是中英双方商讨香港回归后的管制方案时提出的，英国政府提出"以主权换治权"，即"在承认中国对香港的主权的原则下，由英国继续管治香港"。邓小平对此的回应是，"英国想用主权来换治权是行不通的。希望不要再在治权问题上纠缠，不要搞成中国单方面发表声明收回香港，而是要中英联合发表声明"。① 也就是说，主权与治权是作为一对概念出现的，主权表达的是绝对的和最高的权力，但是治权只是经主权认可的管理权力。以当时英方的表述可以看出，其"治权"概念用的是"administration"，其含义其实是管理、管辖权等。故而治权在英文中曾经有多种翻译，如"governing authority"、"authority to govern"或者"jurisdiction"等。尽管表述各不相同，但是我们依然可以辨识其主要内涵，即非主权性的治理权力或政府权力。麻烦之处在于使用治权概念会导致两个方面的混淆，其一，治权尽管作为主权的派生性权力而存在，但是在国际法领域中政府其实是主权的代表者，其治权行使某种意义上具有主权意义；其二，治权是在领土范围内的独立的和最高的权力，因为尽管奉行人民主权原则，但是人民并不直接出场，其实质的主权性权力的行使者乃是政府。这两个层面的混淆始终让我们警惕和小心二者之间的区别。

　　尽管主权与治权存在概念上的区别，但是在实践上依然可能被混淆，尤其是人们并不善于在事实与概念上进行区分，同一个事物可能在概念上被区分为两种不同的情形。尤其当涉及现代意义上的人民主权观念时，人民无法现身，因此容易让行使权力者以人民的名义直接混淆主权和治权。实际上，在现代宪法政治领域，存在的二元民主制的划分在某种意义上表达了主权与治权之间的区别。阿克曼将政治过程区分为宪法政治和日常政治。其中，宪法政治涉及的就是制定或修改宪法的主权行为，或者制宪权

---

① 《邓小平年谱（1975～1997）》（下卷），中央文献出版社，2004，第932页。

行为，它是其他权力的源泉，其他权力的合法性由此产生。① 日常政治则是通过日常立法过程行使普通的立法权。从这个意义上，主权与治权的区分在现代宪法上就表达为制宪权与宪定权的区别。

3. 制宪权与宪定权

现代政治是宪法政治，即政治权力的组织以及权利的保护都按照宪法的基本原则和精神来设计。君主主权时代，主权者与政府是不予区分的，也就是君主的命令具有最高效力，他不受任何法律的限制，他就是法律本身，即活着的法（living law）。根据主权概念，他仅受神法、自然法以及道德良知的限制，但是谈这种限制，其实是无法以任何其他主体来限制主权者的，仅依靠主权者的自愿。博丹在论及主权的限制时更多地依靠的是对主权者的劝解，不要违背与臣民的契约，不要违背神法与自然法，仅此而已。进入现代，主权者从君主过渡到人民，人民作为主权者缺乏行动能力，不可能根据情势来随时发布命令，故而制定宪法来组织人民的政府，代替人民来行使治理权力，这种治理权力的行使，具有以下几个特征：第一，宪法乃是人民的圣经，应确定宪法至上的原则，政府对宪法的尊崇就是对民主神的信仰；第二，宪法以结构性的方式来安排国家政治权力，以其结构决定国家之功能；第三，设定政府是有限政府，其权力是有限的，换言之，是宪定权而非制宪权，是派生性权力而非原初性权力；第四，以法律的思维方式来处理政治问题。②

法国思想家西耶斯最早以理论性的方式探讨制宪权与宪定权之间的关系，套用斯宾诺莎的说法，他认为制宪权是能动的自然，而宪定权是被动的自然，前者是一切形式的赋予者，但是自身却不被任何形式所限制。西耶斯以民族制宪权理论为法国大革命确立其根本的制宪权原则，即人民才是唯一正当的制宪权主体。后来，德国法政学者施米特以制宪权理论来反思宪法学的根本问题，即何为绝对意义上的宪法，而不至于将宪法理解为宪法律，从而使得根本法的概念被弄得模糊不清。这一概念还构成探讨法

---

① 关于二元民主制的相关论述，参见〔美〕布鲁斯·阿克曼《我们人民：奠基》，王庆华译，中国政法大学出版社，2013，第7页。

② 关于现代宪法的基本结构和功能，参见陈端洪《宪治与主权》，法律出版社，2007，第2页。

律政治的交汇点，他说制宪权是"一种政治意志，凭借其权力或者权威，制宪权主体能够对其自身的政治存在的类型和形式作出具体的总决断"。①宪法以制宪权与宪定权的区分，表达了主权者与政府之间的权力关系，即主权者人民才是宪法的创制者，它具有根本性的地位，而宪法是国家权力的合法性基础。宪法时代的制宪权和宪定权，其本质是人民对其派生性权力享有的绝对性地位。制宪权是一切权力的本源，人民或者政治共同体凭借其政治存在就享有至高无上的权力，它不可转让、不可分割、永远正确，它天马行空、无拘无束，无法以任何程序来对其进行约束。而宪定权是派生性的，可以分割，可以限制，它是制宪权的产物而不能染指制宪权。宪法的最高效力来源于制宪权而非宪定权。在成文宪法时代，制宪权与宪定权相分离，其本质乃是将主权与治权进行分离，以此为前提，根本法意义上的宪法才与普通法律区别开来。又因为制宪权存在的目的是制定宪法，故而制宪权又被认为是立法主权的核心权能，"是代表制民主与成为宪法时代对立法主权的别称"。②

现代宪法中都存在制宪权与宪定权的二元结构，即以"制宪权—宪定权"的逻辑来理解宪法政治。以制宪权与宪定权二元对立的方式首先阐明了国家权力都是宪制性权力，是制宪权派生的产物，从而在此触及一个根本的问题，即宪定权与制宪权在权力的本质上是不同的，制宪权对宪定权构成根本性的限制。首先，制宪权与宪定权在行使主体上是不同的，制宪权的行使主体是制宪权主体，在民主时代，制宪权的主体只能是人民，人民凭借其政治权威或者权力制定宪法，但是宪定权的行使主体是政府或者政府内部的权力分支，无论是立法、行政还是司法机关都是根据宪法才能合法地行使权力。一般来说，从各国的制宪实践来看，制宪权主体制定宪法的时候会派遣特别代表组织制宪会议来制定宪法，当宪法被制定并颁布实施，则制宪会议解散，特别代表转变为普通公民。与此同时，以宪法为根据来组织日常政治机关（如普通的立法机关）实施宪法，二者之间存在根本区别。日常代表以及根据宪法组织的政府行使的是宪法之下的权力，即宪定权。其次，宪定权无权染指制宪权，在实践中就表现为普通立法机

---

① 〔德〕卡尔·施米特：《宪法学说》，刘锋译，上海人民出版社，2005，第84页。
② 陈端洪：《制宪权与根本法》，中国法制出版社，2010，第11页。

关的立法权不能违背宪法，而在宪法理论上就触及修宪权行使的问题。从制宪权与宪定权二元区分的逻辑看，修宪权本质上是宪定权，因此修改宪法的权力绝非创设一般宪法，故而修宪权自身有其限度。制宪权与宪定权的区分首先为修宪权的行使设定了限制。最后，制宪权本质上是无法通过法律予以限制的权力，它是一种实质性的政治力量，"始终处于自然状态"，"一切依宪法而设立的权力和权限都通过制宪权而产生出来，而制宪权本身则永远不能凭借宪法律来设立"。① 这种力量突出地表现在革命制宪的历史进程之中，人民就是这种力量的源泉，而且这种力量是常新的，不因宪法制定而消失，它始终涌动的创造力持续地彰显着政治共同体的生命力。

探讨制宪权与宪定权之间的区别，其目的是探究制宪权对宪定权的限制。人民作为主权者与君主作为主权者是不同的，君主可以任命官员或者组织特定机构以监督治权的行使，因为君主始终站在权力的顶端。而人民的情况则不然，宪法制定之后，人民退隐，人民需要寻找其他的方式来监督其授予政府的宪定权。尽管人民通过制宪行为赋予政府以权力，即宪定权，但是并不意味着从此之后，人民对政府没有监督之权。而且制宪权的权能也不会因为一次制宪行为而被耗尽或用完，它依然潜藏于政治体内部或者宪法旁边以监督宪定权的行使。

（二）主权对治权的监督

将主权与治权予以区分的目的在于探讨权力内部的约束关系，无论是君主作为主权者还是人民作为主权者，他们并不直接行使权力，而是委托其官署或者政府来行使其权力。既然官署或政府具体地行使其权能，那么可能发生的情况就是它们脱离主权者的控制，为此不管是古典时代的王权国家，还是成文法时代的人民主权国家，都会想方设法对治权进行相应的限制。因为尽管主权授予了治权以大量的权能，但是监督权力行使的权力并未完全委托出去。根据前面所论监督权的本质，可以发现监督权作为监督权力行使的权力不会被授予出去。第一，如果这种权力也被授予治权的行使者，那么治权将最终脱离主权者的控制，没有权力对其予以约束，自

---

① 〔德〕卡尔·施米特：《宪法学说》，刘锋译，上海人民出版社，2005，第89页。

身就会转变为最高权力。第二，监督权是不能与治权直接合并的，若是直接予以合并则等于监督权的丧失，这种监督权成了依附于治权的权力，从而丧失监督权的道德依据。第三，监督权是建立在权力位阶的上下级关系上的，故而监督权的地位低于主权，但是又高于治权。

为此，探讨监督权的性质涉及主权和治权的关系。尽管主权观念是一种现代政治和公法的理论构造，但其对于古代王权时代的监督形式依然具有分析能力。中国古代不谈主权，但是也存在最高统治权，最高统治权下的官僚体系，君主总要想方设法予以监督，在古代就设有监督百官的"御史大夫"。君主作为主权者要想实现对相权之治权必然设置相应的监督之权，其权威之根据在于王权，其监督之对象是相权，故而这种监督权是一种集中型的监督权。在我国历史上，这种监督权也被称为监察权，从而形成了复杂的监察制度。而在现代国家，奉行人民主权，授予出去的治权依然需要对其予以监督，现代政治中发展出多种监督模式，但是并没有将监督权赋予某个特定的官署来实施，故而是一种分散型的监督权。现代宪法作为政治文明的巅峰成就也在宪法机制中设计了相应的监督制度以保证主权对治权的约束。故而可以将主权对治权的模式区分为三种：王权时代的集中模式，人民主权时代的分散型模式以及现代宪法中的综合模式。下面本书将重点论述前两种模式。

1. 王权模式

在古代中国政治史上，监察制度具有漫长而悠久的传统。早在夏商时代，以君主为中心的政治体系中就曾出现监察机制。君主作为权力的中心，通过其臣属，诸如相、卿士来实现对国家的统治，而巫、史向君主提供咨询与建议，具有"绝地通天"解释"上天"旨意的职能①，故而君主对其臣属的监察就交由巫、史来实施。②巫、史主要通过对神义的解释来监察行政组织是否遵守神的旨意来行使其权力。进入周代，巫、史地位下降，其政治系统发展得更为细密，出现了更多的官职，其中司执监察的主

---

① 李泽厚先生认为，中华文明有两大特征，一是以血缘宗法家族为纽带的氏族体制，二是理性化的巫、史传统，参见李泽厚《历史本体论·己卯五说》，生活·读书·新知三联书店，2008，第157页。

② 关文发、于波主编《中国监察制度研究》，中国社会科学出版社，1998，第2页。

要有小宰、太宰、史官和司士。小宰和太宰主要负责考核官吏，据《周礼·天官冢宰》记载，考核内容有六项："一曰廉善，二曰廉能，三曰廉敬，四曰廉政，五曰廉法，六曰廉辨。"而且还实施每年一小考、三年一大考的制度，据《周礼·春官宗伯》记载，"三载考核，三年黜陟"。史官和司士则负责监察百官的过失。除此之外，周代对于军事和封建之国也设立了相应的监察体制，如周初对商之遗民的监督则交由管、蔡、霍之"三监"来负责。由此可知，在秦汉大一统之前的夏商周时代我国就有了对权力监督的观念并设置了相应的制度来实施君主对其臣下的监督。

春秋战国时期，各国制度不同，但是也各自发展出了自己的监察制度，列国史官对诸国之重大事件和官员作为皆有记载，有过必书，有善则载。不仅从具体的权力行使也从道德、礼法规范等角度对诸侯与官员进行监督。而真正作为传统成为中国古代典范性监察制度的就是御史制度的出现，据考证，御史一职可以追溯到商代，而由先秦文献分析，其最初为君王周围的秘书性的官吏。御史专门掌握监察职能是与战国时期世卿世禄的结束以及官僚制的诞生密切相关的，秦国在商鞅变法之后也在国家的重要部门中设立负责监察的职位，据《商君书·禁使》记载，"今恃多官众吏，官立丞、监。夫置丞立监者，且以禁人之为利也"。秦统一之后在国家体制中创立了复杂的监督制度，除中央政府设置主持全国监察工作的御史大夫外，在地方还设置了郡监御史，在军队中设置军监。汉承秦制，其中央政府设立三公九卿。丞相、太尉、御史大夫为三公：其中丞相执掌行政，是文官之首；太尉管理军事，是武官之首；而御史大夫掌管监察，辅佐丞相来监察政府作为，在名义上是副丞相。①

秦汉之制基本为历代所因袭，虽然各朝各代对其进行了内部的调整，但是并未脱离其基本结构，故有言曰，历代皆秦制。观察秦汉之制以及中国历代政治，其中有一个重要的历史线索，也就是皇权与相权之关系，正如钱穆所言，"皇权与相权之划分，这常是中国政治史上的大题目"。② 尤其是中央的政治制度基本上是围绕皇权与相权关系展开的，从其政府构造来说，皇室并非实质意义上的政府，皇帝是国家的唯一领袖，政府并不设

---

① 钱穆：《中国历代政治得失》，生活·读书·新知三联书店，2018，第5~6页。
② 钱穆：《中国历代政治得失》，生活·读书·新知三联书店，2018，第3页。

于皇室之内，执掌政府的是宰相。宰相本为皇室管家，相权是从皇权分化而来①，但是随着官僚体制的扩张，以宰相为代表的政府与皇权之间就存在复杂的演变过程。从历史上看，皇权与相权既有监督又有制衡，但是纵观整个中国政治制度史的发展方向，主要还是沿着皇权逐渐强化，而相权相对削弱的方向发展。

探讨中国古代监察制度必须将其置于皇权与相权之关系中。从观念上讲，中国古代的一切权力机关的正当性基础与源泉都有赖于皇权。皇权是至高无上的，它是整个政治秩序的核心，但是这并不意味着君主可以为所欲为，故而有学者认为，君权没有形式化的、制度化的限制，其具有的是无形的、精神上的限制。因此，从其制度性设置方面，宰相只不过是皇权派生出来的职位，其本质是辅佐君主以治理天下，相即为副的意思，所以其官制理念上是君主的副官。《史记》记载陈平与汉文帝的对话就阐明了宰相与君主之关系，"宰相者，上佐天子理阴阳，顺四时，下育万物之宜，外镇抚四夷诸侯，内亲附百姓，使卿大夫各得任其职焉"②。由此可知，宰相是沟通君主与臣民之中介。最初，君权与相权二者各有分工，管理政府主要依靠相权，尽管在观念上君权居于至高无上的地位，但是从具体行为上依然要受到相权之制约。古代皇帝制度要求君主作为百官和庶民的道德楷模，故而宰相可以谏言从而对君主构成监察关系。但是这种监察一般止于道德监察，而且还出现专门以监察天子为职责的官职，即所谓弼，《大戴礼记·保傅》云："匡过而谏邪者谓之弼。弼者，拂天子之过者也。"这种官职后来就是御史大夫，钱穆认为，御史大夫是丞相之耳目，其帮助丞相监察皇帝。不过，君权与相权的关系在具体权力上，哪个占有优势有赖于君主本身是强势还是弱势，若如遇到汉武帝这样的集权君主，相权几乎不对其发生实质的监督作用，但若是出现强势宰相如霍光等，则君主弱势。

尽管君权与相权在实际执掌的权力上相互斗争，此消彼长，但是从其历史发展趋势上看，相权是一再被削弱的。而且增强君主权威以遏制官僚的制度也成为古代政治秩序的基础。在皇权与相权的斗争中，监察权充当

---

① 余英时：《中国思想传统的现代诠释》，江苏人民出版社，1998，第103~104页。
② （西汉）司马迁撰《史记》第5册，中华书局，1982，第2061~2062页。

了一个中介性的角色，从其历史发展过程中看，监察权首先是相权对皇权的制约以及监督其下政府的重要工具，后来监察权逐渐独立出来，最终沦为皇帝的耳目，成为皇权对相权以及官僚体系的监督工具。在汉代监察权由御史大夫来行使，御史大夫的监察范围既包括丞相领导的中央和地方政府，同时也包括皇室。按照职权安排，御史中丞作为副职是专门设置用来监督皇室的，此外，又有御史丞则是监督中央和地方政府的。因此，无论是对皇权还是对政府的监督之权都由御史大夫来执掌，而御史大夫又对丞相负责，从体制上看，相权通过监察权可以制约皇权和监督政府。此后，君主设立独立的御史台，其主要职责在于监督政府而非皇室，由此设立谏官。谏官以言论来讽喻君主之言行，从而达到限制君主的效果。因此，形成皇帝用宰相，而宰相用谏官，谏官则可以规劝君主的权力结构。在唐代，监察权与宰相分离，"御史监察权在唐代已离相权而独立，但是谏诤权则仍在宰相之手"。① 故而在唐代，台官直接对君主负责，而宰相依然可以用谏官来纠正皇帝的过失。到宋代之后，无论是谏官还是台官都是由君主一手控制，从而相权对皇权的制约也大为削弱。

在中国古代皇权与相权斗争的过程中，监察权有其独特的地位，早期行使监察权的是御史大夫，其作为副丞相既受到丞相的领导以监督百官，同时也对皇室行使部分言谏之权。随着皇权的强化，监察权逐渐被皇权所控制，它一方面成为皇权监督相权的重要手段，也是君主监督百官的重要权力。所以，从监察权配置的逻辑上看，它更多的是充当君主的耳目以监督其臣属之行为操守与道德风纪。古代监察机构也顺应了加强皇权，削弱相权这一基本趋势。御史作为监察官，其根本目的在于维护皇权的至高地位，其监察的对象主要是从中央到地方的各级官吏。相反，皇权则不受任何监督。另一方面，相较于其他政府机构，监察官吏相对独立，直接对君主负责而不受其他官员的牵制与领导，因此古人云"台官无长官"。从中国古代监察制度史来观察，监察权是皇权对相权以及百官行使的监督权。

前述论及所谓监察权本质上是主权对治权的监督，因为主权不可能将所有的权力都授予治权来行使，故而需要对治权行使中是否存在违背政治

---

① 钱穆：《中国历代政治得失》，生活·读书·新知三联书店，2018，第84页。

忠诚以及滥用权力的情形进行监督。以此观察中国古代的皇权与相权的关系，尽管从其概念内涵上看，皇权并不完全等同于主权，而相权也并非治权，但是依然可以从主权与治权二元区分的角度来理解皇权对相权及其官僚体系的监督。监察权对君主负责，监察官员是否忠诚与称职，从而可以类比主权者对其治权的监督。中国古代监察制度有其自身的特点。

首先，在古代中国，监察权具有双重监督的性质。监察制度的监督方式既有对君主执政行为的进谏，也指出君主日常之言行是否失当，以使其成为儒家政治理想中的圣君。监察权的监督对象除了君主外还有宰相与百官，这就是监督他们是否称职以及是否对君主忠诚。从其历史过程来看，监察权监察君主的职能逐渐削弱，而对相权与百官的监察日益加强。因此，监察权成为皇权对相权以及百官的监督之权，从而形成了监督权的逻辑，即以上监下。

其次，监察官的设置还有"秩卑"的特点。中国古代的监察官是"以卑察尊"，虽然监察权的行使是以上监下，但是从其实际运行来看，监察官不仅品秩不高，而且显出以下监上的特点。这种制度安排是有其内在根据的。之所以让监察官的品秩低微，是出于两个方面的考虑：其一，监察官不应有丢官的负担，官位既然低微，故而就不怕丢官而勇于监督官阶更高的官员；其二，以成本收益分析，如果以低阶官员而能监督高阶官员并且可以收到监察之效，那么就可以激发监察官行使监督权的政治热情，从而收到更好的监督效果。

再次，监察官的地位崇高，也就是"位尊"。监察官在品秩上的低微和其地位的崇高形成鲜明的对比，尽管二者看起来相互矛盾，但是却反映了监察权在权力与权威关系上的基本状况。因为以主权与治权的逻辑来看，监察权是以主权为根据来行使的，它的地位居于主权与治权之间，自然是高于治权的。另外，监察权需要以特定的官员形态来行使，从而其在治权内部所遵循的设计原则就是尽量激发监察官行使监督权的政治激情。

最后，监察权是由君主授予而行使的，故而其权重。监察官是治官之官，而监察权是监督权力的权力。监察权以皇权为根据，可以在没有证据的情形下对官员进行纠弹，对官员的言行操守、道德水准以及是否作奸犯科都可以进行监督。监察官对官员的纠弹甚至可以越级直接向君主报告，而君主对官员的处置享有最后的决定之权。以这种方式，君主牢牢把控了对官僚体系的监督。

在中国古代皇权与相权的斗争中，监察权具有其独特的地位，它既可以被相权用来制约君主之言行，故而体现为言谏之权，另外也可以用来监督百官是否公正履职和对君主是否忠诚。然而，从历史发展的整体趋势上看，监察权逐渐沦为君主监督百官的权力，而监察权也只对皇权负责，这就导致监察权缺乏自主性，而是依附于皇权。若说监察官可以独立地行使其监督权，那么这种自主性端赖于监察官自身的道德操守。故而，古代监察官首先就对其提出了较高的道德要求。

2. 人民主权模式

前述论及王权时代的监察权，其首要特征是作为被监督对象之政府与主权者无法进行实质分离，故而古典时代的君主即为主权者，而被监督的对象是最高官员以及君主的政府。在中国古代这一监督主要是通过君主设立监察制度来实施的。尽管中国古代存在长期皇权与相权的斗争，但是就其结果来看，监察权最终为君主所独享，成为君主有效控制官僚体系的重要手段。主权者对其授予的治权的监督可以称为监督权行使的第一种模式，其首要特征是主权者作为人格而常在，监督权听命于主权者以对治权的行使进行监督。但是，进入人民主权时代则不同，因为人民作为主权者无法时刻在场，故而对其政府或者治权的监督就不是直接听命于常在的人民，人民作为主权者在制定完宪法之后就退隐于政治社会当中，以无定型的方式继续行使监督权。尽管在人民主权原则下，人民不可能常在，但是就监督权的本质来说，它依然是主权者对治权行使者的监督，也就是说监督权依然处于主权与治权之间。不过，这种权力的结构化形式有两种，一是分散型模式的监督权，二是集中型模式的监督权，后者往往以监察权的形式出现。但是，在探讨这两种模式之前，我们需要解决的问题是要确定人民主权与治权之间的相互关系。

卢梭阐明了以人民主权为原则建构现代国家的精神图式，即"主权者—政府—人民"，以人民自我统治来建构唯一正当的统治类型，在这种状态中，人民既是统治者也是被统治者，从而统治者消失，而统治关系存在。问题在于，人民无法实现自我统治，故而委托政府来实施具体的治理。如此在现代国家中，尤其是在人口众多、幅员辽阔的国家中，这一精神图式就被拓展为"主权者人民—主权者代表—宪法—市民社会—人民"，即人民派遣特别代表来制定宪法以创建政府实施具体的统治，而制定宪法有诸多目的。其一，宪法是民主神的圣经，具有至上性，遵守宪法也就是遵守人民的嘱托，对人民忠诚；其二，宪法是授权法，它通过授予政府权力以实现国家的治理功能；其三，宪法还是限权法，这种限权通过两种方式来完成，一是通过合理安排政府权力以使其相互限制，也就是分权原则，二是通过树立人的基本尊严与权利以界定政府权力的限度，也就是基本权利原则。通过这一复杂的过程来约束政府不滥用权力，特别代表以人民的名义行使制宪权制定宪法是现代国家的一般做法。尽管制宪权的行使是一个授予政府以治权的过程，但是这并不意味着制宪程序完成之后就将人民弃置一旁。人民制定宪法之后隐退，但并未消失，制宪权行使之后并未耗尽和用完①，人民永远保持着创造力以动态生成的原则形塑着政治共同体。

在现代人民主权原则下建构国家制定宪法，作为主权者的人民不可能将全部权力予以出让，也就是不能将最终的意志之资格予以出让，政府所拥有的权力实际上是有限的治权，因此这一模式可以理解为："共同体的全部行使权＝授予政府的行使权＋剩余的行使权。"② 如果我们将政治共同体的全部行使权当作主权或者制宪权的话，那么授予政府的行使权就是治权或宪定权。而除此之外还有一些无法被宪定权所彻底吸收的权力，以无定型的方式被保留在政治体之内。施米特以相当形象化的说法，认为这些剩余权力就是公共舆论，公共舆论对宪法的意义就像人民在宪法旁边。实际上，对于治权的监督就以无定型的方式存在下来，这些权力或者以投票权的方式被用来监督政府，或者以人民形塑国家意志的模式来实施对治权的监督，还有就是以舆论监督的模式来让人民发出声音提醒政府治权乃是人民的托付。而除了对治权的这种分散型监督之外，还有集中型监督，这种监督就是以制度化的形式让监督权成为治权中独立的一种，从而使监督权独自发挥作用。

---

① 〔德〕卡尔·施米特：《宪法学说》，刘锋译，上海人民出版社，2005，第103页。
② 关于这一公式的论述，参见陈端洪《制宪权与根本法》，中国法制出版社，2010，第153~154页。

所谓分散型监督是以非制度化的方式，让人民对政府进行监督，这种监督主要表现为选举权、公共舆论以及日常政治参与权。首先看选举权。选举权一般认为是国家更换公职人员以及赋予政治官员以权力正当性的重要方式，其实选举权还有一个重要的功能就是通过对官员的任免来实现对政府的监督。政治官员若要得到人民的信任就必须通过自身的政治主张以及个人能力说服选民，选民通过投票的方式赋予官员以行使权力的资格。但是，当政府官员的作为并不符合人民期待的时候，选民就可以通过行使选举权替换不正直和无能力的官员。因此，从权力监督的模式来看，选举权毫无疑问是一种监督政府的方式。其次看公共舆论。公共舆论在某种意义上承担的正是机构无法担负的监督功能，尤其是现代社会由于通信技术的发展，除了媒体之外，人们可以选择多种渠道来表达自身的声音。通过公共辩论与批评，公共舆论作为一种独特的监督模式，发挥着重要的作用。尤其是，针对社会的热点问题以及政府官员的作为，公民通常通过对政府严厉的批评来要求政府改正错误。除了选举与公共舆论之外，人民对政府的监督还可以采取行使政治权利的方式来进行。这些权利包括集会、游行、示威的权利，除此之外还有实质意义上的监督权利，我国宪法规定了公民享有批评、建议、申诉、控告和检举的权利。这些权利也被称为监督权利，这些权利并非政治权利的一个类型，而是与"请求权"相并立的、相对独立的权利类型。①

所谓集中型监督是以制度化的方式，将监督权予以机构化并置于治权的序列之中，只是这种权力与其他治权之间存在质的差异。集中型监督权模式其渊源有自，在古罗马时期就创立了监察官制度，以监督普通公民和古罗马官员的道德风纪以及是否秉公行权。古罗马创设的监察官制度，其实质是一种独立于元老院与执政官之外的权力，它通过市民道德上名誉和身份的认定来监督古罗马社会的道德问题。因此，独立的监察权具有道德监察的特征，这一制度曾一度被拉丁美洲有些国家的宪法实践所吸收，从而创设了独特的第四权的宪法体制，实践着古罗马的道德监察权。玻利瓦尔就认为，道德监察权是促使古罗马强盛的重要制度，应当在宪制安排中

---

① 董和平、韩大元、李树忠：《宪法学》，法律出版社，2000，第412页。

赋予国家一种可以将"腐败"关进笼子的权力，这种权力来自人民、来自国家。而且这种道德权力后来被写入 1999 年的委内瑞拉宪法当中，这一宪法在传统的三权之外还增加了公民权与选举权，而其中公民权其实由护民署、国家总检察署和国家总审计署组成的"共和国道德委员会"来行使。[1]另外一种集中型监督权的行使模式则并非以道德监察为主要内容，而是在治权内部创设一种相对于其他权力独立的监察权来实现其监督职能。孙中山曾经将"监察权"作为一种独立的权力与其他四权并置，从而构造了特别宪法结构，即所谓五权宪法。监察院与其他四院并置，并且根据其职权可以行使弹劾与惩戒、审计与巡察之权。[2]另外还有西方国家发展出来的独立监察权模式，如 1713 年瑞典创设的最高行政监察官制度，最初主要受理公民的控诉和申诉案件，后来逐渐发展为主要对行政机关进行监督的独立机构。而新加坡也采取了集中型监察模式，在其政治制度中设立了贪污行为调查局，可以不经事先取得逮捕证就逮捕犯罪嫌疑人，它直属于总理办公室，由总统任命，对总理负责，不受其他任何部门的管辖和制约。当然，除了新加坡之外，中国香港地区也采取了类似的制度，以廉政公署作为反贪机构来行使对政府官员的监察权。

三　从监督权到监察权

以主权对治权进行监督的方式，在王权时代和人民主权时代是不一样的。王权时代的主权者是君主本身，对治权的监督主要通过委派监察官来实现，以保证官僚不至于贪污腐败。进入人民主权时代，主权者不再是具有确定意志的主体，履行主权功能的不再是实在的人格，因此，主权对治权的监督无法采取相对集中的方式来进行。按照监督权的逻辑，有些权力是不可能完全授予政府行使的，从而保留了部分监督权以公共舆论、政治参与等方式行使。故而监督权的行使是有模式之别的，所谓模式无非是监督权以何种方式或样态来实现其自身目标。人民主权时代，一般采取集中

---

[1]　黄美玲：《监察模式及其权力本质的历史解释》，《中外法学》2019 年第 4 期。

[2]　钱端升等：《民国政制史》（上册），上海人民出版社，2008，第 274 页。

模式和分散模式，但是二者都有其自身的优缺点。分散模式的问题在于监督权缺乏确定性，以及权力行使的分散性，即无法形成集中统一和权威高效的监督体制。集中模式也存在问题，即监督权自身的监督也会引发新的问题。如集中型监督中的同体监督的问题是监督的逻辑无法贯穿到底，一般认为监督者也必须被监督才能完成监督的逻辑闭环，但现实中体制内的权力最高者并不受监督，而只能期待其自律。集中型监督中的异体监督的问题是，监督自身会陷入往复循环，从而让监督的逻辑演变为制衡，因为监督者应当被其他监督者监督，而其他监督者也应当被监督，从而导致监督者之间的相互碰撞和限制。以此，就破坏了监督的逻辑而演变为权力之间的平衡与制约。

　　既然探讨的是监察权的性质，而根据前论所及，监察权本质上是监督权，只是这种监督权在内涵和体制上与一般的监督权相区别。因为监督权的行使相对宽泛，而监察权作为一种特别的监督权，它有特定的主体、行使模式、监督内容和目标。换言之，监察权是集中行使的监督权。为了探讨监察权的本质，首先，应该处理的是监督、监察在词义上的区别这一前置性问题；其次，可以探讨监察权与监督权的区别，讨论二者作为权力，在行使的主体、方式以及目标上的差异；最后，回到中国的监察权概念，分析监察权的本质。

（一）监督与监察

　　古代的"监"和"督"二字其最初含义都是察看、观察的意思。在甲骨文中，"监"的形象是一边有一个器皿，而另一边跪着一个面朝器皿的人来观看自己的容颜。"监"的本义是临水自照。[①] 许慎后来对"监"的解释是"监，临下也。"[②] 而"督"其义也是"察看"，它是一个会意字，其本义是由"拾取植物的果实"和"用眼睛看"组合而来，也是俯身察看的意思。到东汉，二字连用为"监督"。而"监察"的含义与之相近，甚至二者被当作同义词。《词源》对"监察"的解释也是"犹监督"。从汉语词义上看，"监督"与"监察"并无根本的区别。"监督"一词其本意

---

① 曹呈宏：《"监督"考》，《华东政法大学学报》2008 年第 5 期。
② （东汉）许慎：《说文解字》，中华书局，1963，第 170 页。

就是"察看并督促"，也指"做监督工作的人"，后者是一种关于人之身份的称呼。在现代汉语中，"监督"一词相对泛化，既可以指同级的监督也可以指上级对下级的监督，还包括下级对上级的监督。监督后来发展出"督促"的含义，也就是要求被监督者积极作为。在历史上，监督之责也是从一般的行政职权中分化出来的。

单纯对词语进行词源学考察以及对照字典的词义进行讨论无法对监督与监察进行实质区分，但是却可以通过词语的用法来探究二者在意义上的区别。维特根斯坦就认为，词语的意义在其用法，"对于'意义'这个词的利用的诸情形中的一个大类来说——即使并非对于其利用的所有情形来说——人民可以以这样的方式解释这个词：一个词语的意义就是其在语言中的用法"。[①] 因此，为了探讨监察与监督的区别，其实可以从其用法入手。这种用法既包括古代的用法，也包括现代的用法，其中现代的监察概念与特定的制度相结合，从而赋予了监察以区别于监督的含义。而且若以日常语言分析的思路来检讨，在日常语言的用法当中二者具有家族式的特性。

就动词上的监督来说，监督有以下几种主要用法：其一，监督主要指的是上对下的观察、监视，以督促其完成任务或预防其违背职责；其二，监督是不特定主体对客体实行的监视，因此监督并不限定主体的范围；其三，监督一般说来是单向的，是主体对客体的监督，而不是相反的关系；其四，监督的内容并不明确，既可以包括督查、检举、审查，也可能包括处置权。与之相对，监察则与监督在概念使用上存在明显的不同。从其用法上看，其一，监察一般具有特定的主体，而非不确定的主体，无论是古代的御史机构，还是现代的监察机关，其主体都是确定的、明确的；其二，监察一般具有明确的任务和职能配置，赋予监察机关的权力一般都有明确的规定；其三，其权力来源和机构设置也相对明确，而非宽泛的监督。尽管仅通过监督与监察在词语考证和词语用法上的对比是不可能对二者进行完整区分的，因为词语总是随着其用法在历史背景中不断演变，但是从其基本的家族相似性中我们依然可以发现，二者还是存在明显的区

---

① 〔奥〕维特根斯坦：《哲学研究》，韩林合译，商务印书馆，2013，第39页。

别，这种区别主要反映在，其主体是否清晰，其对象是否明确，以及其手段是否完整。

（二）监督权与监察权的差异

尽管在概念上监察与监督并无意义上的不同，但是当其用来描述国家权力运行以及权力体制的时候，监察权往往用来指称的是一种以特定主体、法定方式以及具体的目标来配置的权力，而监督权，往往只体现其监督的特性并不为特定机关所专有。以我国的国家监督体制为例，人大可以行使监督权，检察机关可以行使法律监督权，而社会团体、政党和普通公民也在某种程度上行使监督权，但是涉及监察权时，监察体制改革之前的监察权一般被理解为行政体系内部的行政监察权，为行政监察部门所专有。因此监督权与监察权的不同就可以从其主体、内容以及目标三个方面来予以比较，如果监督权被理解为监督权力行使的权力，那么监察权就可以被理解为以专门机关监督权力行使情况的权力。

1. 主体

无论是监察权还是监督权，作为正式的国家权力必然配置相应的国家机关来行使。所谓监督主体指的是监督权的行使者，从历史上和现代宪法关于监督权的国家权力配置上看，行使监督权的主体是多样化的，其主体包括：代议制机关的监督、行政监督、司法监督、政党监督、公民和社会团体监督以及舆论监督。西方代议制机关作为监督主体主要体现为议会或者国会行使除立法权之外的权力来监督政府，而中国代议制机关作为监督主体主要体现为全国到地方的各级人民代表大会及其常委会行使监督权。一般来说，代议制机关作为监督主体主要是通过议会辩论、质询、调查、弹劾等手段对政府以及司法体系进行监督与控制。而行政监督主要分为两种模式，一是以行政权为监督主体，对立法和司法权力实施监督，二是行政体系内部的层级性监督。前者主要是以行政权来限制立法权和司法权，以美国为例，总统作为行政机关的最高首长可以对议会立法进行否决和搁置，而对最高法院的大法官拥有任命权。在议会制国家，内阁对议会事实上也行使了部分的监督权，故而议会制国家为内阁设置的议会解散权，构成了行政机关作为主体行使的监督权。后者是行政体系内部的监督，这种监督模式比较常见，也因为行政机关的内部监督具有专门性的特点，故而这样的监督权被称为行政监察权。以行政监察权来专门行使针对行政机关的监督。当然，这种行政体系的内部监督主要体现的是上级行政官员对下级行政官员是否称职、公正履职等行为进行监督，它是行政机关内部的领导关系的具体实现方式。另一个行使监督权的主体是司法机关，这里司法监督主要通过诉讼的方式来对立法和行政行为进行监督，而除了司法审判机关的监督之外，还有检察机关行使的监督权。检察监督是通过检察机关行使监督职能，具体包括针对侦查机关的侦查活动进行监督的权力，代表国家向法院就犯罪嫌疑人提起公诉，以及对法律的实施进行监督，还有就是对法院的审判活动行使监督权等。除代议制机关、行政机关和司法机关的监督之外，还有政党、公民和团体以及舆论等作为监督主体，当然这里还可以对监督权力和监督权进行区分，诸如公民的监督其实是一种监督权力，但是从效果上达到了对政府及其公职人员行使公权力的监督。但是，这并非国家正式权力意义上的监督。

与监督权主体的多元性形成对照的是监察权的专一性，一般来说，监察权一般配置给专门的机关来行使，而非与全体机关共享。西方专门的监察制度最早出现在斯巴达，斯巴达的公民大会选举产生 5 名监察官，其主要使命是监督军事首领在战争过程中是否违犯法律。同时还可以监督公民和大小官吏是否存在违犯法律和败坏风俗的行为。而在古罗马宪制中，监察官具有重要的作用，其最初设立的目标是进行人口普查和相关工程的监督，后来监察官制逐渐完善，主要有四项职能，公民调查、监督公民道德、管理国家财产与公共工程，还有最重要的一项职能就是修改与确定元老院的名单。监察官每五年都要出具一次"监察官评注"，这项评注对古罗马公民影响巨大，若评注上出现对公民道德不利的评价将严重影响其在古罗马政治生活中的名誉。而确定和修改元老院名单的权力赋予监察官以巨大的政治影响力。而近代宪法体制中的监察权一般由专门的机关来行使，美国为了查处联邦政府机关的内部贪腐行为设立了监察长办事处，其可跟踪政府的行政过程各个环节，而且还享有审查权。英国也成立了类似的行政监察制度，1967 年英国议会通过了行政监察专员法，以此为依据，监察专员可以行使调查权，对于不良的行政行为可以进行相应的处置。相比西方的监察制度，中国古代有着漫长的监察传统，从历代监察制度的具体情况看，一般监察权由专门的主管机关来行使。中国古代监察制度主要有两个方面的功能：一是皇权约束官员的重要手段；二是官僚体系内部自我净化的重要方法。尽管不同朝代的监察制度都有所不同，但是总体来看，历代监察体制因袭沿革，其基本的精神和制度特征并无根本性的变化。从秦汉三公中的御史大夫行使的监察权，到唐代在中央设立御史台，并于其下设台院、殿院和察院，"一台三院"负责弹劾文武百官的违法行为，以及监督官员之行止是否称职合格。宋代设立的中央监察体系由御史台和谏院构成，两个部门相互合作，御史台主要负责弹劾文武百官违法乱纪行为，以弹、劾、纠、奏四种方式来进行检查，而谏言系统由谏院、门下省两个机构组成，行使谏诤、谏核和封驳三项主要职权。历代监察制度虽有差异，但是延续到清朝基本上保持了监察权由专门机关负责的格局。正是因为这一监察传统，孙中山才在五权宪法的构想中将监察权独立作为一种权力与立法、行政、司法和考试权相并列，这一方面是受到西方政治制度的影响，另一方面是延续了中国古代的监察传统。

经过对监察权与监督权的行使主体的比较可以发现，虽然监察权就是监督权的一种形式，但是其行使主体与监督权相比较更具有专门性。一般监察权由特定的机关来行使，而监督权可以根据不同的权力体制由不同的机关来行使。

2. 内容

监督权与监察权在具体权力内容上也可以进行比较，监督权并非配置给专门机关的权力，对于任何公权力机关来说，既然权力的行使可能违背权力的公共性，故而监督总是必要的。因为根据监督的含义，它总是对公权力行使的主体、行使的过程进行的监视、督促以期实现其权力行使效果。而且从其权力运行角度看，上位权力对下位权力的监督对于其权力领导关系的实现也是必要的，这样做也是为了达到设定如此权力的预期目标。从其内容上看，监督主要体现为三个方面：第一，监督是国家政治制度的重要组成部分；第二，监督是现实国家管理的重要手段；第三，监督是防止权力腐败的重要机制。首先，现代国家奉行人民主权原则，人民需要对国家行使的公权力进行控制。监督就是人民为了保证对政府和公权力行使者的控制而必须具有的权能，它凸显的是谁是权力的主人，谁是权力的受托人。无论是代议制机构的监督，还是社会公民团体监督都是落实监督制度的重要形式。从民主监督、行政监督以及社会舆论监督等角度看，监督本身体现着对权力约束的机制和制度，是公权力接受约束的必不可少的一环。其次，监察既有监督又有调查，尤其是针对公权力机关中的公职人员是否存在违法渎职等行为的调查。对于政治秩序和国家组织来说，监督也作为管理环节和手段发挥重要作用。现代国家的管理和政策制定一般包括授权、决策与监督等环节，在国家实施管理的过程中诸多环节是否可以完成其任务，需要对其整个过程进行考察和监督，整个监督过程涉及对机构决策的监督、执行过程的监察、执行效果的评价以及失误和偏差产生的原因的考察等环节。最后，监督是防止公权力被滥用的重要机制。行使公权力的人员由于人性之私可能滥用其手中的权力以谋求私利，若无监督机制，其行使权力的过程将不受监管而更容易遭到滥用。因此，监督从其内容上相对宽泛，其主要作用是督促其授权对象和下级履行其委托与任务。

　　监督是保障任何一种实质性权力秉公运行的必要手段。无论是行政机关、立法机关还是司法机关，一般都会在内部行使部分的监督权，完成其自身的权力组织和运行。但是，当涉及监察权时，它通常是将监督权予以集中行使，从而创设特定机关专门进行监督。因此，监察无须依附于特定功能性权力，它有自身的目标，其采取的手段也相对较为清晰，可以成为确定性的权力。古代的监察官，可以弹劾、可以调查以及作出相应的处置等。凡有公权力必有对权力之监督，由此，若把监督作为实质性的权力，那么这种权力必定与特定机关的性质联系在一起。如立法权的监督权，它既可以监督自己内部的组织及其组成人员，也可以监督由其派生的其他机关及其组成人员。它还得以权力制约的模式与平级机关形成相互监督的关系，而相互监督、相互制约的机制一旦形成，就不能笼统地认为这是监督权。如果严格意义上存在监督的实质性权力的话，那么这种监督权被称为法律监督，在中国宪法体制中法律监督权由检察院来专门行使。《宪法》第134条规定："中华人民共和国人民检察院是国家的法律监督机关。"因此，宪法中专门以检察机关来行使法律监督权，这也是一种集中行使的监督权，其行使方式是检察，是发现问题以实施检举纠察，尤其是检举纠察政府部门执法或者司法机关在司法过程中出现的违法问题，因此检察权作为一种监督权的行使模式，它更多的是程序性的权力而非实体性的权力。

3. 目标

根据监督权与监察权的目标也可以比较二者的区别，监察权主要的目的就是预防和惩治腐败，而实现这一目标的方式就是对行使公权力的公职人员的监督，也就是它突出对人本身的监督。而监督权在内容上是相对宽泛的，其主要的监督对象是具体的事。当然，在公权力行使的过程中，将人与事予以彻底分离是不可能的，因为事是人行使公权力过程中的主要作为，人是所做之事的主体。故而，对人与事的区分，主要目的是突出其主要监督对象之不同侧重点。从其目标来看，监督权的主要目的是对权力本身的控制，针对国家机关行使权力的过程进行必要的监督。故而，监督既有外在的监督方式，即公民、社会团体和其他组织的监督，也有国家机关内部的监督，即组织内部上对下的监督。而在具体的权力运行过程中，这两种监督是相互依存、互相配合的，公民受到公权力机关的侵害可以通过控告、申诉的方式要求对公权力进行必要的问责。因此，从监督权的目标来看，它主要立足于一种对权力的限制，以保证权力之运行符合授权的目标和公共利益的要求，它体现在具体的权力运行的过程中。以议会监督为例，现代宪法赋予议会对政府的质询权、调查权，故而监督权体现在权力运行的全过程，既包括事前的审查和认可，也包括事中的督促与指导，又包括事后的处置等。

与监督权着重对权力运行的控制和约束相比，监察权则更注重的是行使公权力的主体是否按照权力公共性的要求来行使权力。故而，监察法对监察权的功能与实施对象的规定就清晰地表达了监察权的主要目的就在于"对所有行使公权力的公职人员进行监察"，其突出的特征是以权力行使者为对象来约束和限制权力，其最终目的乃是保证权力不被滥用。权力不被滥用，从实现方式上就是要反腐败。从功能性定位看，监察权的设置是监察权的重新配置，从宽泛的权力监督与限制转向集中统一的反腐败的工作职能。从监察权的具体运行来看，它也是通过对行使公权力之主体的监督、调查和处置来完成其反腐败职能的，这一过程既针对腐败的预防也包括对腐败的惩治。所谓预防，主要是对行使公权力的公职人员的廉洁从政、道德操守等情况进行检查，而所谓惩治主要通过对职务违法和职务犯罪行为进行调查，并进行必要的处分来实现的，在严重的违法和犯罪的情况下，则移送检察院提起公诉等。从历史上看，无论是中国古代的监察制度还是西方历史上一度出现过的监察官制，其首要的监督对象依然是具体的官员，而非特定的机构，对具体机构的监督一般属于宽泛的监督权的范围。而从现代国家建构监察权的专门机构来看，其主要目标也是反腐败。如新加坡的贪污行为调查局作为监察权集中行使的专门机关，其主要职责就是接受涉及公职人员贪污行为的检举、对达到法定逮捕条件的贪污犯罪人员进行侦查等。而中国香港的廉政公署也是独立行使监察权，仅对行政长官负责，不受任何其他人指使和管辖，其主要职责是接受指控贪污行为的举报，以及对可能的腐败行为进行调查。由此可见，监察权的目标与监督权的目标的重要差异在于前者主要针对的是行使公权力的人，而最终目标是预防和惩治腐败。

（三）集中统一、权威高效的监察权

监察权就其本质来说是监督权的重新配置和集中行使，它主要是以对行使公权力的工作人员的教育、监督和处置来实现反腐败的功能。监察权具有以下特征：独立性、专门性和权威性。所谓独立性即监察权是独立行使的，而非依附于特定的其他机关。因为一般机关内部都具备一定的监督权，行政机关内部会设立相应的监督机关来履行内部监督的职能，立法机关为了保证对其成员的约束也会设立相应的机关。但是，监察权的设置则是脱离任何其他机关而独立行使的，不受其他机关的干涉。所谓专门性是指监察机关所行使的权力是专门用来预防和惩治腐败的，而非其他的职能，一般意义上的监督权还涉及决策、执行和效果评估等管理过程，但是监察权专门针对特定的行为而不是管理过程的诸环节。所谓权威性指的是监察机关的权威位阶是极高的，从中央监察机关的配置来说，它一般只对最高行政官员或元首负责，换言之监察权的配置的根本前提在于高举人民主权原则，以主权者或者最高位阶的国家代表为基础来行使权力，它与国家权力并无直接的隶属关系。从我国的监察体制改革的具体实践与监察法

的立法精神来看，监察机关以及监察权的行使被界定为"集中统一、权威高效"，所谓"集中统一"指的是权力的专门性和独立性，而所谓"权威高效"指的是其权威性以及实现目标的效率。结合我国的政治体制和监察权的配置，下面对此分别予以阐述。

1. 集中统一

集中的反面是分散，主要是指各个事物在空间与实践上的不相连接；统一的反面是分化，主要指各个事物互不隶属，甚至相互背离。监察体制改革是对监督权的重整，将分散和各自为政的反腐败的力量整合为一个整体，交由特定的机关来行使，以期待反腐败力量可以听命一个指令而在同一时空共同发生作用。监察体制改革之前的监察机制的主要问题是反腐败力量相对分散，既有行政机关的行政监察部门，又有检察院的反贪部门以及侦办职务违法和职务犯罪的相关部门，除了国家机关之外，还有作为党内自我监督机构的纪律检查委员会。这些力量分别由不同机关来掌握，导致反腐力量分散、纪法衔接不畅等问题。中国共产党党内监督制度有着优良的传统，后来历经演变最终发展成为党内纪律检查委员会的自我监督机制。中国共产党一向重视党内监督体制建设，在建党之后就成立了相应的监督机制，其中党的二大时就在党章中通过了有关党的政治纪律、组织纪律和纪律处分等方面的内容。1949年新中国成立之后党内监督体制不断完善，中国共产党的党内监督主要以纪律检查委员会为主体展开，其主要职责是检查中央直属各部门及各级党组织、党员违犯党纪的行为，受理、审查并给予中央直属各部门、各级党的组织及党员相应的处分，并在党内加强批评教育等。党的十六届四中全会对党的监督体制继续予以完善，纪律检查机关直接管理领导派驻机构，改变了派驻机构由驻在部门和纪律检查机关共同领导的双重领导体制。① 而行政监察体制主要还是以行政机关为中心设立的内部监督体制。1949年的《中国人民政治协商会议共同纲领》第19条规定，"在县市以上的各级人民政府内，设人民监察机关，以监督各级国家机关和各种公务人员是否履行其职责，并纠举其中之违法失职的机关和人员"。在1954年宪法中中央虽然未直接规定行政部门的内部监督

---

① 秦前红主编《监察法学教程》，法律出版社，2019，第165页。

体制，但是却在《国务院组织法》中规定了监察部为国务院的一个部门。1982 年宪法颁布后，行政监察体制重新建立，其中行政部门的内部监督体制，有监察部、国家预防腐败局、审计署以及相应的地方各级行政监察机构，其监督对象可以覆盖行政体系内部的全体人员。1949 年后，最高人民检察署及其领导的下属机关负责监督全国各级政府的工作人员是否遵守法律、法令和政策等。在 1954 年宪法制定后，检察机关的职责相应缩减，根据《人民检察院组织法》（1954 年）第 4 条的规定，其主要承担审查国家机关的决议、命令和措施是否合法以及国家机关工作人员和公民是否遵守法律的职责。在 1982 年之后，检察机关的职责以公诉、审查批捕、自行侦查以及纠正违法行为等为主。其中针对贪污腐败，检察机关在行使法律监督权时还设立了反贪污贿赂局负责贪污贿赂犯罪的侦查和预防工作，以最高人民检察院的职能为例，它负责对全国贪污、贿赂、侵占或挪用公款、巨额财产来源不明等行为的初查和侦查，参与重大经济犯罪的侦查和指导、直接侦查厅（局）级干部等。[①] 在监察体制改革之前，检察院在反腐败领域具有重要作用，但是由于人事财权无法脱离同级行政机关的约束，从而影响其发挥监督效能。以此观之，监察体制改革之前的反腐败力量相对分散，无论是党内监督、行政机关内部监督还是检察院的监督都有其自身的逻辑，力量难以完全整合为一个统一的整体，尤其是涉及纪法衔接以及需要相互配合时容易暴露其力量分散的弱点。

2. 权威高效

权威与权力不同，权力主要是以强制力的方式使特定主体服从其指令，但是权威主要是以非强制力的方式让对象自愿地服从其指令。而高效与低效相对，效率的概念描述的是单位时间内工作量的多少。探讨监察权的权威，其本质是探讨监察权在国家体制中的地位问题，监察体制改革之前，反腐败的力量分散于党的内部监督机构以及国家机构的部门内部，以行政监察而言，行政监察只是行政体系内部的监察体制，它并不具备宪法地位，宪法也并未对其进行安排。而检察院内部设立的预防和惩治腐败的部门也只是检察院行使法律监督权的一部分。在监察体制改革之后，监察

---

① 尤光付：《中外监督制度比较》，商务印书馆，2013，第 272~273 页。

委员会被赋予宪法地位。2018 年宪法修订之后,"监察委员会"作为单独的一节列入第八节"人民法院和人民检察院"之前,其宪法地位可见一斑。尤其是,国家监察委员会主任由全国人大选举产生对全国人大负责,这强化了监察委员会的权威性。其权威性的另一个重要来源是党的纪律检查机关与国家的监察机关合署办公,这强化了监察权的权威性。而且在具体的监察权的行使过程中,为了避免同级监察导致其权威性不足的问题,监察权的运行常用的方式是"派驻"。派驻监督的本质是上级党委对下级党委组织的一种监督方式,因为派驻机构的权威来源是监察委员会,所以派出机构的权威性高。监察体制改革理顺了监察权的隶属关系,由监察委员会独立行使监察权,从整体上增强了监察机构的权威性。而高效是通过监察体制以统一和集中领导的方式来实现的,监察体制改革解决了下面三个重要问题:一是解决了监察范围的问题,党内的纪律检查、行政监察以及检察院的职务违法和职务犯罪的监督工作仅涉及各自的监督对象,而没有将全体行使公权力的公职人员作为其监督对象。以统一的监察委员会发挥监察职能,可以极大地拓宽其监察范围,做到监察对象全覆盖。二是党的纪律检查和国家的监察实现合署办公,可以有效地解决党纪与国法的衔接问题。三是监察委员会对监督、调查与处置职能的整合,使得监察工作可以在内部实现有效的分工和协作,共同完成监察权的法定职责。监察体制改革的一个重要方面就是监察权的权能整合以及流程优化,以提高监察效能。

第六章　中国宪法中的监察权配置

　　国家监察体制改革本质上是监督权的重新配置①，以宪法的语言来说就是通过修宪行为对国家权力的结构予以重新安排。中华人民共和国第十三届全国人民代表大会一次会议通过了宪法修正案，监察委员会的宪法依据主要是关于监察委员会规定的第三章第八节。监察委员会的设立不仅是在原来的全国人大之下的"一府两院"结构中，插入"监察委员会"使得这一结构调整为"一府一委两院"，而且因为监察权要监督所有行使公权力的公职人员，故而有关监察权的修宪工作触及了宪法第一章、第三章等诸多内容，在宪法修正案中，涉及监察委员会的修改就多达11条。这还只是宪法文本形式上的具体表现，若论及其对整个宪法权力结构的调整以及宪法体制的重整，则尚需进一步分析。可以想见，这次宪法修改无论是形式上还是实质上都不同于一般的修宪。通说认为，宪法修改主要有两种形式，即全面修改和部分修改。全面修改主要是制宪权主体与国体不变的情况下根据宪法修改程序对宪法大部分内容进行修改并予以重新颁布的活动。而部分修改是修宪机关根据宪法修改程序对宪法部分内容进行变动的活动。② 我国的1975年宪法、1978年宪法以及1982年宪法的修改都是以全面修改的方式来实现的。其中，现行的1982年宪法也经历过五次修改，即1988年、1993年、1999年、2004年以及2018年的宪法修改。尤其是2018年的宪法修改，并非对宪法相关条文内容的增删，而是对宪法权力构造进行相应的调整。这一修改过程因其引起的整个权力构造的变化，可以

---

① 秦前红：《我国监察机关的宪法定位 以国家机关相互间的关系为中心》，《中外法学》2018年第3期。

② 林来梵：《宪法学讲义》，清华大学出版社，2018，第120页。

称为宪法的创造性修改。

宪法的创造性修改与一般的宪法修改的本质区别在于，宪法的创造性修改是对政治权力比例的调整。按照卢梭的连比例公式，政治体的平衡依赖于"人民：政府＝政府：人民"这一公式两端的力量平衡。① 申言之，主权者人民对政府的控制力应当大致相当于政府对作为法律遵守者的人民的控制力。中国宪法修改涉及对政府力量的重新调整，而这是由中国宪法的政治构造决定的。回到中国语境，中国的宪法构造与中国宪法的主权结构相关。中国宪法的主权结构是"中国人民在中国共产党的领导下"②，这一主权结构与宪法的社会主义性质共同决定了宪法修改的根本性质。它主要表现在三个方面：其一，主权结构决定了修宪权的根本性质，不同于一般意义上的修宪权；其二，社会主义性质决定了宪法修改具有时代性；其三，宪法修改是中国宪法政治权力关系的调整，从而具有结构性。2018 年宪法修改中监察委员会入宪，从表面上涉及对宪法文本大范围的调整，其实质是对宪法权力结构的重新构造。为此，探讨"监察委员会"入宪，就需要对中国宪法的创造性修改模式进行阐述，以此为前提，才可能破解监察委员会在宪法体制中的特殊权力构造，以及解决监察委员会和纪委合署办公等理论与实践问题。

一　宪法的创造性修改

中国宪法是社会主义宪法，其最本质特征是"中国共产党领导"，这决定了宪法修改主体的特殊性。我国的宪法修改不同于"政治宪法学"的以制宪权为旨归而无视宪法规范性的宪法修改观，也不是"规范宪法学"以宪定权为旨归而无视宪法时代性的僵化宪法修改观，这种修改模式可以称为创造性修改，它既不是单纯地行使制宪权，也不是单纯地行使宪定权

---

① 关于连比例公式的具体阐述，参见陈端洪《政治法的平衡结构——卢梭〈社会契约论〉中人民主权的建构原理》，《政法论坛》2006 年第 5 期。

② 关于中国宪法的主权结构的相关论述，参见陈端洪《宪治与主权》，法律出版社，2007，第 147～163 页。

意义上的修宪权。中国宪法的时代性及结构的稳定性的双重特点共同决定了中国宪法修改的限度、方式和目标。

（一） 修宪权与制宪权

宪法修改是一种基于宪法秩序的有限的法律创设行为，然而若不留心修宪权的界限及其可能性，修宪权可能演变为假主权行为，从而以修宪之名行制宪之实。故而，在宪法理论中，修宪权与制宪权的区别与联系是我们理解这一问题的关键。

1. 相同说

探讨修宪权的性质就必然触及它与制宪权的关系，围绕二者之间的关系在理论上形成了两种不同的观点：一是相同说，即认为修宪权与制宪权并无本质不同；二是区别说，即二者之间存在根本的差别。相同说导致的结果是，行使修宪权将不会受到任何限制，故而催生理论上的修宪无界论，也就是有权机关可以根据修宪程序修改宪法的任何内容而不受限制。持这种观点的法学家包括德国法学家葛哈·安舒茨、理查德·托马，美国哈佛大学的却伯以及美国耶鲁大学的阿克曼。安舒茨认为，宪法与普通法律并无本质之不同，宪法修改只不过是法律修改的特殊形式而已，而托马认为，制宪权的行使与制宪者主体的意志并不构成对宪法修改的有效反对理由。却伯则认为诉诸宪法修正案的宪法变化实际上是法律体系到达了一个裂点，所以无论是采取宪法革命还是采取修宪的方式，其实都是完成宪法和法律秩序的重构。阿克曼则从宪法文本出发，认为美国宪法中并不存在对宪法修改界限的明确规定。[①] 除此之外，还有德国的拉班德、耶林，日本学者佐佐木惣等都认为修宪权与制宪权之间并无本质之不同，不仅如此，甚至一般的立法权、修宪权与制宪权三者之间也并无不同。然而，这种观点在逻辑上可能导致的结果是，以宪法修改的程序可以修改宪法的任何内容，那么也可以按照修改程序修改宪法修改程序本身，从而导致悖反的结果。从实际效果来看，若修宪权与制宪权相同，则有损于宪法的权威性和安定性，宪法可能成为频繁被修改的对象。从其发展趋势看，不区分

---

① 关于宪法修改无界限论的观点综述，参见秦前红《宪说宪道》，中国政法大学出版社，2017，第 98~101 页。

修宪权与制宪权，甚至是与普通立法权的区别，则可能导致法律的工具主义和虚无主义。

2. 区别说

实际上，多数学者还是支持制宪权与修宪权之间存在差异的区别说。尽管存在社会现实与宪法规范之间的不一致或者不适应等情况从而使得修改宪法成为必要，但是这种修改不应该是毫无限制的，因为宪法不是一般意义上的法律，它是根本法，换言之，它是对国家最根本制度和价值的承认和决定。施米特就以绝对意义上的宪法与一般意义上的宪法律为根据，认为宪法律可以修改，但是涉及国家的根本问题则不应成为修宪权施用的对象。他论述《魏玛宪法》时提及，涉及德国人民的根本政治决断不应成为宪法修改的对象，即关于民主制、共和政体、联邦结构、议会制以及基本权利与权力区分原则等这些内容不应该被修改。① 若以修宪程序对这些内容进行修改就是以修宪为名的制宪行为，其本质上是"假主权行为"。宪法修改存在界限实际上已经成为宪法理论界的共识，中国学者也认为宪法修改是有界限的，如韩大元等学者就认为，"行使修宪权时应当受到制宪权的约束，不能违背制宪权的基本精神与原则"。② 关于宪法修改的限制的讨论实际上还是要对制宪权与修宪权的性质进行区分，韩大元教授就认为，"宪法修改权（amending power）是修改宪法的一种权力，是依制宪权而产生的权力形态，一般称之为'制度化的制宪权'"。从其权力位阶上看，修宪权低于制宪权，但是又高于立法权。③ 不过，需要注意的是不少学者尽管承认制宪权与修宪权之间存在区别，也赞同宪法修改存在界限，只不过这种界限到底何在则并未予以清晰确定。有些国家以宪法规定来决定哪些内容不能成为宪法修改的对象，如意大利、法国和德国等国家宪法中就明确规定了诸如国体、领土和联邦制等内容不能成为宪法修改的对象，但是稍加思考就会发现，这些规定并无规范意义而只不过是一种宣示性的表达，因为按照宪法修改程序这些规定本身也可能成为被修改的对象。从通说上看，一般认为诸如宪法的根本原则和基本精神，国家领土完

---

① 〔德〕卡尔·施米特：《宪法学说》，刘锋译，上海人民出版社，2004，第28~40页。
② 韩大元等：《宪法学专题研究》，中国人民大学出版社，2008，第212页。
③ 韩大元：《试论宪法修改权的性质与界限》，《法学家》2003年第5期。

整以及政体等内容不能成为宪法修改的对象。①

3. 性质

尽管关于修宪权的学界通说认为其存在诸如内容、时间和程序上的界限，但是论及宪法修改的根本性内容就必然要触及制宪权与修宪权的根本差别，因为制宪权主体需要基于政治存在本身对政治体的存在类型和形式作出总决断，由此这些决断本身是无法被修改的，否则政治体自身就丧失了其特殊存在形式。所谓制宪权就是创设宪法秩序和制定宪法的权力，是制宪权主体凭借其权威或者权力对政治体的存在形式和整体状态进行的决断。制宪权的概念与人民主权观念密切相关，换言之，制宪权是成文宪法时代的人民主权的表现形式。西耶斯认为，"结束有关宪法的种种分歧的方法只有一种。那就是要求助于国民自己，而不是求助于显贵。如果我们没有宪法，那就必须制定一部；唯有国民拥有制宪权"。② 宪法中的制宪权就被当作一种事实上的创造力，同时也是一种为宪法奠定权威性和正当性的权力。这种人民作为制宪权主体的宪法观念，将人民自我统治锁定为唯一合法的政体形式，其具体决断则带有明显的政治色彩，同时宪法既然是法律，那么就应以法定的形式将国家的根本制度和任务确定下来。

修宪权具有制宪权所不具备的性质。第一，制宪权具有原创性。制宪权是产生宪法和宪法规定的其他权力的权力，而非相反，它赋予宪法以正当性的同时又授予宪法权力机关以权限。制宪权是不可转让、不可分割和不可剥夺的，是原初性的不被产生而能产生其他权力的权力，宪法权力即是由制宪权产生出来的权力。正如西耶斯所言，"宪法的每一个部分都不能由宪法所设立的权力机构去制定，而是由立宪权力机构去制定。任何一种受委托的权力都不得对这种委托的条件作丝毫更动"。③ 第二，制宪权具有至上性。制宪权是成文宪法时代主权的别称，其本质是主权以制定宪法的形式表现出来的最绝对的和最高的权力，其他权力都居于制宪权之下。第三，制宪权具有政治性。制宪权表达了人民作为国家主人行使国家权力的政治性，它是人民实现自我治理的具体形式，它不受任何法律形式的约

---

① 《宪法学》，高等教育出版社、人民出版社，2011，第40页。

② 〔法〕西耶斯：《论特权 第三等级是什么?》，冯棠译，商务印书馆，1990，第56页。

③ 〔法〕西耶斯：《论特权 第三等级是什么?》，冯棠译，商务印书馆，1990，第59页。

束，它是赋予特定价值以规范形式的力量。第四，制宪权具有规范性。人民行使制宪权的目的是制定宪法，而宪法是以法律的形式对国家的根本制度和使命予以肯定。行使制宪权的目的是构造一个稳定的法秩序，即以实定法的形式来保证秩序的安定、权威和统一。制定宪法行使的是制宪权，而修改宪法则行使的是修宪权，如果说制宪权的行使是制宪权主体凭借其权威或权力来对国家的政治存在形式和整体状态进行决断的话，那么修宪权的行使就是宪法修改机关认为宪法的部分内容不适应社会实际而根据宪法规定的修改程序对宪法进行删除、增加、变革的活动。从其性质上可以比较得出：第一，制宪权是根本性的绝对权力，而修宪权则是派生性的，受到宪法约束的相对权力；第二，制宪权的主体是人民，而修宪权的主体是经由宪法授权的特定机关，前者是主权者，而后者是主权者的代表；第三，制宪权的行使是创造宪法秩序，它是全局性的，而修宪权的行使则是对宪法相关内容进行调整，它是局部的；第四，修宪权对宪法进行修改的限度和界限由制宪权决定而非由修宪权自身决定。

4. 根本法

观察修宪权的界限，则不得不触及宪法作为根本法的观念，在区分宪法和法律的情况下，才有可能划定修宪权的界限。而何为根本法。卢梭在《社会契约论》中基于人民主权观念对根本法进行了深刻的阐释。他将法律分为四种：一是决定全体对全体的比率，这是政治法；二是成员之间以及成员对整个共同体的比率，这是民法；三是个人与法律的关系，即不服从与惩罚的关系，这就是刑法；四是内心的法，即道德风尚。按照卢梭的理论，所谓根本法就是决定全体对全体比率之法。他认为，"整个共同体对其自身所起的作用，也就是说全体对全体的比率，或者说主权者对国家的比率……规定这种比率的法律就叫做政治法；并且如果这种法律是明智的话，我们也不无理由地称之为根本法"。① 由此可知，卢梭的根本法观念指的是作为主权者的人民与作为法律服从者的人民之间的比率，这一比率最终通过政府的形式被表达出来，从而得出政治体的权力平衡公式：人民：政府＝政府：人民。作为主权者的人民以政府为中介而施加特定力量

----

① 〔法〕卢梭：《社会契约论》，何兆武译，商务印书馆，2008，第69页。

于法律服从者身上，当主权者人民对政府施加的控制力大致等同于政府施加在法律服从者的人民身上的控制力之时，这种统治就是既自由又有秩序的统治。

《布莱克法律词典》中对根本法的解释是"确立一个国家民族或国家的统治原则的组织法；尤其是宪法。——也称之为组织法"，在此宪法被认为是根本法的载体，也就是宪法被认为是一种组织结构，这种组织形态不仅要从"做成"的意义上去了解，而且要从"生成"的意义上去了解。成文宪法时代的根本法被认为涉及共同体长期形成的不变的和不容置疑的价值和规矩，其关涉共同体的生死存亡，故而被认为是根本的，而在成文宪法时代，根本法的概念被宪法化，从而宪法被认为是根本法。[①] 但是这并不意味着宪法中的每一个条文都同样具有根本性质。施米特在《宪法学说》中是以制宪权的观念来判定何为根本的。他首先列举了各种被认为是根本法的东西：（1）从一般的意义上被认为是"根本法"的法律或者协议；（2）根本法是不能被修改也不可能被打破的绝对固定的规范；（3）根本法是只有在繁难的先决条件下才被修改或者被打破的相对稳固的规范；（4）根本法是政治统一体和政治秩序的终极统一原则；（5）根本法是诸如基本权利、权力区分、君主制原则等组织原则；（6）根本法是一个规范的归责系统的终极原则；（7）根本法是国家活动权限以及程序组织原则；（8）根本法是对国家权限或活动的一切规范化的限制；（9）根本法是实定化的政治决断。施米特认为，尽管根本法的观念五花八门，若不以特定的政治意志为其支撑，这些根本法的观念就会荡然无存。[②]只有在政治存在意志活跃的情形下，宪法作为根本法才是有意义的，否则根本无法在诸多宪法律和根本法之间作出区分。根据施米特对《魏玛宪法》的分析，能够成为根本法的乃是涉及德国人民政治决断的内容：第一，有关民主制的政治决断；第二，共和政体而非君主政体的政治决断；第三，联邦制的国家结构形式；第四，议会制；第五，关于国民法治国的决断。这些作为根本法是由德国人民的政治存在决定的，自然这些不可能成为修宪权触及的对象。

---

① 陈端洪：《制宪权与根本法》，中国法制出版社，2010，第262~263页。

② 〔德〕卡尔·施米特：《宪法学说》，刘锋译，上海人民出版社，2004，第47~50页。

因此，对根本法的理解不应该停留于词语本身，而应该深入根本法背后的政治意志，所以作为决断的政治意志存在，那么这种根本法就存在，而其决断的内容就是根本法。对照卢梭的根本法观念，卢梭将宪法作为政治法。换言之，无论是卢梭的人民对人民的比率的根本法，还是施米特对政治存在意志作出的决断的根本法，都表达了宪法基于政治意志的结构性特征。触及这一根本法的观念，则不应该成为宪法的修改对象。现代国家广土众民、社会极度复杂，卢梭的"人民—政府—人民"的公式需要进一步拓展，它可以表达为："人民—宪法—政府—社会—人民"模式，其根本法的观念需要确定平衡关系。回到中国宪法的政治法结构，陈端洪教授认为，中国宪法存在五大根本法：第一个根本法是"中国人民在中国共产党的领导下"；第二个根本法是社会主义；第三个根本法是民主集中制；第四个根本法是社会主义现代化建设；第五个根本法是基本权利。① 毫无疑问，这五个根本法之所以是根本的，原因在于背后的政治存在意志，而这种意志通过国家权力组织的形式表达了主权者的存在意志与政府和社会的比率关系。从修宪权的行使角度来看，这五个根本法就不是其可以碰触的对象。当然，从具体表现形式来看，宪法修改的限制就在于，诸如领土完整、国体、政体以及形式结构等内容就不是宪法修改的对象。

（二）宪法的创造性修改

宪法的社会主义性质决定了我国处于社会主义初级阶段，故而修宪始终与其时代性和具体处境相关。而宪法的主权结构是"中国人民在中国共产党的领导下"，这一结构既是宪法的"第一根本法"，同时也决定了修宪权行使的模式，即制宪权代表和日常代表同时构造了宪法修改的政治性和法律性的双重特征。而中国宪法的结构之调整，本质上是人民对政府所施加的权力限制，尤其是"监察委员会"入宪作为监督权的重构，强化了对政府的控制力。以上论述决定了中国的宪法修改模式并非西方意义上的宪法修改，而是一种创造性的修改模式。

1. 初级阶段

中国的宪法是社会主义宪法，除了政治、经济和社会制度的社会主义

---

① 陈端洪：《制宪权与根本法》，中国法制出版社，2010，第 282～294 页。

性质之外，其重要特征在于社会主义是一种历史阶段论，对社会主义宪法的观察不可能脱离宪法的时代处境和历史境遇。由此，对社会主义宪法的判断也会呈现出不同的时代特征，诸如对宪法进行革命宪法、改革宪法和宪治宪法的区分，背后预设的逻辑就是宪法处于转型状态之中。故而改革状态中的法治，应该是一种转型法治，就是在社会主义初级阶段的改革过程中逐步实现法治化。① 社会主义初级阶段理论是邓小平同志以实事求是的态度对中国所处的历史阶段以及中国发展状况的一个总体判断。这一历史阶段是长期的，至少要上百年，因此，这一判断指明了当代中国的历史处境和时代任务。社会主义初级阶段理论回答了两个重要的问题：其一，中国是社会主义国家，发展方向也是社会主义，从而在普遍性上解决了中国国家的根本性质问题；其二，中国将处于并将长期处于社会主义初级阶段，从而在特殊性上回答了中国特色社会主义建设的前提和处境问题。②

以社会主义的历史阶段来判断宪法和法治的发展状态才有可能落在真实的地基上，才可能认识到宪法的历史处境和阶段任务。以历史阶段论来认识宪法的主张被中国的宪法学者提及过，即认为中国宪法可以区分为"革命宪法"和"改革宪法"。所谓"革命宪法"创制于夺取政权的时代，其使命是从法律上巩固革命成果，其正当性基础是革命本身。而"改革宪法"则处于国家在政治、经济、文化和社会诸多领域中进行大幅度改革的时期，其目的是提供改革需要的秩序环境。尤其重要的是，"改革宪法"在将改革成果合法化的同时，还不得不对自身进行改革。③ 因此，"改革宪法"自身的基础既是法统，又是改革本身。从中国实施改革开放以来的大政方针来看，处于改革历史阶段的宪法，在形式上存在两个重要的特征：一是宪法修改相对频繁；二是改革在某种程度上允许违宪改革，也被称为良性违宪。以 2018 年之前的四次修宪为例，四次修改主要涉及的内容有政治纲领、经济制度、公民的基本权利、国家机构以及法律规范的技术性修正等。胡锦光教授对此的总结是，中国宪法具有比较强的政治性，也就是宪法政策化倾向比较明显，"一旦党和国家在一个时期的政策发生变化，

---

① 张龑：《改革时代的转型法治与政治代表》，《中外法学》2019 年第 4 期。
② 张神根：《社会主义初级阶段论及其时代意义》，《中共党史研究》2014 年第 1 期。
③ 夏勇：《中国宪法改革的几个基本理论问题》，《中国社会科学》2003 年第 2 期。

宪法的内容也就会相应地发生变化"。① 改革开放以来的宪法修改主要是适应改革发展阶段的要求，由于认识的深化和改革实践的展开，宪法中诸多内容不适用改革，因此需要从宪法角度来落实改革成果。而良性违宪是宪法滞后于改革进程，从而不得不先改革，后修宪。这些违宪情况的发生，虽然违背了宪法的部分条文，但是因为其符合人民根本利益和社会主义发展的基本现实，所以称为良性违宪。良性违宪的本质乃是由改革的步骤与宪法之间的脱节导致的，若恪守宪法的形式主义法治观，则可能贻误时机，无法及时有效地推出改革措施。根据郝铁川教授的分析，导致良性违宪的原因有二：一是法律与社会发展的脱节与不适应；二是中国宪法制度本身之不完善，从而导致主体受到制度约束，而当相关主体为了改革而不得不突破既有框架时，就会造成违宪的事实。当然，既然违宪存在良性和恶性之别，自然就有所谓区别的标准，这种标准即是否有利于社会生产力的发展，是否有利于维护国家和民族的利益。②

不过，我们也要注意到，重大改革必须于法有据，尤其是有宪法上的根据，这一方面表达了"依宪治国"的基本国策，另一方面也是尊重宪法的权威和尊严的要求。"改革宪法"意味着法治转型时期的宪法变动并不遵守形式主义法治观的基本价值取向，而使得这一宪法变动在正当性和合法性上同时成立的是中国独特的宪法主权构造。由此，就要涉及修宪过程中存在的修宪主体的二元性特征。

2. 主权结构

宪法包含两个重要内容，即国家权力的构造与组织以及基本权利。前者被认为属于组织法与人权法范畴。这两个部分都涉及对主权的重新构造，宪法表现为既限制国家权力以保护基本权利，同时又赋予国家权力以为基本权利的实现创造条件。无论是授权还是限权，都涉及对主权构造的安排和处理，因此，英国宪法学者就将宪法界定为"关于主权之构成与运作的规则"。探讨中国的宪法修改必然触及作为修宪主体的主权结构，阿克曼在《我们人民》中将美国的宪法结构概括为："我们人民。"那么，与之相对照，中国宪法的具体结构就可以表述为："中国人民在中国共产党

---

① 胡锦光：《试析我国宪法修改的原因》，《法学家》1999 年第 3 期。

② 郝铁川：《论良性违宪》，《法学研究》1996 年第 4 期。

的领导下。"从宪法文本上看，宪法第 2 条规定，"中华人民共和国的一切权力属于人民"，这个表述从事实上承认了主权之归属。但是从历史和现实上看，中国共产党作为工人阶级的先锋队和中华民族的先锋队，对于中国人民的组织、引领和代表作用整合了中华民族的政治存在与共同意志。而这一主权结构可以通过描述、规范以及价值三个层次的关系予以阐释。

从描述层面看，中国宪法的主权结构是中国人民在中国共产党领导下的一种事实。这一事实一方面是指中国宪法的具体秩序的状态，它既表达了人民自我统治的一种具体的存在关系，又表达了政治统一体自身的构造和动态生成原则，中国人民在中国共产党的领导下不断自我整合，涌动着无尽的创造力。中国宪法序言生动地表达了这一主权结构的事实，即历史事实和存在状态的事实。历史事实是中国人民在中国共产党的领导下取得的革命、建设和改革成就的历史过程，而存在事实是中国人民在党的领导下从事社会主义国家建设的具体状态和整合形态，即通过内外政策来表达其具体的领导状态。而从规范层面看，中国宪法主权构造的规范性体现在关于国体和政体的规定中。宪法第 1 条表达了中国的国家性质，"中华人民共和国是工人阶级领导的、以工农联盟为基础的人民民主专政的社会主义国家"。国体条款一方面表达了制宪者关于国家性质的决断，另一方面也表达了自身的主权结构。对国体条款进行规范分析，可以从宪法第 1 条第 1 款的"工人阶级领导"与第 1、2 款中的"社会主义"推导出"党的领导"，尤其是 2018 年宪法修改之后，"中国共产党领导是中国特色社会主义最本质的特征"表述的纳入，使得以上规范内容得到更为清晰的表达。① 由此，遵守宪法就是要坚持党的领导与社会主义制度。与政体条款中的人民代表大会制度相结合，我们可以分析得出，中国的主权结构通过人民代表大会制度可以得到完整的呈现，其中党的组织和活动原则与人民代表大会制度的组织和活动原则具有同构性，都是民主集中制。而最后涉及宪法的价值或者意识形态，中国宪法的主权结构具有明确的意识形态特征。中国宪法的主权结构在意识形态方面突出表现为宪法肯定了指导思想对宪法的重要意义，指导思想反映了主权结构与宪法的制定、修改和实施

---

① 关于我国宪法国体条款的规范性分析，参见林来梵《宪法学讲义》，清华大学出版社，2018，第 209~213 页。

过程中所推崇的思想原则、理论体系和价值观。由于中国宪法独特的主权结构，故而中国宪法的指导思想与意识形态同党的指导思想具有密切的关系。宪法将党的基本理论、路线和纲领落实于自身之中。党以马克思主义的具体原理与中国实践相结合，与时俱进，在革命、建设与改革时期，形成了不同的指导思想。党的领导与宪法实施过程紧密关联，这也是党的主张与人民意志的有机统一以及宪法实施的根本依据。

以中国宪法的主权构造为前提，中国宪法的修改模式必然不同于一般意义上的修宪行为。落实到具体的修宪权与制宪权的区分上，因为其主权构造是"中国人民在中国共产党的领导下"，所以只有洞悉了中国修宪过程的二元模式才可以解释"良性违宪"产生的根本原因。从代表概念来说，中国宪法的主权构造是中国共产党的领导权与人民主权之间内在和谐和统一的关系，从而在修宪行为中存在两个代表模式：一是以人民代表大会为基础的日常代表模式，其行使的是一般意义上的修宪权；二是以党的领导的主权构造为基础的特别代表模式，其行使的是制宪权。因此，有学者认为，中国宪法存在制宪权与修宪权的双重代表模式，党的领导以制宪权代表机构常在的方式实现。[1] 而之所以出现良性违宪的现象，是因为社会的创造力与宪法自我修正的能力存在时间上的裂隙，作为制宪权代表常在的机构，其感知社会创造力的能力更强，并且可以敏锐地作出回应，从而将尝试、试点和制度化的过程置于宪法修改过程之前，造成"违宪"但符合时代精神的外在表现。因此，探讨中国宪法修改权，不应拘泥于其到底属于制宪权还是修宪权这种非此即彼的二元区分，而应该立足中国宪法独特的主权构造。从中国宪法修改的具体实践来看，宪法修改一般要经过党的建议、人大修宪来完成，其中对于重大的国家体制改革与社会政策，一般都要经过党的艰苦探索、试点和评估之后才可能形成集体意志并最终落实于宪法当中。反映在具体的修宪过程中，主要体现为三道前后相继的程序，首先是中共中央向全国人大常委会提出关于修改宪法部分内容的建议，而这个建议一般会征求各地方、各部门以及专家的意见，形成建议草案之后再由中共中央全体会议审议和通过才会将正式的建议提交给全国人

---

[1] 关于制宪权代表常在模式的论述，参见陈端洪《制宪权与根本法》，中国法制出版社，2010，第24~27页。

大常委会。这道程序宪法没有规定，但是在具体的实践过程中都是以此方式来进行的，故而这道程序也被称为"惯行性的前置加接程序"。① 第二道程序是全国人大常委会根据党中央提出的建议形成宪法修正案草案，并由有权提出宪法修改提案的机关向全国人大提出。最后一道程序才是宪法草案的通过并颁布。

中国宪法的主权结构还决定了宪法修改的限度，宪法中的根本法或者政治统一体的决断实际上是以政治体的意志为保证的。在中国宪法中，既然一般意义上的修宪权与制宪权是同时发挥作用的，那么宪法修改的限度就需要结合二者来加以论述。若修宪权以制宪权的名义来实施，那么制宪权显然就超出了一般的宪法规范的性质，按照制宪权的定义，它是不受任何法律约束的权力。但是，回到中国宪法的主权结构，我们可以发现如下特征。首先，制宪主体的构造不可能成为宪法修改的对象。"中国人民在中国共产党的领导下"作为第一根本法不可能成为修改的对象。作为第一根本法，这是整个政治体的存在依据。其次，修宪行为具有一定的实验性，制宪权端赖于社会的创造力，吸收社会创造力进入宪法的能力是由党的领导完成的，从而出现了政策的实验性与宪法的法定性之间的时间差，造成"良性违宪"的现象。最后，制宪权与修宪权同时在具体的修宪行为中起作用，导致中国宪法修改的幅度超出一般宪法修改的幅度。以自1982年历次宪法修改为例，其幅度超过一般的宪法修改的幅度，其中涉及指导思想、社会经济以及法治的内容较多。

3. 比率调整

前述论及卢梭所认为的根本法的概念，其本质是在政治体中，作为主权者的人民对作为法律服从者的人民的比率，而自由和秩序的平衡端赖于二者之间取得一个恰当的比率。换言之，即在"主权者人民—政府—作为法律服从者的人民"三者之间取得平衡。以宪法修改的逻辑来重新理解这一公式，就是要通过宪法修改来实现人民对政府的控制力等于政府对作为法律服从者的人民的控制力，因为政治体被创建之后绝不会凝固不变，政治体会随着时代变迁和情势的发展不断发生自我调整和适应。然而，卢梭

---

① 关于这道程序的相关论述，参见林来梵《宪法学讲义》，清华大学出版社，2018，第125页。

的《社会契约论》所谈及的是小国寡民的社会，按照卢梭的想法，能够彻底成为《社会契约论》中的"德性理想国"的政治体绝非广土众民的国家，卢梭也未在其著作中涉及市民社会这一现代社会生活的具体形式。对于现代社会而言，一般采取宪法这一模式来实现社会治理，由此，主权演变为制宪权，人民主权原则落实于宪法规范之中，并构造现代政治秩序的精神图景：主权者—主权者代表—宪法—政府—市民社会—臣民。这一精神图式描述了主权者人民派出特别代表制定宪法以构造政府实现人民自我治理的基本模式，其中宪法与政府的关系是第一重关系，宪法对政府既赋予其权力，同时又限制其权力之滥用。前者主要表现为宪法中的立法、行政和司法之间所拥有的权力，而后者主要是通过权力的监督与制约来限制公权力的滥用。因此，以宪法对政府施加限制表达的是主权者对政府的约束力。除此之外，现代政治社会还有一个中介性力量，也就是公民社会，其居于政府和普通民众之间，构成了对政府施加于公民之力量的限制，同时普通民众也可以通过公民社会中的团体或组织来对政府施加限制。现代国家的宪法若要实现自由和秩序的统一，则必须在这一平衡结构中寻求恰当的比率。以此为框架，我们可以观察新中国成立以来的宪法秩序。

1954 年宪法颁布之后，我国先后进行过三次全面修改，而对现行的"82 宪法"又进行过五次修改。我们可以在中国宪法的历次修改中发现对政治体平衡状态的一个调整过程，尤其在现行宪法中，一方面主权结构对政府施加了相应的限制，从管理型政府到服务型和法治型政府转变，而随着改革开放和市场经济的完善，一个相对成熟的社会不断形成。因此，宪法从文本上就要作出相应的调整来适应这种社会发展的变化。以"82 宪法"为界限，这种调整可以分为两个阶段，"82 宪法"之前，中国宪法主要以计划经济为主导，政府通过直接对社会的干预，从而落实社会主义发展的任务。从某种意义上可以说，作为普通民众与政府之中介之社会发展并不成熟，而在党与政府关系上，呈现出党政不分、以党代政的现象，从而导致中国宪法的主权者构造对政府的强势控制。虽然政府对社会生活和普通民众的控制力十分强大，但是反过来主权者人民对政府的控制力也同样强大，因此政治体依然可以维持其平衡状态。在两端的强力作用下，社会和经济生活并未发展起来，普通民众的生活并不富裕，社会的创造力并未得到发挥。我们可以从"主权者—政府—社会—民众"的角度来观察宪制结构的比率变化，其中主权者代表对政府的控制力的变化，表现为党政关系的调整和变迁，而政府与社会的关系主要表现为政府不断创新管理理念和改革管理体制，不断调整政府和市场之间的关系，在这一过程中市场起到更为重要的作用，市场的力量不断增大。同时，随着经济发展水平不断提升，民众获得了更多的自主性和自由，权利得到了更好的保障。

中国宪法的主权结构决定了中国党政关系的独特性，因为党一方面通过"密切联系群众"的方式可以迅速及时地吸收人民的意志和创造力作为制宪权常在代表从而对政府构成约束力，另一方面中国共产党又作为先锋队代表先进的观念与发展方向从而对政府起到引导作用。党的领导具体表现为政治领导、思想领导和组织领导。党在政府机关内设党组，以及派遣纪检组，还同时建立了中央和国务院党政合一的工作机制等。纵观党政关系的调整，其背后的基本逻辑是强化党的领导作用，而其内在精神就是保持政府是人民的政府，为人民办事，也就是增强主权者人民对政府的控制力。后来这在政治话语上就被表述为，党的领导、人民当家作主和依法治国的统一。

以宪法的构造来观察政治体的平衡结构，其中政府也是重要的一环，自改革开放以来，我国政府一直遵循简政放权的逻辑来增强政府的服务意识，并以法治政府为目标完善政府的管理体制。实际上，自改革开放以来，中国政府机构改革步伐从未停止，在长达四十余年的改革过程中，中国政府每五年一次，至今有七次改革，其发生的时间分别是 1982 年、1988年、1993 年、1998 年、2003 年、2008 年和 2018 年。政府机构改革一方面是自身职能的重新定位和完善，另一方面是处理政府、市场和社会三者之间的关系。这种改革也被研究者认为是政府周期性的自我革命。① 政府的治理能力并不与政府本身所掌握的能力成正比，适当地简政放权可以激发市场活力和基层治理的自主性，而政府可以集中精力做好其最重要的工作。从改革开放以来政府机构改革的过程来看，20 世纪 80 年代，政府改

---

① 关于中国政府改革的历史和主要特点，参见赵宇峰《政府改革与国家治理：周期性政府机构改革的中国逻辑——基于对八次国务院机构改革方案的考察分析》，《复旦学报》（社会科学版）2020 年第 2 期。

革的主要内容是调整党和政府及政府与企业之间的关系，一方面强调党政分开，让政府回归自身的职责，专注行政，而另一方面则强调政府不要干涉企业的生产经营活动，政府应该成为宏观经济的决策者和监督者。而进入 20 世纪 90 年代，政府一方面要处理好"大政府"和"小政府"之间的关系，因为按照社会建设的要求，政府需要满足社会经济发展对公共物品和服务的大量需求，从而政府要有所作为，但是另一方面市场经济发展的逻辑要求政府尽量少地干预市场的机制，从而要求政府有所不为。而进入21 世纪，中国特色社会主义市场经济体制不断健全，政府职能要从管理型政府向服务型和法治型政府转型，一方面要强化政府依法行政的能力，另一方面又要塑造服务型政府的理念，政府要主动适应市场经济的发展。中国社会是一个超大型社会，政府、市场和社会的定位始终处于一个不断变动、不断调整的过程中。政府放权给予市场主体和普通民众以更多的自主性是释放社会创造力的必然要求，但是政府也要注重增强自身的管理能力和服务意识。"82 宪法"的四次修改虽然并未从宪制机关的角度触及政府机构改革，但是从政府内部机构改革的角度看，政府一方面应减少和合并各个部门以实现精简与效率提高，另一方面政府应转变态度，不断减少审批项目，建设服务型政府。从宪法变迁的角度看，政府在整个平衡结构中是不断适应经济社会发展需要的。

作为政府与普通民众之中介的社会，其力量与作用之增长与宪法的修改密切相关。"82 宪法"经过五次修改，其中 2018 年宪法修改与之前四次修改又有差别，其修正内容涉及范围非常广泛。这些内容主要可以分为三部分：第一部分是对社会主义发展阶段与历史处境的重新定位，这部分内容表达了社会主义国家宪法的历史阶段性特征；第二部分是将社会从国家中予以释放并激活的内容，将国家与社会分离，通过激发社会创造力来为社会主义现代化建设服务；第三部分涉及依法治国、私有财产保护、人权保障等内容，这部分可以看成宪法对人之尊严的推崇，同时也可以看成社会发展状态的法权基础。① 以前四次宪法修改中关于经济制度的修改为例，1988 年的修改涉及私营经济合法地位和土地使用权转让这部分内容，以宪

---

① 高全喜教授认为四个宪法修正案构成了"新的宪法精神"，参见高全喜《政治宪法学纲要》，中央编译出版社，2014，第 116~122 页。

法来保证私营经济的法律地位，使其可以自主经营而不受外在不合理限制。这一修改实际上释放了私营经济的活力和创造力，为社会主义市场经济的发展创造了制度条件。而关于土地问题的规定进一步强化了市场要素的流动性。1993 年的宪法修改承认了家庭联产承包责任制的宪法地位，在宪法意义上承认了农村改革的合法性。1999 年的宪法修改在经济上进一步明确了以公有制为主体多种所有制共同发展的思路，让外资、私营经济可以为社会主义经济发展作贡献，而且对政府和市场的关系进行了重新定位。2004 年的宪法修改对公有制之外的经济形式予以承认，以宪法形式明确规定了"国家鼓励、支持和引导非公有制经济的发展"。从这些规定中可以看出，宪法修改实际上逐步承认了市场的主体地位，并保护私有产权，这些规定共同为发展社会主义市场经济提供了法治保证，而市场经济的发展为活跃的政治社会提供了财富之源，尤其是对财产的保护为公民的政治参与和市民社会的发育奠定了坚实的基础。而通过历次改革，市场从国家直接管理中脱离出来，具有一定的自主性。

二　"监察委员会"入宪

监察体制改革是国家治理体系和治理能力现代化的重要组成部分，其目的是建立集中统一、权威高效并且实现全覆盖的监察体制。这里可以从两个层面来区分监察体制改革：一是从治理体系角度对国家权力的重整，具体来说就是监督权的重新配置；二是从治理能力角度对监察权的集中、激活和发动，并落实到具体监察权的行使过程，如具有高度中国特色的"合署办公"。从改革的结果上看，监察委员会成为重要的国家机构，在权力序列上置于行政权之后，而立足于司法权之前，重新塑造了"一府一委两院"宪制机关。而另外我们也要注意到，监察委员会与党的纪律检查委员会合署办公这一重要特征。结合宪法第 1 条中修改的内容，"中国共产党领导是中国特色社会主义最本质的特征"，可以发现二者为监察权的存在、行使和限度奠定了宪法基础。探讨监察委员会入宪，首先是要对监察权予以定性，在此前提下才可以从宪法角度对其进行配置与重整；其次是从宪制构造角度对监察权所涉及的一系列疑难问题加以探究，尤其是监察权与其他国家权力的复杂关系，其中最重要的就是监察权与最高国家权力机关的关系问题。

（一） 监察权的双重性质

论及监察权的性质就不得不涉及党的领导权，而仅仅从国家权力机关的角度论述监察权回避了中国最大的政治现实。实际上，监察委员会自试点以来就有相当明确的政治定位。无论在宪法体制中如何安排国家权力的分工和协作，最后都要统一于党的领导这一根本原则。换言之，党的领导是宪法体制中权力整合的保证。中国既不是西方意义上的权力分立体制，也非一般意义上的议行合一体制，而是"在中央层面，党中央掌握领导权，全国人民代表大会拥有立法权，国务院行使行政权，最高人民检察院和最高人民法院行使司法权，全国政协行使参政议政权，中央军委行使军事权。……所有国家机关统一在党中央的领导下开展工作"。① 而在此权力结构中，离散意义上的监督权整合为权威高效、集中统一的监察权，那么就必然要从两个意义上对其加以理解，一是党的领导与监察权的关系，二是宪法中监察权的宪制定位。由此，监察权具有政治性和规范性的双重性质。

1. 政治性

与其他国家机关不同的是，监察委员会具有鲜明的政治色彩，而官方也将其定位为政治机关。在监察委员会改革一周年之际，《人民日报》刊发的文章就认为，监察委员会"是政治机关，不是行政机关、司法机关"。② 而在监察委员会成立之前，《中国纪检监察报》发表文章称："监察委员会是实现党和国家自我监督的政治机关……监察委员会作为政治机关，政治属性是第一属性、根本属性，必须始终把讲政治放在第一位。"③ 不过，需要注意的是，政治机关这一表述在中国语境下具有相当宽泛的含义。从中

---

① 鄢一龙等：《大道之行：中国共产党与中国社会主义》，中国人民大学出版社，2015，第4页。
② 《国家监察体制改革试点取得实效——国家监察体制改革试点工作综述》，《人民日报》2017年11月6日，第1版。
③ 闫鸣：《监察委员会是政治机关》，《中国纪检监察报》2018年3月8日，第3版。

国国家权力机关的定性来看，其首要的就是政治机关，而中国的政治机关指的主要是以落实党的路线、方针、政策为首要责任，维护党的领导、巩固党的地位的组织。如果在这个意义上探讨监察委员会的政治机关性质，那么就不可能与其他政治机关的性质相区别。为此，若要凸显监察权的政治性，仅以政治机关一般性质来理解是不够的，而必须回归到监察委员会集中行使监察权的政治使命、政治原则与政治特色的角度中去观察。

首先，监察委员会的成立有着明确的政治使命，其主要使命就是预防和惩治腐败。监察体制改革的主要背景是加强党对反腐败工作的集中统一领导，强化和整合国家反腐败的力量。中国共产党作为中国特色社会主义事业的领导核心和中华民族的先锋队，必须不断加强自身建设，始终保持与人民的血肉联系，以人民为中心。而在长期执政背景下，要克服各种内外危机，其中涉及自身的包括官僚化带来的代表制危机以及主体性削弱带来的能力不足的危险。而腐败作为人民群众最痛恨的现象，必须以高度的政治意识来惩治与防范。监察委员会的初衷和使命就是反腐败，实质上其是反腐败机构。其次，监察委员会的组织和运行遵循坚定的政治原则，监察委员会的运行机制体现了高度的政治性。监察委员会的成立是由中国共产党经过政治决策成立的，并经过试点、推广和宪法修改等过程，这奠定了其成立的政治基础。而合署办公进一步整合和强化了党对反腐败工作的集中统一领导，为监察权的运行扫清了制度障碍、理顺了权力关系，以及解决了纪法衔接等问题。最后，监察委员会是具有政治特色的机关，即监察委员会行使的权力不同于行政、司法等权力，而是具有中国特色的监察权。这种监察权继承了中国古代的监察制度的优秀传统，又以中国特色的社会主义理论进行了重新规划与设计。它以人民为中心开展工作，是党治国理政过程中的新探索。通过将监察委员会作为专责的反腐败机构，一方面整合了反腐败的力量，实现了集中统一领导，另一方面使得党惩治腐败的思路、方针和政策可以得到更好的贯彻。根据监察法的规定，监察委员会不仅可以采取强制性措施以惩治腐败，而且还可以采取柔性手段履行教育与检查职责，廉政教育主要是通过理想、信念教育使行使公权力的公职人员树立正确的权力观，自觉、主动地增强意识和提高觉悟。

前面只是从事实层面描述监察权本身的政治性，若将其置于2018年修宪过程来看，监察委员会的入宪所表达的是监察权作为一支特别的权力被置于宪法的整体权力构造之中，它在政治上表达了以下三个重要意涵：其一，监察权本身是主权对治权的监督，是主权者人民对其委任之政府主张主权权威，这是权力构成的政治性；其二，监察权是对政治秩序内部权力构造之比率的调整，这是秩序平衡的政治性；其三，从宪法修改的过程来看，它是制宪权代表常在机构的政治决断，这是决断上的政治性。

首先，监察权作为一种特殊的监督权，其本质是主权对治权的监督和限制。之所以区分主权与治权，在于主权者不可能完全行使全部权力，而必须将其治理之权交由其代理者来行使。在君主时代，尽管主权与治权合一，不区分主权者及其政府，但是依然赋予其最高行政官员以治权，不过主权者以其最高的任免之权保持着对治权的控制与限制。在此之外，对最高政府官员的日常施政情况的评估是通过监督来实现的，为了确保监督的有效性和专门性而专门设置相应机关来行使监察权。在中国古代，监察权实际上是皇权监督其政府和官僚体系的专门性监督权。自卢梭的人民主权观念以来，唯一正当的政府被认为是人民主权之下的政府，主权者从君主转变为人民，不管政治正当性的转变有多么巨大，从权力行使的逻辑来看，无论是人民的政府还是君主的政府都应当接受监督，以高扬主权者的权威。具体到奉行人民主权原则的国家，对政府的监督通常采取的模式都是分散性的，如代议制监督、社会团体监督、公民监督、舆论监督等，这种监督一方面扩大了监督主体的范围，但是另一方面又造成了监督效能不足、监督力度不够等问题。从这个意义上，中国的监察体制改革具有两个方面的重要特征：一是表达了主权者人民对政府的监督，高扬人民主权的权威来监督政府；二是回避了现代监督体制的分散、无效和无力的弊端。而使这一切成为可能的是中国独特的主权构造，即"在中国共产党的领导下"使人民对政府的监督权可以采取集中的方式来统一行使。因此，在2018年宪法修改中，我们注意到监察委员会入宪所产生的对宪法诸多内容的修改，还应予以特别注意的是，宪法第1条增加的关于"中国共产党领导是中国特色社会主义最本质的特征"的内容。二者相互结合才可以理解中国宪法中监察权的政治性的意涵，这种政治性主要表达的是主权对治权予以约束的权力构造上的政治性。

其次，监察权的重新配置是对政府权力的约束，从权力平衡的角度观察，监察权是节制政府权力，维系政治平衡的重要方法。监察机关是主权者限制与约束政府力量的专门机关，因此，监察机关以主权者的名义对政府中行使公权力的公职人员进行监督，从而约束其权力，以期达到主权者对政府的控制力与政府对人民的控制力之间的平衡。回到中国的宪法体制，这里的约束又是通过权力平衡的政治性来实现的。中国政治体制中存在双重代表结构，即以党的执政权为基础的使命代表以及以人大的宪制安排为基础的代议制代表。而这两种代表分别通过不同的方式实现对政府的监督，一是以党的领导为原则的监督；二是以人大制度为中心的监督。前者是党的领导权对政府进行监督的具体化，后者是人大作为代表机构对政府监督的具体化。从党的使命代表来看，党的监督权主要是通过对担任国家公职人员的党员进行监督来实现的，党内设有纪律检查委员会来行使检查权，对违犯党纪的党员进行调查处置。而正是通过对担任国家公职人员的党员的监督和约束，从而实现对政府的权力进行约束。按照监察权是主权对治权监督的逻辑来看，监察权应该被置于权力机关之下，但是同时应置于权力机关所产生的其他机关之上的位置。由此，可以满足人民代议制机关对人民委托的其他权力的监督。宪法修改之后，关于人大与监察委员会的关系的界定也是非常清晰的，并无争议，监察权当然不可能超越人大的权力。真正产生争议的是人大代表是否可以成为监察权的施展对象，这一点我们留待后面予以解决。

最后，监察体制改革是一次重大的政治体制改革，涉及宪法修改的并非一般意义上修宪权的行使，而是制宪权常在代表进行的政治决断，因此监察权具有政治性。监察权的宪法正当性的基础是宪法修改机关的政治决断，这一决断涉及对国家权力的重新调整。宪法修改并非无预兆的一次性决断，而是通过监察体制改革的试点工作之后，对其进行评估和检讨最终落实于宪法修改，最后以修正案的形式将监察委员会的宪制地位在宪法中予以确立，从而为制定监察法以及监察体制改革全面铺开提供制度依据。因此，观察中国的监察体制改革以及监察权的重新配置，不是通过一般意义上的政治决断来进行，而是通过对制宪权常在代表机构与日常的代议制机关的共同配合才可以顺利而逻辑一贯地推动这项重大改革。监察机构位高、权重，其改革涉及我国政治权力架构的重大革新，其启动、试点是一个独特的政治过程。党的十八大以来，中共中央查处腐败的力度空前强化，不少高级干部和普通官员纷纷落马，从而不得不对之前的反腐败体制进行反思和整合。为此，2016 年 12 月 25 日第十二届全国人民代表大会常务委员会第二十五次会议通过了《全国人民代表大会常务委员会关于在北京市、山西省、浙江省开展国家监察体制改革试点工作的决定》（以下简称《决定》）。这种采取授权方式加以试点的逻辑便于处理改革与宪法之间的关系。在宪法修改之前，监察权并未取得独立的宪制地位，而试点中的监察权初步具备后来宪法中监察权的格局。尽管试点取得了全国人大常委会的授权，但是参照宪法的相关规定，在某种程度上其已经突破了宪法对权力体系的基本规范。从宪法解释的角度无法调整监察体制改革与宪法安定性之间的张力，故而监察体制改革使得宪法修改成为必要。以突破形式主义法治外观的方式来推行改革和试点工作，这是由中国宪法独特的宪制构造决定的，只有通过制宪权与修宪权之间的张力以及权力构造之间的关系，才可以解释监察体制改革所产生的宪法局部的例外状态。中国共产党作为制宪权的常在代表会根据历史情势和阶段性任务来调整政策和方针，而宪法以及由宪法规定的相关制度和权力并未及时适应时代之变化，故而制宪权常在代表可以行使其决断权打破日常时间之流。因为按照制宪权的性质，它不受宪定权和日常法治的约束。正是因为中国宪法的双重代表制结构，人民主权的双重代表在政治判断与规范判断之间的时空间隙才可以解释"良性违宪"这一现象，而不是只盯着宪法的文本，恪守形式主义法治的教条。

2. 规范性

关于监察权的规范性，涉及两个部分内容：一是涉及监察体制改革的控制；二是涉及对监察机关采取的"留置"手段的合宪性问题。一方面，监察体制改革的本质是对监督权的重整，监察委员会的创设必须具有坚实的宪法基础，而具体到监察权的行使，则应当按照宪法和法律规定的相关原则来进行，这是权力的规范性。另一方面，监察权还需要解决权力行使过程中对基本权利的尊重与保护，也就是要解决长期以来困扰纪检机关的法治难题。

从改革开放以来的历次涉及宪法的重大改革来说，其采取的一般方式就是通过在特定领域与局部区域进行试点改革，然后向多领域和全局范围内推广。因此，试点、改革和法治是一个既具有张力又长期存在的现象。围绕改革与法治的关系，中央明确提出了"重大改革于法有据"，2014 年 10 月 23 日党的十八届四中全会通过的《中共中央关于全面推进依法治国若干重大问题的决定》指出，"实现立法和改革决策相衔接，做到重大改革于法有据、立法主动适应改革和经济社会发展需要。实践证明行之有效的，要及时上升为法律。实践条件还不成熟、需要先行先试的，要按照法定程序作出授权。对不适应改革要求的法律法规，要及时修改和废止"。在文件中，党作出了关于改革和法治之间关系的重大论断，肯定了重大改革要于法有据这一基本主张，具体来说涉及三个层面：其一，改革要得到法律程序作出的授权；其二，行之有效的改革要上升为国家法律；其三，不适用改革的法律要及时修改与废除。具体到监察体制改革，其授权决定是由全国人大常委会作出的，监察体制试点工作在北京市、山西省和浙江省开展，其上升到法律就体现为对宪法的修改，而对于之前的行政监察法也予以废除。从形式上看，监察体制改革遵循了改革与法治发展的基本逻辑，妥善处理了监察体制改革与宪法体制变革之间的法治关系。但是，尚待解决的问题是宪法对监察体制改革的控制。

宪法作为根本法，对涉及全局性的改革以及触及宪法权力体制的重大变革自然要进行控制，并提供相应的约束机制。实际上，在监察体制改革过程中，宪法的控制力通过宪法保留的原则得到了确定。监察体制改革是党和国家监督体制的重大改革，这种改革是对监督权的重新配置和制度性调整，它与宪法国家权力组织原则密切相关，故而监察权的重新配置显然属于宪法事项。根据宪法保留理论，涉及根本性的内容属于宪法保留的事项应当由宪法来规定或调整，一般性的法律、规章或规范性文件不得对其进行调整。宪法保留的目的是保持宪法对关键性事项的控制力。从重大改革要于法有据的论断出发，符合宪法的改革要从宪法中论证其规范性基础。因此，围绕监察体制改革，其实施步骤是试点、立法和修宪三步，这三个步骤都牵扯到一些理论争议。在第一步试点改革方案中，全国人大常委会作出过两次试点决定，试点中对国家机关体系的局部性调整关涉国家权力机构体系的宪法保留事项。在第二步上，立法过程先于修宪过程。监察体制改革过程中，监察法（草案）主要是由全国人大常委会来审议。在监察法（草案）说明中，李建国指出，"监察法的立法工作由中共中央纪律检查委员会牵头抓总"。[①] 第三步是监察法通过之前对宪法进行修改，这次修改的幅度比较大，涉及监察委员会职权的规范较多，根据宪法的安定性和权威性的原则，多处修改可能对宪法的权威性造成冲击。[②] 因此，从具体改革的过程来看要突出宪法的作用和控制力，只不过这种控制力并不是通过个别规范来起作用，而是通过宪法的结构性控制为改革预留空间。

宪法结构性控制能够发挥作用要具备两个基本的前提。其一，改革者接受并认可宪法保留的控制力。改革过程中，改革者基本接受了宪法的基本价值，在修改宪法和制定监察法的过程中遵循法律程序以及上位法的约束。而当时无须修宪的主张并未得到改革者的支持，修宪让宪制权力架构的变革得到宪法上的承认。其二，监察体制改革属于重大的政治性议程，政治性在此要发挥其作用，涉及宪制权力架构的重大变革本质上是需要制宪权机关发挥其政治决断作用的。为此，2018 年的宪法修正案以及基于修正案制定的监察法才可以回答试点决定授权不足的问题，补足监察体制改革的宪法依据，它将成熟的可复制的经验和制度以法律的形式，尤其是以宪法的形式固定下来，并对相应的其他涉及监察法规范的法律法规进行修改和废止。

监察体制改革中涉及规范性的第二个问题是"留置"，它主要与宪法基本权利相关。现代宪法的主要目的是以基本权利限制公权力，但是监察法规定的监察机关可以行使包括留置在内的多项权力，前者涉及权力之规范性基础的问题。宪法中国家机关条款赋予权力机关相应的权力，这种权力规范形式被称为"积极规范"，而基本权利规范作为公权力行使的界限从而对其构成限制，因此也被称为"消极规范"。具体到监察体制改革，其积极规范的内容涉及监察委员会的组织、权限及相关程序，而消极规范主要涉及的就是宪法的基本权利。《决定》赋予监察委员会广泛的权力，

---

① 李建国：《关于〈中华人民共和国监察法（草案）〉的说明——2018 年 3 月 13 日在第十三届全国人民代表大会第一次会议上》，《人民日报》2018 年 3 月 14 日，第 4 版。

② 李少文：《国家监察体制改革的宪法控制》，《当代法学》2019 年第 3 期。

涉及十二项，它们分别是谈话、询问、讯问、调查、冻结、调取、查封、扣押、搜查、勘验检查、鉴定以及留置等。尤其是留置措施，因为其是对公民基本权利的强力干预，多引起侵害公民基本权利的疑虑。因此，需要对留置与基本权利规范进行专门的探究以明确监察权的界限。

观察监察权中的留置手段，主要是解决反腐败的法治难题，它主要是以"留置"来取代"两规"，从而使"两规"法治化。而所谓留置是指，"监察机关在处置涉嫌贪污贿赂、失职渎职等严重职务违法或职务犯罪时，已经掌握被调查人部分违法犯罪事实及证据，仍有重要问题需要进一步调查，并且具备法定情形，经依法审批后，将被调查人带至并留在特定场所，使其就案件所涉及的问题配合调查而采取的一项案件调查措施"。① 留置被认为是监察权所独有的手段，它是监察权行使的重要组成部分，针对职务违法和职务犯罪活动，它可以采取接近逮捕的措施。它一方面是对人身自由的剥夺，另一方面从时限来看最长可以达六个月。而且监察法第44条还规定"留置一日折抵管制二日，折抵拘役、有期徒刑一日"。关于监察权中的"留置"应当以立法机关创设的其他权力来进行解释。关于留置手段的正当化方式通常会以党内纪律为基础来加以论证，因为凡加入中国共产党的党员都要接受党纪的约束，留置实际上是党纪对党员采取的约束性措施。所以留置是党的"双规"手段的外部化，处理党员干部的职务违法和犯罪的司法程序通常以党内纪律检查为其前置性条件。监察体制改革要整合反腐败的力量而且要实现全覆盖，而监察委员会行使的留置权就必然扩及党员之外的其他行使公权力的公职人员，因此监察法的制定在于进一步将留置手段予以合法化。

（二）　宪法结构中的监察权

监察体制改革是对国家监督权的重新调整，其将分散行使的监督权，按照反腐败的要求进行整合与重塑。经过宪法修改之后创设的监察委员会获得宪法地位，原来的"一府两院"的结构被拓展为"一府一委两院"。其牵扯的权力结构幅度之大是"82宪法"以来前所未有的。这种权力结构

---

① 《〈中华人民共和国监察法〉释义》，中国方正出版社，2018，第134页。

的重整必然牵扯到与其他国家权力机关的复杂关系。我们可以将这种关系分为三类：一是监察委员会与党的领导的关系；二是监察委员会与最高国家权力机关的关系；三是监察委员会与其他国家权力机关的关系，主要是监察委员会与行政机关与司法机关的关系。党的领导与监察委员会的关系是监察体制改革的核心问题，具体涉及党的领导与监察权的重构，其具体表现形态是党的纪律检查机关与国家的监察委员会合署办公。这一部分内容较为复杂，需要专章进行论述。而监察委员会与国家权力机关的关系的复杂性在于，监察机关的职权所针对的是所有行使公权力的公职人员，而人大代表作为公权力机关的成员自然属于其监督范围，问题在于人大作为权力机关同样享有对由其产生的其他机关的监督权，二者之间需要厘清关系。而监察权是行政权、司法权之外被创设的第三种集中行使的权力，它们之间的关系，一方面体现为抽象的权力之间的关系，另一方面体现为权力与公职人员之间的关系。

1. 监察委员会的宪制地位

监察委员会成立的目的是整合反腐败力量，具体就是将国家体制中的监督权予以集中，达成集中统一、权威高效的目的，建构监察权全覆盖的中国特色国家监察体制。从监察委员会的具体位置看，它由人大产生，对人大负责。独立行使监察权的监察机关，其权力根据以及服从的对象是主权者，具体到国家机构体系中，它只服从作为主权者代表的全国人大，而对其他国家机关行使监督之权。在国家权力的层级上，国家监察委员会的宪法地位低于全国人大，与其他国家机关处于平等地位。这一结构既不同于中国古代的监察御史制度，其行使的监察权是皇权对其政府的控制权，也不同于民国时期的监察院，后者与立法院、行政院、司法院、考试院并列，被孙中山认为是人民有权，政府有能之权能区分，并且监察权还拥有对高级官员的同意权和弹劾权。从人民代表大会出发的监察权，其权威来源一方面是作为主权者人民之代表的全国人大的授权，另一方面是主权结构中的党对党员的监督之权。二者通过"合署办公"这一独特制度安排而发挥作用。

宪法第 123 条规定，监察委员会是"国家的监察机关"，而第一百二十七条则规定，"监察委员会依照法律规定独立行使监察权，不受行政机关、社会团体和个人的干涉。监察机关办理职务违法和职务犯罪案件，应当与审判机关、检察机关、执法部门互相配合，互相制约"。前者涉及其独立的宪法地位，从而不同于监察体制改革之前的行政监察权、职务违法和职务犯罪的侦查权与预防权。而后者明确监察委员会与其他国家权力机关之间的关系是"互相配合"和"互相制约"。这一界定包括三个方面含义，其一，监察权是根据民主集中制原则而组织的国家权力，是一种纵向分权的逻辑。按照民主集中制的原则，人民通过人大行使权力，人大再产生其他国家机构，这些机构对其负责并受其监督。[①] 其二，监察权属于人大之下的国家权力分工体系中的一部分，这是一种横向分权的逻辑。权力分工是我国权力分配的核心范畴，一方面监察机关享有一种独特的权力类型，这种权力在宪法上被界定为监察权，另一方面分工的目的是基于同一任务的环节分解，由此，监察权是实现国家权力任务中的一环，不可能与其他权力关系相脱离，故而需要与其他国家权力机关相配合。其三，监察权与其他国家权力还存在制约关系。所谓制约是从横向分权的角度来实现权力之间的相互限制，这一制约关系是从权力限制的角度来观察"凡公权力都有必要予以限制"，而非从监察权的权力性质角度来探讨监察权的监督职能。从监察权所蕴含的监督权角度来说，监督表达了权威层次上的上下关系。而"制约"表达了横向水平权力在运行过程中的碰撞、摩擦和阻碍，是一种权力自然发生的状态，宪法以权力自行运动的逻辑来实现其目的，即对权力的限制。

2. 监察委员会与人民代表大会

人大与监察委员会之间的关系可以分为两个不同的论题：一是人大监督与监察监督之间的关系，具体说就是两种监督权之间的关系；二是作为人大组成人员的人大代表是否可以成为监察委员会监督的对象。而后者还有可能衍生出来的问题是，若对人大代表行使监察权是否可能造成人大监督权作为抽象权力受到下位监察权影响的问题。

监察委员会的监督权与人大的监督权都属于我国宪法中监督体制的重要构成部分。在我国，监督体制由三个重要部分构成：人民监督、人大监督

---

①　关于民主集中制的相关论述，参见肖蔚云《新宪法对民主集中制原则的发展》，《法学研究》1983 年第 1 期。

以及监察委员会监督。所谓人民监督是根据主权原则推动的人民监督权，我国宪法规定，"一切权力属于人民"，而且也明确规定了人民对国家权力机关的监督权，宪法第 3 条第 2 款规定："全国人民代表大会和地方各级人民代表大会都由民主选举产生，对人民负责、受人民监督。"出自人民的任何权力都必然受到人民的监督。另外宪法还以基本权利的方式对人民的监督权予以保障，而根据宪法第 41 条的规定，"中华人民共和国公民对于任何国家机关和国家工作人员，有提出批评和建议的权利；对于任何国家机关和国家工作人员的违法失职行为，有向有关国家机关提出申诉、控告或者检举的权利，但是不得捏造或者歪曲事实进行诬告陷害"。根据林来梵的分析，此条涉及的监督权可以分解为政治性的权利和非政治性的权利，其中政治性的权利是基于公共利益和政治意志而监督国家机关及其工作人员的权利，属于"监督权"的范畴。① 人民正是通过行使监督权的方式来对国家权力进行监督的。人大监督权是宪法赋予的权力，宪法第 3 条第 3 款明确规定："国家行政机关、监察机关、审判机关、检察机关都由人民代表大会产生，对它负责，受它监督。"人大行使的监督权是对国家机关及其工作人员的检查、调查、督促、纠正以及处理的强制性权力，是人大作为权力机关的重要权力。② 人大监督权主要以法律监督与工作监督两种方式来实施，前者是对宪法和法律实施情况的监督，而后者则是对"一府一委两院"的工作是否符合宪法和法律职责，及其组成人员是否尽职尽责进行监督。而后者的监督刚好与监察委员会"对所有行使公权力的公职人员进行监督"的职责存在重叠。

因为二者的监督权出现重叠现象，故而学术界对监察委员会的职权是否会对人大的监督权造成影响形成两种不同的观点。一种认为，在国家体系中，人大地位最高，因此人大监督是基于其地位的一元二级的单向监督体制，而监察委员会使得一元单向的监督体制发生变化从而形成一种权力多元同级的监督体制。另一种则认为，从抽象的权力本身来看，人大的监督权是高位权力，监察委员会的权力是在人大之下行使的监督权，监察机

---

① 林来梵：《从宪法规范到规范宪法——规范宪法学的一种前言》，商务印书馆，2017，第 158~159 页。
② 蔡定剑：《中国人民代表大会制度》，法律出版社，2003，第 21 页。

关的监督权要服从人大的监督。① 而且其监督的重点也不同，人大的监督权主要是"以国家机关为中心"，而监察委员会的监督权则以"公职人员为中心"。监察权的权威基础在于其上位权力，即全国人大的授权，监察委员会由全国人大产生并对其负责，因此从权力关系上，监察权的从属地位是清晰的，因此也就不可能存在监察委员会的权力可以超越人大监督权的问题，在权力逻辑上，人大作为主权者人民的代表机关，其设置监察委员会的目的是代人民集中行使监督权以监督人大之下的国家机关工作人员是否依法履职，其是集中力量反腐败的专门机关。故而，监察委员会的监督权是人大监督权的下位权力，它的行使方式与人大监督权的行使方式不同。问题在于，监察委员会行使的"监督所有行使公权力的公职人员"是否可以扩及人大代表。这就涉及人大代表是否属于公职人员，以及公职人员的范围该如何界定的问题。

根据监察法第 3 条规定"依照本法对所有行使公权力的公职人员进行监察"，以及第 15 条对监察对象范围的界定，其中最后还有一个兜底条款，"其他依法履行公职的人员"，可以判断一个人是否属于监察的对象，具体来说有两个判断标准，一是是否行使"公权力"，二是是否具有"公职人员"的身份。根据谭宗泽教授的研究，他将其进一步细化为公权、公职、公务和公财等实质要件。② 而人大代表是否属于"公职人员"在学术上还有争议，一种观点认为人大代表属于公职人员，自然要成为监察权的作用对象，只是因为其身份特殊，所以对其监督要严格遵守法定程序，另一种观点则认为人大代表要与一般公职人员相区分，从而应当排除在监察对象之外。③ 实际上，仅从"公职人员"的形式标准无法认定人大代表是否属于监察对象，而应该回到实质问题，即人大代表作为公职人员，其行使的代表职权是不是一般公权力职权，因为我国人大代表一般为兼职代表，当其行使人大代表职权时自然无法成为监察对象，但是当其履行一般的公职行为时自然可以成为监察对象。

---

① 陈瑞华：《论国家监察权的性质》，《比较法研究》2019 年第 1 期。
② 谭宗泽：《论国家监察对象的识别标准》，《政治与法律》2019 年第 2 期。
③ 秦前红：《国家监察法实施中的一个重大难点：人大代表能否成为监察对象》，《武汉大学学报》（哲学社会科学版）2018 年第 6 期。

3. 监察委员会与行政机关、司法机关

监察委员会在宪法地位上是与行政机关、司法机关平行的国家机关，按照宪法第 127 条之规定："监察委员会依照法律规定独立行使监察权，不受行政机关、社会团体和个人的干涉。监察机关办理职务违法和职务犯罪案件，应当与审判机关、检察机关、执法部门互相配合，互相制约。"这条规定表达了监察权独立行使原则，以及在具体办案过程中与其他机关的关系，这种关系主要有两个方面：一是配合，二是制约。监察委员会改革的初衷就是从行政机关中剥离出行政监察职能，从检察机关中剥离出处理职务违法和职务犯罪的相关职能，以实现反腐败力量的重新整合。

从监察对象的主要构成来看，政府行政部门的公职人员占据相当大的一部分。而监察委员会独立行使监察权不受行政机关干涉的主要原因是其掌握大量行政资源，而可以不依附行政机关就让监察权充分发挥效能。监察委员会对行政机关的监督主要包括两个方面：一是政府工作人员在监察委员会的监督下行使职权展开工作；二是与行政机关的配合，主要体现在具体办案过程中，行政执法部门需要配合监察机关办理具体案件。监察机关可以根据情况提请公安机关配合其调查工作，公安机关应当依法提供协助。当然，除公安机关外，还有国家安全机关、审计机关、质检监督部门都属于行政执法部门。监察委员会在处理具体案件时涉及诸多流程和环节，其手段的实施需要行政机关的配合。而制约关系主要是在配合过程中实现的，因为监察机关在执法手段方面还需要公安机关提供协助，协助就可能产生制约关系，比如采取的措施需要公安机关提供相应的意见。

监察权与司法权的关系是监察机关与其他国家权力机关之间关系的重要方面，因为无论是职务违法还是职务犯罪最终都必须通过司法环节来认定和判断。一个司法过程需要多个机关的参与，宪法第 140 条规定："人民法院、人民检察院和公安机关办理刑事案件，应当分工负责，互相配合、互相制约，以保证准确有效地执行法律。"在监察体制改革之后，宪法围绕监察委员会等内容进行了涉及面极广的修改，但是并未触及这一条，可能的原因在于监察机关所处理的案件主要涉及职务违法和职务犯罪，这样的案件并不都属于刑事案件。监察委员会入宪之后，当涉及严重职务违法和职务犯罪等案件时，监察委员会必然会与人民法院、人民检察

院和公安机关发生工作和业务上的联系。此时，根据监察委员会在宪法中的地位，监察委员会是优先于人民法院、人民检察院和公安机关的。那么，如何理解宪法规定的"分工负责，互相配合，互相制约"的关系呢。这就需要具体讨论监察委员会与这三个机关在业务上的衔接和配合。

所谓互相配合要满足两个前提条件：一是各个机关都分配有专门的角色，在其具体阶段分别扮演主要角色；二是各个机关之间要保证流程的通畅性。监察体制改革之后，人民检察院的反贪、反渎职的侦查职能被转归于监察委员会，相关案件主要由监察机关调查后移送检察机关依法提起诉讼。因此在监督调查阶段，监察机关起主导性作用，进入起诉阶段则由检察院起主导作用，而进入审判阶段则由审判机关根据事实和法律进行相应的审判。其中，互相配合还体现在具体案件移送过程的衔接上，如在管辖权限、强制措施、审查起诉、证据运用等方面，监察机关与检察机关要做好衔接工作。而进入具体的审判程序，司法机关的审判活动不受监察机关的影响。而所谓互相制约，就表现在具体案件中，司法机关与监察机关在权力运用上的制约关系。检察机关是法律监督机关，其法律监督职能主要体现在立案监督、审查批捕和公诉三个环节，在监察体制改革之后检察权对监察权的制约作用主要表现在监察法第47条第3款："人民检察院经审查，认为需要补充核实的，应当退回监察机关补充调查，必要时可以自行补充侦查。"也就是说，检察机关依然可以动用其法律监督权来约束监察机关。而法院对监察委员会的制约主要表现在对非法证据的排除以及疑罪从无的判断上。

以上探讨的是监察权与司法权的关系，但是需要注意的是，司法机关的权力与行政机关的权力的重大差别在于，司法机关更注重审判权与检察权行使的独立性。尤其是司法权中的审判权是非服从性的权力，其上下级的关系更多的是监督关系而非垂直领导关系。而监察机关"对所有行使公权力的公职人员的监督"权力，其对象也包括行使审判权和检察权的法官与检察官。为了保证司法权自身的权威性，针对人民法院和人民检察院的法官和检察官的监察可以配置更高级别的监察机关来实施，从而保证其权威性。

第七章　党的领导与监察权的重整

修改宪法并在国家机构体系中设立与行政、司法相平行的监察机关，是实现国家治理体系和治理能力现代化的重要举措。监察体制改革的主要目标是整合反腐败资源和力量，"加强党对反腐败工作的集中统一领导，建构集中统一、权威高效的中国特色国家监察体制，实现对所有行使公权力的公职人员监察全覆盖"。① 监察体制改革之后形成的监察委员会与党的纪律检查委员会合署办公，形成独具中国特色的监察体制。不同于其他国家机关的是监察委员会被定为政治机关，它可以实现党对监察工作的领导，从而实现党和国家的自我监督，通过合署办公的形式使纪律检查委员会与监察委员会的权力实现整合，合署办公具有强烈的政治色彩。然而，不得不予以追问的是，党反腐败的意志是如何通过特定的宪制机制而整合的。为此，必须从以下两个方面入手来探讨这个问题：一是从宪制结构上探讨党的领导与监察权的关系；二是监察体制改革的重要举措就是合署办公，它是党政一体化的具体表现。

一　党的领导与监察权

在 2018 年的宪法修改中，一处重要的修改是在宪法第 1 条第 2 款中增加了"中国共产党领导是中国特色社会主义最本质的特征"。这一表述进一步明确和确认了中国共产党在社会主义建设中总揽全局、协调各方的核

---

① 李建国：《关于〈中华人民共和国监察法（草案）〉的说明——2018 年 3 月 13 日在第十三届全国人民代表大会第一次会议上》，《人民日报》2018 年 3 月 14 日，第 4 版。

心作用。在监察体制改革上，这一重要修改，一方面为其奠定了坚实的宪法根据，使得监察委员会的性质可以与党的领导直接关联，实现了监察委员会政治性的强化；另一方面则使党对监察委员会领导法治化、规范化。监察法第 2 条也规定了："坚持中国共产党对国家监察工作的领导。"本条明确了党的领导原则，具体表现为三个方面：一是坚持党的领导是中国特色社会主义最本质的特征，这一点也被 2018 年宪法修改所明确；二是坚持党的领导与国家法治具有内在的一致性，二者的价值归宿都是人民的利益；三是党的领导是取得反腐败胜利的根本保证，党对反腐败工作的统一领导是根本的政治原则。① 监察委员会负有特殊的历史使命，在国家机构意义上是党的领导、人民当家作主和依法治国有机统一的重要组成部分。

（一）宪法中"党的领导"规范

坚持党的领导是一项根本的政治原则，为了增强执政党的领导权，2018 年宪法修改中将"党的领导"进一步明确写入宪法当中，成为总纲第 1 条的重要组成部分。这一方面使得国体的表述更为充实，另一方面也为"党政一体"的机构改革奠定了宪法基础。② 甚至有人根据这一修改认为，国家根本制度"由党的领导制度与人民代表大会制度同构而成"。③ 党的领导作为宪法规范需要处理的是党与国家机构之间的关系，具体表现就是党政关系的历史变迁。自新中国成立以来党政关系一直是中国国家政治体制中的核心问题，作为执政党，中国共产党经过长期实践和总结，在 2018 年宪法修改中明确了"党的领导"在国体、政体和宪制构造中的重要意义。然而，学术界对这一结构的学理认识还有待深入。一般仅从宪法中规定的党的领导的相关表述入手探究党的领导在各个领域的宪制地位，但是未就党的领导及国家机构之间的实质性关联展开论述。

从历史上看，党的领导自新中国成立以来就融入了国家机构的设计之中。在新中国成立之初，《中国人民政治协商会议共同纲领》在总纲第 1

---

① 关于党的领导作为监察法的根本原则的论述，参见马怀德主编《监察法学》，人民出版社，2019，第 101～104 页。

② 范进学：《2018 年修宪与中国新宪法秩序的重构》，《法学论坛》2018 年第 3 期。

③ 刘松山：《党的领导写入 1982 年宪法的历史回顾与新期待》，《河南财经政法大学学报》2014 年第 3 期。

条就规定了党的领导，具体表现为国家的性质是"中华人民共和国为新民主主义即人民民主主义的国家，实行工人阶级领导的、以工农联盟为基础的、团结各民主阶级和国内各民族的人民民主专政，反对帝国主义、封建主义和官僚资本主义，为中国的独立、民主、和平、统一和富强而奋斗"。在"54宪法"中，对"党的领导"的表述主要通过两种方式来实现，一是通过序言中的党领导人民取得的历史功绩的叙述来阐明党的领导的历史正当性，二是通过国体条款中的领导阶级的表述来阐明党的领导的规范意涵。"82宪法"继承了"54宪法"的精神和基本结构，在2018年宪法修改之前，"党的领导"主要体现在宪法序言中，其采取的并非平白直述的方式，而是通过显性和隐性两种方式来呈现。前者通过宪法直接叙述"党的领导"的历史和现实，后者通过党领导人民要实现的国家任务和奋斗目标来体现。国家监察委员会的成立与党的领导的实质关联并不能通过解读党的领导的规范条款的意义阐明，而必须置于"党的领导"的总体结构中予以解释。通过"党的领导"载入国体条款以及"监察委员会"入宪，并通过合署办公的形式实现了党的领导与国家机关直接关系的实质化和规范化。换言之，通过宪法和监察法的相关规定，一方面，纪检与监察原有的分工和格局所形成的政治关系转变为法律关系，另一方面，监察委员会成为政治机关。为了阐明这一构造则有必要回到中国宪法的"第一根本法"当中去解释。

中国宪法结构中的第一根本法是"中国人民在中国共产党的领导下"①，以此为第一根本法才能解释中国宪法的特殊结构。"82宪法"对党的领导采取三种表述方式：一是历史陈述，序言第五至第七自然段为对党领导人民取得的历史性胜利的事实陈述；二是人民决断，主要是第七自然段表述"中国各族人民将继续在中国共产党领导下"的政治决断；三是宪法第1条关于国体的原则性规定。根据林来梵的研究，党的领导是通过如下方式实现的：①中国共产党本身拥有作为"人民代表"的高度政治自觉；②通

---

① 陈端洪教授将"中国人民在中国共产党的领导下"认定为中国宪法的第一根本法。这是事关根本的权力配置的法。它超越了宪定权的结构，陈端洪教授认为，"中国实质的宪法体制的特点是，制宪权代表常在和宪定权同在，并凌驾于宪定权之上"。因此，只有通过"执政权"的概念才能解释这一现象。具体参见陈端洪《制宪权与根本法》，中国法制出版社，2010，第1~45页。

过全国人民代表大会来实现将政策转变为国家意志，虽然执政党也可以不通过国家权力机关来实现其意志；③国家机构的民主集中制原则，最终与执政党内部组织制度的民主集中制原则相衔接。① 而我国宪法序言第七自然段也规定了党的领导，"中国各族人民将继续在中国共产党领导下……"陈端洪教授在其引起广泛关注的论文《论宪法作为国家的根本法与高级法》中将"中国人民在中国共产党的领导下"认定为中国宪法的第一根本法。② 所谓第一根本法，它指明的是宪法的权力分配原则，是绝对意义上的宪法。

从根本上说，宪法是授权法和组织法，党若不强化其领导作用，宪法的权力组织功能就会被削弱，从而失去组织规则的意义。为此，中国宪法学研究的一个重要任务就是要在机制和体系上论证党政关系的一致性和内在融贯性。监察委员会入宪以及合署办公是党强化其领导权和监督权的一次重要尝试。

对党的领导与国家机关之间关系的一致性和融贯性论证，需要对两种执政模式进行探讨。为此，我们有必要回到现代政治体的内在结构中去，卢梭认为基于人民主权原则，人民具有双重身份，一是作为主权者人民，其保证政治体的正当性，但是人民却无法行动；二是作为法律服从者的人民，其要接受主权者人民的控制。二者之间的比例中项就是政府，政府构成了两种身份之间力量的中介。卢梭将政府这一比例中项称为"执政者"，现代政治通常以代议制模式来实现人民对执政权的控制，通过代议制政府，人民选举代表进入立法和行政机构来实现其意志。而且配合政党政治，通过政党的纲领与议程来实施社会动员，争取执政机关。但是，在这种模式中，政党通常是以政府本身为框架来互动的。而另一种模式则与之不同，它挣脱政府和议会的框架，直接与人民对话并代表人民，从而超越代议制的执政模式，这种模式就是政党领导的执政模式。我国主要采取政党的执政模式，但是又借助一般的代议制模式来实现其意志和政策。而两种模式所采取的代表结构不尽相同，政党的执政模式是通过"使命—代

① 关于党的领导和国家机构的具体实践形态的论述参见林来梵《宪法学讲义》，法律出版社，2015，第247~250页。

② 陈端洪：《制宪权与根本法》，中国法制出版社，2010，第255~332页。

表"而实现的，而代议制执政模式则是通过"选举—代表"来推动政府行动。

我国宪法修改中将"中国共产党领导是中国特色社会主义最本质的特征"的表述纳入宪法国体条款，具有将"执政权"予以实质化和规范化的倾向。党的领导始终对政治体起着守护及维持其"统一性"的作用，因此人民主权与法律的服从者之间的关联才被制度化的代表性作用表达出来。在我国的宪法实践中，党的领导与国家机构之间的关系是通过在国家机构中设置党组织的方式实现的。中国共产党的领导权不仅是一种政治权威，党员和广大群众对其产生信仰与认同从而自觉服从其号召，而且它也是一种政治权力，这种权力是通过党作为国家和社会的领导党之身份而具有的。从实质概念上讲，党的领导主要包括政治领导、思想领导和组织领导。政治领导主要指的是其宪法修改建议权、立法和政策建议权以及执政监督权；思想领导则是通过党的理论宣传和政治工作使广大党员遵循党的基本路线，统一在党的精神领导下，使党的主张成为人民自觉的行动；组织领导指的是干部提名权和执政监督权，前者是党对干部的提拔、选择和使用，而后者主要是对党员干部是否依法履职、道德操守的考察和监督。[①]换言之，虽然党通过宪法来进一步确认"党的领导"这一宪法原则，使其实质化、制度化和规范化，但是另一方面我们也要注意到，党的领导的范畴比执政权这一概念更为宽泛。以执政权的概念来把握党的领导在宪法体制中的角色和地位，是实现党的领导权规范化和法治化的需要。

（二）党的领导、人民当家作主与依法治国的有机统一

监察体制改革是在党的领导、人民当家作主和依法治国有机统一的框架内展开的，这三个要素在监察权的配置、运用和实现过程中都起到了重要作用，尤其是党的领导，它既是党的执政权在国家机构中的具体体现，也是党的领导监督权在主权关系中的具体落实。党的领导是前提，三者有机统一在不同的历史时期表现出与历史处境的适应性。对此需要阐明的是：第一，三者与监察权之关系；第二，如何实现有机统一。前者涉及理

---

① 陈云良、蒋清华：《中国共产党领导权法理分析论纲》，《法制与社会发展》2015 年第 3 期。

论与制度的解释，而后者主要是哲学内容的解释。

有机统一，用英语表述就是"organic unity"，其中有机的反面是机械的和无生命的，事物之有机与无机的区别通常表现为从无生命向有生命的过渡状态，有机物是生命产生的物质基础。当然，将"有机"概念运用于人文社会科学的目的是强调其不同于机械性的、孤立地看待事物的观点，有机的观点反对将事物各要素做简单的混合、加减或者拼凑，而是在运动和相互关联中把握事物之间的性质与状态，其追求的目标是事物的合目的性和状态的和谐。要想探讨有机统一在人文社会科学上的意义和内涵，必须从哲学出发。

康德论述的有机概念是从自然目的论的角度入手的，康德在《判断力批判》中区分了两种合目的性，一是"相对的合目的性"，它指的是客观的、质料的外在合目的性；二是"绝对合目的性"，它指的是客观的、质料的内在的合目的性。前者主要用来解释自然之间按照其有用性而相结合的观点，这种观点指向的是一种自然的神学问题；而后者则是从内在合目的性和自组织的角度来探讨自然目的，即有机体。康德认为，"如果一物自己是自己的原因和结果（即使在双重的意义上），它就是作为自然目的而实存的"。[1] 它表达了有机体的存在状态，有机体的部分通过整体而实存，而整体对部分负责，故而这种基于自然目的而实存的物才可以称为作为有组织且自组织之物。根据康德的看法，所谓有机物就是各部分互为目的和手段，其构成的整体对各部分负责的物。

黑格尔对康德的有机观提出了批判，他指出康德的目的论乃是一种静态的目的论，需要对其加入实践因素，使其成为具有辩证法色彩的发生学意义上的目的论。如果说康德认为的有机概念是"目的和手段互为一体"的话，那么黑格尔的界定就是"有机体中，目的乃是其材料的内在的规定和推动，而且有机体的所有各环节都是彼此互为手段、互为目的"。[2] 康德主要是以目的论概念来消解理论和实践之间的张力，但是黑格尔将有机思维发展成为一种辩证思维，是他观察和理解事物运动变化的逻辑进程和自我规定性。换言之，有机概念要脱离主观性而通过客观和主观的矛盾发展

---

[1]　〔德〕康德：《判断力批判》，邓晓芒译，人民出版社，2002，第219~220页。

[2]　〔德〕黑格尔：《小逻辑》，贺麟译，商务印书馆，1980，第145~146页。

而回到自身。他说有机物可以转化自我，这是无机物所无法做到的，"有生命的东西总是使自己濒于险境，在自身总是有一它物，但又能忍受这一矛盾，这就是无机物的东西所不能做到的。……就会是生命。"① 但是黑格尔对有机物概念的解释是服从其绝对唯心论的，它认为生命活动本身就是绝对观念论的。

若不是通过修辞而是从其哲学实质来探讨有机概念，则必须回到马克思的有机观，而且马克思理论所继承的正是德国古典哲学的精华。马克思以历史辩证法为方法论，他以有机观来看待社会的历史过程，并认为社会发展具有辩证性、有机性和过程性等特征。他拒绝黑格尔的绝对唯心主义哲学前提，将历史研究还原为劳动与生产力的物质关系。继承马克思主义理论观点和方法的研究者都接受社会有机论，即将社会理解为各个领域、要素和环节相互依赖、相互作用共同构成一个历史的演进过程的观点。马克思所论述的有机体观点主要是用来观察社会的内在运行机制和结构的，这一思维方式具有哲学上的真实意义：首先，有机体并非孤立地存在数量的不相关状态；其次，有机体的各要素之间相互依赖、相互作用，它们共同构成一个整体，整体和部分相互依赖指向统一体；最后，有机体并不是静止不变的而是随着时间变化而演进的。党的领导、人民当家作主和依法治国的有机统一，第一，三者之间的关系不是孤立的，而是相互联系的；第二，三者之间相互联系共同构成一个整体，是整体和部分的统一体；第三，作为有机统一体，其不是静止不动的，而是在具体的历史与实践中处于不断调整和变化之中。"有机统一"作为哲学概念，它既是观察事物变化的认识论，也是处理事物关系的方法论。当然，也有论者从中国古代的中庸之道来论述有机统一所表达的关系。有机统一的反面就是将事物之间的关系予以割裂，认为党的领导、人民当家作主和依法治国都是根本性的原则，必须贯彻到底，而不注意三者之间的张力，或者以片面静止的观点来看待三者的共存状态，甚至以机械的方式随意拼凑三者的联系，实际上，处理三者关系要将其置于具体的历史情境和实践条件之中。而处理三者之间关系的重要方式就是有机统一，它是以中国古代的中庸之道来处理

---

① 〔德〕黑格尔：《自然哲学》，梁志学、薛华等译，商务印书馆，2009，第379页。

三个基本原则之间的相互关系的，根据其原则和制度在不同时期的特点，调和各自的关系，使各种要素各得其所，各就其位，不相混淆更不会相互否定。所谓中庸之道出自《论语》："中庸之为德也，其至矣乎。"而《中庸》又将其作为根本的儒家哲学范畴予以发挥，所谓"不偏之谓中，不易之谓庸"。以中庸来解读有机统一的哲学概念，是以执中行权的方式来处理各要素之间的关系，既有原则性又兼具灵活性。

总体而言，无论是以执中行权的模式来处理三个原则的关系，还是将有机统一作为认识和处理事物的认识论与方法论都要回到基本关系模式中去探究三要素之间的关系，而且必须承认的是三原则之中根本性的和前提性的原则乃是党的领导，它既是三种相互关系得以存在的前提，又是三者运行得以平衡的保证，同时也是最终实现统一的基础。

中国共产党的领导地位是历史的选择、人民的选择。中国共产党是我国社会主义事业的领导核心。中国共产党的领导作为中国宪法的第一根本法，它表达的是基于"使命—代表"关系而形成的主权构造，其格式化修辞可以表达为："中国人民在中国共产党领导下。"这一主权构造以及领导结构，也以中国共产党是中国工人阶级的先锋队，同时也是中国人民和中华民族的先锋队的形式体现出来。作为先锋队，中国共产党担当起了人民意志建构的重任，这种意志建构并非一般意义的对分散的私人意志的整合，而是通过指明未来方向和道路的方式来建构人民意志。① 具体到中国宪法的主权构造，中国共产党的领导地位是通过其作为中国人民的制宪权代表来实现的，在常态情况下，执政党在宪法和法律的框架内活动；而在改革或者例外状态下，党作为制宪权代表可以行使其决断权，从而制定宪法和法律。在宪法意义上，党以制宪权代表的身份将其领导权实质化；在日常意义上，党则以执政党的身份推动或者借助国家机关来实行其大政方针。

人民当家作主是承认人民才是国家的主人，宪法第 2 条规定："中华人民共和国的一切权力属于人民。"国家政治活动要以人民为中心，为人民服务是党的宗旨。党领导人民取得了革命、建设和改革的巨大成就，作

---

①　关于先锋队与人民意志建构之间的关系的讨论，参见张龑《人民的成长与摄政的规范化——辛亥革命以来的人民意志建构及其先锋队》，《中外法学》2012 年第 1 期。

为社会主义事业的领导核心，党领导人民、紧紧依靠人民，党是实现人民民主的主心骨。① 人民当家作主是社会主义民主政治的本质要求，而实现人民当家作主的根本途径和有效方式就是坚持人民代表大会制度，切实保证人民依法行使民主权利，监督国家机关及其工作人员为人民利益服务。人民代表大会制度是我国的政体，是我国政治的组织原则，体现着我国政权的根本性质和根本活动原则。在国家机构体系中，人大作为人民的代表机关，其他机关由它产生，受其监督。人民代表大会制度是我国根本的政治制度，其根本性表现在：第一，它全面反映了我国国家政权的阶级性质；第二，它最大限度地体现了社会主义民主原则；第三，它是我国国家制度形成的基本架构。全国人民代表大会是最高权力机关，地方各级代表大会是地方权力机关。人民通过人民代表大会管理国家事务，行使当家作主的权利。人民代表大会制度具有广泛的代表性，真正体现人民意志，其代表来自社会各行业、民族和阶层。

依法治国是党领导人民治理国家的基本方略，依法治国的主体是党领导下的人民群众，依法治国的对象是国家事务以及经济社会事务，国家的各个领域都纳入法治的轨道，而依法治国所依据的是宪法和法律。我国宪法和法律是党的主张与人民意志相统一的最终呈现，法律追求的是安定性、可预测性和可信赖。尽管各国具体的法律制度不同，对法治的实现方式也不尽一致，但是都表达了一个基本的取向就是规则之治，所谓规制之治就是国家要依照规则来治理，而且也要通过规则来治理。具体来说，一方面，国家不仅要为其治理对象制定规则，而且自身也要服从规则；另一方面，国家下达的治理指令要以规则的形式出现，而且这些指令也要以规则为基础。规则可以排除恣意的干扰，可以不断重复，具有可预期性。党的十九大报告指出，深化依法治国实践要"推进科学立法、严格执法、公正司法、全民守法。"

谈党的领导、人民当家作主和依法治国的有机统一，就是要根据不同的历史情景和实践状态来处理党的领导、民主与法治之间的关系，三者之间不是排斥关系，也不是孤立的，而是在党的统领之下，三个要素相互配

---

① 唐任伍：《人民当家作主制度体系的理论完善》，《人民论坛》2019 年第 27 期。

合、相互依赖构成一个统一的整体。具体来说就是要处理好党的领导与人民民主的关系，以及党的领导与法治之间的关系。对于前者党的领导是根本的政治原则，其与民主的关系表现为党是人民意志的建构者，并通过人民民主的形式将党的方针、路线上升为国家意志。而对于后者，就涉及处理政治与法律的关系问题，政治与法律各有其功能，各有其作用，不能以对立方式看待法律与政治的关系。

（三）双重代表制与监察权

党的领导、人民当家作主与依法治国的有机统一是设置监察机关的制度条件和基础。从有机统一的内涵出发，监察权既是党的领导的具体表现形式，也是人民当家作主的一个重要实现手段，同时也是依法治国的重要组成部分。

从党的领导角度来说，必须坚持党对国家监察工作的领导，才能实现其反腐败力量集中统一、权威高效和全覆盖的改革目标。监察委员会不同于其他国家机关的重要特征就在于它与党的领导之间的关系更为明确和突出。而人民代表大会制度是监察委员会得以产生的制度基础，监察委员会对同级人民代表大会负责并受其监督，从国家体系的角度来说，监察体制改革是国家监督权的重新配置，其根据在于人大的授权。而监察权是根据宪法和监察法行使的权力，监察体制改革的初衷是反腐败的法治化和规范化，是制度性反腐的一种重要形式。然而，具体到监察权的形成模式以及其与党的领导与国家机构之间的关系，则需要通过我国宪法的双重代表制来予以解释。所谓双重代表制就是中国人民作为主权者有两个代表机关，一是中国共产党，具体来说就是中共中央，二是全国人大。根据陈端洪教授的研究，他认为这两个代表机关，分别代表不同的层次，前者是制宪权代表的常在机构，也就是政治代表，而后者则是宪定权的代表机关，也就是法律代表。而且这两个机关之间的关系并不是并列的，全国人大在党的领导下。[①]

论及监察权与党和国家机构之间的关系，就有必要对党的领导权和执

---

① 陈端洪：《制宪权与根本法》，中国法制出版社，2010，第 25 页。

政权的概念进行区分。中国共产党是领导党，但同时也是领导人民掌握国家政权并长期执政的政党。在学理上对党的双重身份进行区分，一方面可以深化对宪法体制的规范性认知，另一方面则有利于厘清监察权行使过程中的权力逻辑关系。党作为领导党和执政党的双重身份，陈端洪教授将之表达为："执政党具有两个身体，既是制宪权的常在代表，也具有宪定权的属性，行使日常领导权。"① 这里区分了党的双重宪法性质，但是对领导权与执政权并未作细致区分，实际上党的领导权是构成制宪权代表常在的政治基础，而执政权才是宪定权层次上的党通过国家机构落实其纲领、政策和方针的形式。然而，我们可以看到宪法学上并未对领导权和执政权进行细致的区分，或者偏重以执政权来表达党的领导的规范含义，或者不谈领导权，仅仅将其当作非法学的政治概念。但是，从党领导人民取得革命、建设和改革成就的历史过程来看，其产生的宪法和一般性法律文件中都涉及党的领导，而执政权的概念是为了适应党的历史性身份转换而发展出来的概念。区分党的领导权与执政权的目的是将监察权置于中国宪法结构中的恰当位置，并予以正确理解。以国家机构为基础，其实可以区分两种党的活动，一是领导活动，二是执政活动。根据郭道晖、张恒山两位教授的研究，实际上领导与执政之间是存在区别的。党的领导是通过党的纲领与主张吸引党员和人民群众拥护与追随，使党在国家和社会事务中起到引领、组织的作用。而党的执政活动是党通过党员干部担任国家政权机关的工作人员，贯彻党的主张，处理国内外大事，为人民利益服务而实现的。具体来说二者存在以下几点不同之处：第一，地位取得方式不同，党的领导是一种事实关系，它更多依据的是权威，而党的执政地位是一种法律关系，它依据的是宪法，受到宪法的保护；第二，主体不同，党的领导是党通过中央到地方的组织机构来实现的，而执政的主体主要是通过担任国家公职的党员来实现的；第三，手段也不同，党的领导包括政治、组织和思想领导，其具体手段是宣传、教育、说服和示范等，而执政所使用的手段则是宪法和法律提供的，根据宪法和法律的规定制定法律、颁布政策、执行法律和命令等；第四，施加的对象也不同，党的领导的对象并非

① 陈端洪：《制宪权与根本法》，中国法制出版社，2010，第 32 页。

由宪法和法律所限定，它可以扩展到社会生活、思想观念和意识形态等诸多领域，凡是法律未予以禁止的领域都可以是党领导的活动领域，而执政行为本身必须有明确的宪法和法律的授权，执政行为不能超越法律的范围来行使其权力。在这个意义上，区分领导与执政，一方面可以强化党与群众的血肉联系，始终使党保持着旺盛的生命力，自觉地融入人民群众中去；另一方面，也不至于将党的执政行为泛化，无限地扩张其权利和义务范围。①

通过对领导与执政的区分，可以在宪法意义上将党的领导置于恰当的位置，党是社会主义事业的领导核心，党领导人民制定宪法和法律，这时党的领导体现为制宪权常在代表；而在宪法和法律制定之后，党作为执政党必须在宪法和法律的范围内运行，也就是说作为执政党，党要带头守法。从宪法构造中党和国家机构的关系来看，宪法中制宪权代表的功能主要是通过党的领导来实现的，而日常政治意义上的宪定权和国家权力行使则是通过党的执政权来实现的。由此，关于监察权的性质问题其实涉及两个方面：一是党的领导原则下的监察权，这种监察权是从主权者的政治代表的角度来监督执政行为的；而从执政权的角度看，监察权作为国家权力的一部分，监察委员会由人大产生，其监察权来自权力机关的授权。在国家权力的意义上，宪法创设这一权力的目的是，权力机关通过监察权对所有行使公权力的公职人员进行监察。区分党的领导权和执政权的目的就在于廓清党与人大之间的关系。从制度生成史和实际运作角度看，人民代表大会制度是在党的领导下创建的，也是在党的领导下运作的，坚持和完善人大制度也离不开党的领导。但是，从概念上我们并不能将人民代表大会制度这一政体概念单纯地理解为"中国共产党领导的人民代表大会制度"，这种对政体概念的理解一方面混淆了法律与政治之间的关系，另一方面又压缩了"党的领导"的意义。党的领导是全面的，党领导人大工作只是党的领导在政体意义上的表现，而党的领导其实是国体层面的，是主权与政治意义上的领导。因此，从中国宪法构造来说存在双重代表模式，一是以党的领导为根据的主权构造意义上的代表关系，党是人民政治上的代表；

---

① 参见郭道晖《权威、权力还是权利——对党与人大关系的法理思考》，《法学研究》1994年第1期；张恒山《中国共产党的领导与执政辨析》，《中国社会科学》2004年第1期。

二是人大作为代议制机关在法律上形成的代表关系，人大是人民在法律上的代表。党是通过人大制度以及产生的国家机构来执政的，这是党的领导在宪法和法律上的具体表现形式，但是党的领导并不局限于国家权力这一层面，它涉及国家、社会和人民群众等方方面面，所以说"党政军民学，东西南北中，党是领导一切的"。党的领导在社会意义上是一种政治权威，在国家意义上是一种政治权力，而其领导权资格又是在历史中形成的，是党通过其先进性以及人民的选择而自然形成的。

（四） 对监察权的监督

建构与立法权、行政权和司法权相平行的监察权的初衷就是遵循凡是公权力皆要受到监督与制约的原理。制宪者不可能将所有权力毫无保留地授予政府，而要保留必要的监督权，只是在人民主权与制宪权逻辑下，宪法制定之后，人民隐退，其对政府的监督通常通过代议制机关或者社会团体或个人的方式来行使。然而，中国宪法对公权力及行使公权力的公职人员的监督并未采取一种分散的方式，而是以高度集中的方式重新在宪法中配置一种专门的权力，也就是监察权。但是，监察权毕竟也是公权力。按照凡权力皆受监督和制约的原理，监督权力的权力也要受到监督与制约。为此，探讨监察权的监督与制约问题一般也同样遵循公权力监督与制约的原理：第一，以更高的权力来监督更低的权力，即在监察权之上设立相应的权力机关以监督监察权的行使，即监督模式；第二，以权力位阶相平行的权力来制约其权力行使，即制约模式。

所谓监督模式就是以权威或者权力的更高者来监督较低者，这种模式是从监督本身的概念出发的，监督行为本身就预设了监督者与被监督者在权力或者权威上的上下级关系。然而，监督者与被监督者之间的关系也要受到"凡公权力皆受监督"的政治原理的约束，故而监督者本身也要被监督，从而引出新的监督者，在逻辑上无穷演进。在政治领域，对权力行使过程的监督可以上溯到主权者，主权者是最高的监督者，但是主权者作为绝对和最高的权力也是公权力，因此主权者也需要受到监督。不过，这种监督往往是道德的或者超验之物的监督，与其说是监督，毋宁说是主权者在实现秩序的一种平衡。从中国国家体制中探讨对监察委员会以及监察权的监督，自然可以用监督模式予以观察。根据前述分析，监察权本质上是主权对治权的监督，对照国家体制是人民的代表机构对其他国家机关的监督。尽管在宪制安排上，国家监察委员会列于国务院之后，最高人民法院和最高人民检察院之前，从而地位与其他机关处于平行关系，但是从其权威依据和权力来源上看，它却高于其他机关。为此，对监察权的监督，可能采取的方式就是人大监督，因为人大在国家权力体系中居于最高地位。另外，这一监督模式的逻辑还可以继续延伸至宪法的地位。而宪法的地位是由主权者保证的，在中国主权构造是"中国人民在中国共产党的领导下"，因此监察机关毫无疑问也在党的领导之下，尽管在制度上未必有确切的法权构造，但是从政治关系上，监察机关接受党的监督应无疑义。

　　权力制约是权力之间通过对峙、互动和平衡来实现相互限制，从而对公权力的主体和行使过程进行约束。制约模式要满足的条件是权力之间的地位大致平等，而其力量各不隶属且可以相互影响，最后可以归为统一。在逻辑上，权力制约是先分而后制，正如迈耶所言，"分权也是一种预防措施，通过分权使得国家中各种实际权力的意志都联系在一起，如果一种权力不遵守其界限，那么就会有损于其他权力"。[①] 权力制约要求的条件更为严格，它可能导致两种后果，一种是权力并未实现制约，而是出现权力的僵局，即权力之间陷入恶性斗争从而导致整个权力体系的崩盘。这在西方宪法史上并不鲜见，权力出现僵局，宪法陷入危机，政治动荡。另一种恶性的后果是，权力之间丧失平衡性而向某一种权力倾斜和集中，从而走向集权。后者并不鲜见，历史上也有诸多制度实践与之相互印证。回到中国的宪法制度，监察委员会是平行于行政机关和司法机关的，从条件上看，尽管行政权比较强势，但是并未导致权力的失衡，司法权与监察权可以视为相互制约的权力，而且由于这些机关的地位都在人大之下，从而在权力出现对立、冲突甚至掣肘之时，人大还可以权威机关的身份予以调节，从而实现平衡。因此，在权力制约上，中国宪制结构可以提供对监察权进行制约的制度供给。具体来说，主要是监察机关与执法机关和司法机关的相互制约。在涉及职务违法与职务犯罪的相关案件时，监察机关受到

---

① 〔德〕奥托·迈耶：《德国行政法》，刘飞译，商务印书馆，2013，第60页。

司法机关和执法机关程序上的制约，从而可以对监察机关进行制约。监察委员会的调查权与人民检察院的批捕权、公诉权以及人民法院的审判权之间可以形成相互制约的关系，诸如在移送案件上，检察机关可以进行审查，而在审判上，法院可以通过非法证据排除规则对监察机关进行制约。

除了制约与监督两种逻辑衍生出来制度设计上的权力限制之外，还有其他的方式也可以对监察机关以及监察权进行限制，诸如法治中的正当程序、基本权利规范对监察权行使过程的约束。除此之外，诸如人大监督、社会监督以及监察权行使过程中的监察事项报告备案制度等都可以对监察机关及其权力行使施以限制。监察法第 55 条还规定："监察机关通过设立内部专门的监督机构等方式，加强对监察人员执行职务和遵守法律情况的监督，建设忠诚、干净、担当的监察队伍。"这一方面是通过制度上内设监督机构以求其自律，另一方面也对监察机关及其工作人员提出较高的道德要求。从道德出发，监督者应当满足比被监督者更高的道德要求，监督本身才可能形成权威，监察权的行使才是令被监督者信服的。

二　合署办公

监察体制改革是党中央深化党和国家机构改革的组成部分，监察委员会作为合署办公的典型实例，它体现的是党领导下，国家监察权配置的构成性关系，它既是政治的，又是法律的，同时也体现着宪法的第一根本法的制宪权与宪定权的关联模式。为探讨监察权与党的领导之间的关系，就必须研究合署办公这种联系党的领导与国家机构的重要国家权力的组织形式。

随着机构改革的深入，党政合署办公被认为是一种潜力巨大的党和国家权力运行的有效方式，其丰富实践和理论内涵还有待展开与揭示。而监察体制改革中最具特色的就是党的纪律检查委员会和国家监察委员会合署办公。而监察权行使的方式、限度和权威基础，都有赖于对合署办公概念和实践的阐述。有学者从政治系统的内在关系角度入手，认为合署办公是党内监督子系统和国家公权力系统之间的联合。[①] 以系统性关联为框架虽然解释了合署办公的中介性作用，但是并未从权力的统属关系和权力构造的层次予以深入探究，合署办公是中国国家制度实践的重要组成部分，需要从历史和现实角度去探讨其丰富的制度实践。

（一）概念与历史

合署办公就是两个或者两个以上的机构，由于职能相近或者工作上存在比较密切的联系，而在一个地点办公，其内部人员和机构接受统一领导，对外则根据不同事项和业务以不同机关的名义行使职权。[②] 合署办公与合并设立不同，合并设立是两个及两个以上党政机关的合并，一旦合并则多个机构就成为一个机构和一块牌子，原有机构被整合到一个机构之中。另外，还应注意到党政合署办公与"一个机关，两块牌子"这一组织形态之间的区别，后者一般是通过"对外保留牌子"或"加挂牌子"的形式出现，所谓"对外保留牌子"是为了便于交流，让被撤并的机构保留其原有名称，而"加挂牌子"是一个机构新增一个之前并不存在的机构名称。

从历史上看，合署办公是中国政治制度史的一个惯常性做法。作为一种不同或者相似部门在同一地点办公的形式，自唐代尚书省的"都堂"办公就存在了，"尚书省各部主管，上午在都堂集体办公，遇事易于洽商，下午各归本部分别办公"。[③] 而民国时期，南京国民政府也提出过合署办公制度，其主旨是在不违背合署办公的主体、文书和程序的前提下，将秘书处、民政厅、财政厅等部分职能并入省政府公署。甚至有学者指出，合署办公制度是南京国民政府实施时间最长且没有间断的一项地方政治制度。[④] 而新中国成立之后，合署办公的形式有了全新的发展和实践形式。党政合署办公是新中国成立以来党政关系发展过程中的一个缩影。作为一种组织

[①] 吕永祥、王立峰：《"纪委"与"监察委"合署办公的现实问题与解决路径——以政治系统论为分析视角》，《中南大学学报》（社会科学版）2018 年第 3 期。

[②] 关于合署办公的概念界定参见刘权《党政机关合署办公的反思与完善》，《行政法学研究》2018 年第 5 期；张力《党政机关合署办公的标准：功能、问题与重构》，《政治与法律》2018 年第 8 期。

[③] 钱穆：《中国历代政治得失》，生活·读书·新知三联书店，2018，第 46 页。

[④] 文建辉：《四川省政府的合署办公制度研究（1935～1949）》，四川师范大学硕士学位论文，2006。

形态的合署办公其实很早就开始了，而且党的纪律检查委员会与行政机关合署办公在新中国成立之初就开始了相关实践。1952 年，中共中央作出的《关于加强纪律检查工作的指示》第 3 条就对二者合署办公做了相应的规定，而且次年安徽省纪委和省人民监察委员会就开展了合署办公的制度实践。① 此时的合署办公主要是党的纪律检查机关与行政监察机关在工作上相互协作而同时在一个工作地点办公。合署办公体制后来也得到了官方的认可，1992 年，在接受《党建》杂志记者采访时，相关负责人称，合署办公是"中央纪委、监察部合署办公，实行一套工作机构，两个机关名称的体制"。② 到 1992 年之后，合署办公的形态超出了纪委和监察部门之外，各地纷纷探索合署办公的形式。

合署办公的形式是多种多样的，并非局限于党政之间的合署办公，从具体制度实践来看合署办公的形式可以分为三种：一是党政机关合署办公；二是行政机关间的合署办公；三是内设机构间的合署办公。③ 所谓党政机关合署办公主要的表现形式就是纪检监察部门的合署办公，合署办公在不增加人员编制预算的情况下，对壮大组织力量、整合内部资源具有重要作用，还有其他的合署办公的形式，如 1995 年河南省息县将侨联、民族宗教局、工商联等部门合并到县委统战部合署办公，2009 年，广东省佛山市顺德区委政法委与司法局、区委宣传部等部门进行合署办公。而行政机关间合署办公的情形则是将职能相近的行政部门进行合署，这种行政机关内部的合署办公，有助于简化行政流程，提高办事效率，使得相近的工作可以一气呵成地办好。除了党政机关和行政机关内部，各内设机构间的合署办公也广泛存在，如区县一级的党委办公室与政府办公室合署办公。尽管党政合署办公并非唯一的合署办公形式，但是党政合署办公却是党政关系的重要构成部分。合署办公是一种对党政关系的重新优化，是加强和改进党的领导的一种具体制度实践形态。而具体到监察体制改革中，有党的纪检部门和国家的监察部门之间的合署办公，这成为合署办公的一个新的阶段。

---

① 梅丽红：《建国以来党政纪检监察体制的变革》，《党政论坛》2004 年第 6 期。
② 《关于中央纪委监察部合署办公问题的解答》，《党建》1993 年第 4 期，第 11 页。
③ 关于合署办公的类型区分，参见刘权《党政机关合署办公的反思与完善》，《行政法学研究》2018 年第 5 期。

（二）权力构造

论及监察权与党的领导的关系，需要从合署办公的概念出发，但是从前面的讨论中可以发现，纪委和监委的合署办公并非合署办公的唯一形式，但却是别具中国特色的权力组织和运行模式。而从历史上看，党的纪律检查机关与国家的监察机关的合署办公也并非一成不变。监察体制改革中的一个重大举措就是集中整合反腐败力量，在制度上的表现就是单独成立了与行政、司法平行的监察委员会，而之前的监察机构主要是行政部门中的行政监察。在监察体制改革之前，纪委就与行政监察部门合署办公了，而行政监察机关是隶属于政府机关的下级部门。因此，监察权的合署办公模式就存在两种形式：一是纪委与行政监察合署办公；二是纪委与监察委员会合署办公。这两种模式其实是两种不同的权力结构下的产物，监察体制改革使监察权的合署办公概念具有全新的政治内涵和宪制意义。为探究纪委和监委合署办公之意义，就需要在逻辑上将合署办公的体制以先区分再整合的方式进行专门研究。这种研究方式在方法论上就是先分析再综合，辨明要素各自的特点之后，再综合观察其性质和特征上的变化。① 具体到纪委和监委合署办公问题，就涉及两个不同的监督体制，纪委是党内的监督体制的一个重要机制，而监委是国家监督体制的重要构成部分。

党内监督体系是全面从严治党、反腐肃贪的重要机制，党的十八届六中全会颁布了《关于新形势下党内政治生活的若干准则》以及《中国共产党党内监督条例》，在这两个重要文件中，党提出了"建立党内监督体系"的概念。作为体系的党内监督，具有多层次、多途径和相对独立的特点。研究者一般从两个角度关注党内监督体系，一是系统性；二是独立性。系统性指的是党内监督是一个多途径、多层次、多主体的复杂系统；而独立性是指它相对独立、具有自我调控能力。按照《中国共产党党内监督条例》的规定："建立健全党中央统一领导，党委（党组）全面监督，纪律检查机关专门监督，党的工作部门职能监督，党的基层组织日常监督，党员民主监督的监督体系。"监督主体包括多个角色，党委（党组）在党内

---

① 康德在《道德形而上学奠基》中对道德概念的探讨就采取了先分析再综合的方式，他认为分析是回溯性思路，而综合是前进性思路。

监督中负主体责任，纪委作为监督机构专司执纪监督，除此之外还有党的各工作部门的相互监督，党员以及党媒的监督等，都是党内监督主体的重要构成部分。而监督形式也是多种多样的，包括党内民主集中制、组织生活会制度、民主评议，而涉及专门监督可以通过巡视、谈话、考核等方式来进行。对于党内监督来说，党的纪律检查委员会是党内监督的专责机关，履行监督执纪问责职责。其管辖范围包括同级党组织和领导干部是否遵守党章和党内法规，党的纪律检查部门的领导体制和监督模式经过了曲折的探索过程。从历史上看，自中国共产党建党之初就注重党内监督，尤其注重学习和借鉴俄共（布）党内监督的经验。在革命、改革到建设时期，中国共产党历史上的监督机构主要有三种类型：第一种类型主要是新中国成立之前，设置与党委平行的专门监督机构，即党委与专门监督机构都由党的代表大会选举产生；第二种类型主要在 1949 年至 1969 年，专门的监督机构由同级党委选举产生，它是作为党委的一个工作部门而存在的；第三种类型是各级党委和纪委都由同级党代会选举产生，实行的是双重领导体制。① 所谓双重领导体制是指党中央纪律检查委员会在中央委员会的领导下工作，而党的地方各级纪律检查委员会则在同级党的委员会和上级纪律检查委员会的双重领导下工作。在双重领导体制下，党的纪律检查委员会对同级党的组织及党员就是否遵守党章、党的纪律进行监督和检查，对违犯纪律的党组织和党员执行党的纪律。在双重领导体制中，纪委以上下级领导为主，根据 2016 年通过的《中国共产党党内监督条例》第26 条第 3 项的规定："强化上级纪委对下级纪委的领导，纪委发现同级党委主要领导干部的问题，可以直接向上级纪委报告；下级纪委至少每半年向上级纪委报告 1 次工作，每年向上级纪委进行述职。"由此可以看出，虽然同级纪委在同级党委的领导下工作，但是它依然具有一定的独立性，可以对同级领导干部进行调查，其主要履行职责的依据是党章、党规、党纪以及党的路线方针和政策。党的纪律检查的主要对象包括同级党委、工作部门和下级党组织，其监督内容有党同级组织和干部的履职与权力行使情况、路线方针的执行情况、对政治原则和政治规范的遵守情况等。但

---

① 关于党内监督体制的历史变迁的相关分析，参见黄胜林《论中国特色执政党专门监督制度》，华中师范大学博士学位论文，2004。

是，需要注意的是党的纪律检查机关并不以维护国家宪法和法律为其任务，它主要的依据是党的纪律。从其实现监督的手段来看，纪委可以采取参加或列席会议、参与党员领导干部的专题民主生活会、对下级党的领导班子和干部进行巡视、调查违纪案件等方式来进行。

　　党内监督体制的监督对象主要是党的组织、干部和党员，而国家监督体制的监督对象则是行使公权力的公职人员。国家监督体制是廉政建设以及约束权力行使的重要制度，自新中国成立以来国家体制中就设有相应的监督体制。1949 年的《中国人民政治协商会议共同纲领》第 19 条规定，"在县市以上的各级人民政府内，设人民监察机关，以监督各级国家机关和各种公务人员是否履行其职责，并纠举其中之违法失职的机关和人员"。根据《中国人民政治协商会议共同纲领》规定的国家权力机构，中央人民政府政务院下设人民监察委员会。人民监察委员会的主要职责是监督政府机关及其工作人员是否履行其职责，以及监督这些机关是否按照国家的政策、法律和法规来行使其权力。1954 年新中国制定第一部宪法，新宪法确立了人民代表大会制度，重新调整了国家机构体系，其中监察机关也进行了相应的调整。根据《国务院组织法》，在人民监察委员会的基础上成立新的监察部，其受国务院领导，主要职责为维护国家纪律，监督国务院各部门、地方各级国家行政机关、国有企业、公私合营企业等是否正确履行国务院的决议和命令，对公职人员进行纪律监督，对国家资产的运用、收支进行核算监督等。后来随着政治运动的影响，监察部的批评、建议和监督职能被剥离，行政监察部门发挥作用有限，甚至被人指责说是与党"闹独立"，因此在第二届全国人大一次会议上通过决定，撤销了监察部及地方的监察机关，而行政监察工作直接由中央和地方的监督委员会来承担。①"82 宪法"制定之后，监察体制开始恢复，1986 年第六届全国人大常委会第十八次会议通过了《关于设立中华人民共和国监察部的决定》，监察部开始重新设立。1987 年 7 月，国务院下发《关于在县以上地方各级人民政府设立行政监察机关的通知》，地方也逐渐恢复行政监察体制。1997 年 5 月，第八届全国人大常委会第二十五次会议通过了《中华人民共和国行政

---

　　①　关于监察部及地方监察机关的历史变迁，参见应松年等主编《中华人民共和国行政监察法实务全书》，红旗出版社，1997。

监察法》，并就行政监察的组织、职权和领导体制进行了详细的规范。行政监察机关是人民政府行使监察权的专门机构，其主要职责就是对国家行政机关及其工作人员执行法律、法规、政策等情况进行监督，监察机关对本级人民政府及上级人民政府负责。

在监察体制改革之前，党中央就注意到党内监督与行政机关的内部监督在对象和内容上具有相似性，在过程流程上可能会出现重复调查现象，从而导致职责不清、责任不明等问题。党为加强党政的监督力量，避免重复和交叉，在1993年就开始探索党政监督机构合署办公的形式，1993年3月，党的十四届二中全会通过的《关于党政机构改革的方案》中就规定："中央纪委与国家监察部合署办公，一个机构两块牌子。"[1] 合署之后，监察部依然按照宪法和法律规定属于国务院序列，受国务院领导，地方各级监察部门依然实行双重领导体制，即对同级政府和上级监察部门负责，与此同时，中央纪律检查委员会则在党的中央委员会领导下开展工作；党的地方各级纪律检查委员会在同级党委和上级纪律检查委员会双重领导下工作。从领导关系来看，无论是行政监察体制还是党的纪律检查体制都是双重领导关系，只是在任职上出现了不一致的现象，中央纪委是党的领导机构，而担任纪委书记的领导人也一般是中央政治局委员，是党和国家重要领导人，而与之相应的是国务院的监察部则是国务院的一个下级部门，其部长地位显然远低于中央纪委书记。因此，从纪委与监察部的合署办公情况来看，其主要和核心的力量是纪委，而在组织人事上并非完全合署，各自保留相对独立的职能部门，监察部依然是国务院的下属部门，其运作依然遵循行政部门的基本原则。

监察体制改革后，行政监察部门和其他反贪污腐败的部门的资源被整合，成立的国家监察委员会在国家体系结构中成为宪制机关，是与国务院、最高人民检察院、最高人民法院平行的国家机关。其合署办公的性质就发生了更为剧烈的变化，它一方面理顺了领导体制上的级别差异，突出了监察机构的独立性和统一性，另一方面它还是2018年修宪中国家权力体制重塑的一部分，具有重大的宪制意义。为此，探讨修宪之后的合署办公

---

① 中共中央纪委干部室编《纪检监察干部工作手册》，中国方正出版社，2002，第185页。

就并非一般意义上基于职能相近的党政部门为节约管理成本、提高效率而采取的一个机构、两块牌子的合署形式。只有从纪委的监督权与国家的监察权本身的性质入手才可能破解监察体制改革之后合署办公的本质。而对纪委的监督权和国家的监察权的性质的研究就需要回到中国独特的宪制构造之中，"82 宪法"最根本的政治结构表达就是"党的领导、人民当家作主和依法治国的有机统一"，党的领导权、人民当家作主的监察权以及以法治精神来实施其权力才是监察体制改革之后合署办公概念的真正内涵所在，它是党的领导这种政治原则落实为具体的法权关系的集中表现形式。

（三）党的领导与监督权

党的领导是中国宪法中的核心问题，一方面，在形式上，党的领导出现于宪法序言和宪法第 1 条中，党的领导是根本政治原则以及反映的是中国宪法的主权结构，是宪法的第一根本法；另一方面，在具体制度上，党的领导并未法权化，成为中国国家机构的直接组成部分，并与国家机构一起被宪法和法律予以规范化和制度化。中国宪法中关于主权的分配原则和国家权力的组织原则并未完全通过规范的方式予以衔接与协调。[①] 因此，宪法学的根本命题在于将"中国人民在中国共产党的领导下"这一主权构造或者政治法权结构进行学理阐述，以使其呈现为一种具体的宪法构造。在宪法学上，这种政治法权构造与秩序的差别就表现为绝对宪法和宪法在规范上的分离，宪法中虽然对各国家机关的组织、职权以及相互关系进行了规定，但是并未将党的领导予以制度化和结构化。在 2018 年宪法修改时，仅在宪法第 1 条之国体条款中增加了"中国共产党领导是中国特色社会主义最本质的特征"。从党的领导的内涵看，它主要包括政治领导、组织领导、思想领导，它不仅通过执政行为来调动、整合和支配国家权力，而且通过意识形态、纲领、目标引导和带领人民为社会主义事业奋斗。因此，党的领导不仅是一项权力，更是一项权威。与权力不同的是，权威可以让权威作用的对象主动服从，而权力则是以暴力为后盾让权力作用的对

[①]　关于中国宪法的政治法权构造与国家权力组织原则之间的疏离状态，以及中国宪法学对二者进行衔接和协调的理论使命，参见陈端洪《制宪权与根本法》，中国法制出版社，2010，第 285～286 页。

象服从，而且从二者关系上看，权威是权力的来源与正当性依据。权威是团体或者个人通过其历史积累或者存在特质而表现出来的威望和影响力，权威的生成是历史延续性的构造，它以存在本身为依据，权威不是暴力，相反它排斥暴力的使用。对于任何一个政党来说其都会千方百计提高自身的权威，以整合社会力量，提高自身的影响力。中国共产党的权威是其在革命、建设和改革时期通过不断地社会动员和自我更新累积而成，它通过党的先锋队地位和先进性，去吸引、影响和感染人民追随其道路、目标和方向。

党的领导作为政治原则，其中一个重要表现形式就是代表人民监督人民的政府。按照制宪权的逻辑，宪法的制定是主权者对政治形式和整体状态的总决断，具体表现就是国家权力的结构化和制度化过程，也就是对政权予以重新构造的过程。中国宪法的制定也是对国家权力的构造，具体表现为人民代表大会制度这种权力组织形式。但是，主权者并未授出全部权力，即制宪权并不会因为一次制宪活动而彻底耗尽和用完，其中人民监督政府的权力并未因为宪法的组织和授权而被全部制度化，还以潜在的形式被保留下来。这种权力是监督公权力行使的权力，这种权力就是监督权。中国宪法的独特之处是，主权构造是"中国人民在中国共产党的领导下"，因此与一般的人民制宪行为不同的是，宪法制定后人民作为制宪权主体并未自然解散，而是党代表人民的制宪权代表构造依然存在，它还要代表人民行使监督政府的权力。这就是党的监督权的根本要义，它是主权性权力不可分割的一部分，而这种监督权，在结构上是主权结构所衍生的一个权力分支，在权力基础上来自党的权威性。

党代表人民行使监督权，首先，要保证自身的廉洁性，这就对党自身提出了极高的政治和道德要求。所谓立党为公、执政为民不仅是对党行使权力的道德约束，而且是党的生命之基和力量之源。全面从严治党是加强党的建设的必然要求，具体在制度上就表现为，党的内部监督。其次，党作为执政党是通过国家权力来贯彻自己的意志、主张和政策的，执政活动主要是任用党员干部进入国家政权机关，使党的纲领、政策和意志可以通过国家的名义来实施和落实。然而，党的执政活动主要是以国家官僚体系为中介来实现的，而党员进入国家官僚体系中行使权力可能产生党员官僚化的危险，一旦出现官僚化则可能使党员脱离人民群众。人民群众是党的力量之基、执政之源，为人民服务是党的根本宗旨。为此，为克服党员干部官僚化的危险，也要对行使公权力的党员干部进行监督。中国政治是一种差序结构，从普通党员到党的领导干部再到中央领导①，这一结构决定了党要以先进性和代表性来带领全国人民，而其中对党员干部的监督就显得尤为关键。党的领导需要对担任国家公职的党员干部进行监督，这种监督就是为了克服官僚化带来的代表性危机而出现的。正如党的十八大报告中指出的，党的执政面临四种危险即精神懈怠的危险、能力不足的危险、脱离群众的危险以及消极腐败的危险。党员干部放松警惕就可能陷入被官僚化的境地，从而形成贪污腐败的风气以及特权意识。为此，全面从严治党要抓住党员干部这个"关键少数"，使其永葆与人民群众的血肉联系，增强防腐抗变的能力。

由以上分析可知，党领导下的监督权就表现为两种监督，一是党内监督；二是对政府的监督。前者是党基于自身性质决定的自律性的监督；后者则是根据"中国人民在中国共产党的领导下"的主权结构产生的主权对治权的监督。而且这种监督通常还表现为权威对权力的监督。我们可以将党的监督权指向的两个不同方向的监督称为监督权的分叉。党内监督是党保持与人民群众血肉联系的重要方式，它通过自律的方式来实现自我监督，这种监督是通过党内监督体系来实现的，具体制度上就表现为党的纪律检查机关。党的领导的另一种监督方向就是对在政权机关中担任职务的党员干部的监督，这种监督是由党代表人民的主权构造决定的，它是主权者对行使其权力的政府的监督。这种监督关系遵循一般的政治学原理，即权力的授予者要对权力的授予对象进行监督，以防止权力的异化。党的领导原则在对政府的监督中得到贯彻，而对政府的监督某种意义上就是对政府中担任重要职务的党员干部的监督。中国共产党集领导权与执政权于一身，一方面党作为制宪权常在代表，主要是以领导权的方式来活动，另一方面党作为宪定权的法律代表，主要通过执政行为来活动。因此，在这种双重角色下，要对党的领导活动与执政活动进行区分，才有可能避免政治

①　关于中国共产党在中国政治中的差序结构，参见鄢一龙等《大道之行：中国共产党与中国社会主义》，中国人民大学出版社，2015，第 10 页。

与法律被混为一谈的现象。这里还有必要对领导权与执政权进行区分，党的领导对应的是领导权；而执政是对国家权力的指挥与运用，是一种执掌权力的资格。① 这种资格奠基于党的领导之权威，换言之，党的领导权自然会生成执政的资格。

（四）人民当家作主与监察权

人民代表大会制度体现人民当家作主的基本精神，是社会主义民主的实现方式。在中国，人民代表大会制度是根本的政治制度。人大制度的建立与完善离不开党的领导，但是却不能认为党直接享有人大的权力，或者将其理解为一种直接的领导和被领导关系。党并不是高于人大的一级国家机关，而是通过三项政治领导权与两项组织领导权来完成其执政活动。具体来说，所谓政治领导权包括修宪建议权、立法与国策建议权以及宪法解释和审查权，而组织领导权则通过干部提名权以及执政监督权来实现。其中执政监督权指的是党要发挥党员的模范带头作用，通过党委和党组织对党员干部进行培养、选拔、使用，并且要监督其是否履行职责、廉洁从政，并对违犯党的纪律与规矩的党员进行相应的处置。理解党的领导与人大之间的关系可以引入执政权的概念，这一概念揭示了党与人大之间在国家权力上的关系。在执政权上，党的领导才可以转化为国家权力意义上的党的执政，中国共产党作为执政党通过国家制度程序、方法来行使国家权力。袁曙宏教授对执政权的解释是，"党的执政权主要是指党对国家和社会的政治领导权、思想领导权和组织领导权；具体地讲，则主要包括制定政策权、领导立法权、保证执法和司法权、指挥军事权、推荐和管理干部权、主导宣传和意识形态权、宏观经济和社会事务决策权等"。② 可以发现，人大制度是党领导下的执政权的最佳实现形式。相应地，人大在国家权力体系内也设置了监督权，按照授权与监督的逻辑，人大制度之下，其他国家机关由人大产生并受其监督。

人大监察权主要通过法律监督和工作监督的方式来实现，具体来说同

---

① 关于领导权与执政权之间的区别与联系，参见蒋清华《党的领导权与执政权之辨——"执政权"之歧义和误用》，《政治与法律》2016 年第 8 期。
② 袁曙宏：《党依法执政的重大理论和实践问题》，《国家行政学院学报》2006 年第 1 期。

级人大产生的行政机关、司法机关受其监督，并通过质询、报告工作等方式来进行。我们可以根据纪委和监委二者的领导体制、产生方式、主要职责、机构定位以及监督对象等几个方面将党的纪律检查委员会与国家的监察委员会进行比较。纪委与监委不论是领导体制还是主要职责，都有相似之处。通过合署办公，从监委的角度看，与纪委合署可以提高监察委员会的政治地位，而从纪委的角度看，监委作为法定机构与其合署可以提高纪委行使权力的法治化水平。纪委监委在国家权力体系中实现了权力的大致均衡，促进了同级国家机关和同级党委的合作与融合。合署之后，纪委和监委的主要领导可以兼职，将原来的行政监察时期的依附性合署办公转变为对等性合署办公。① 将纪委的监督对象与监委的监察对象进行相加就几乎可以涵盖所有可能滥用公权力的人员，从而实现监督的全覆盖。

（五）合署办公作为有机统一的具体法权形式

监督权在中国宪法体制配置的情况比较复杂，它涉及双层二元结构，所谓双层指的是制宪权层次与宪定权层次，党中央作为制宪权代表常在机构是统领党的内部监察与国家权力监察的最高机构，而二元则指的是监察权的分叉所出现的党的内部监督与国家监察体制的二元结构。具体来说，就是在党的集中统一领导下的纪委和监委独立履行其职责，最终统一到党的领导的政治原则之下。正是在这种双层二元的结构之下，监察权的合署办公所形成的国家权力布局和宪法秩序才可以得到理解。合署办公就是党的领导、人民当家作主与依法治国有机统一的具体实现形式。

监察体制改革是以党的领导原则对两种监督权的重整，是对党与国家机构之间的政治领导关系予以法律化的一种重构。党的监督权包括两个方面。一是对自身的监督，也就是党内监督，它是党保持先进性和先锋带头作用的保证，以此树立政治权威，带领党员和广大群众为社会主义建设任务不断奋斗。二是对国家权力的监督，具体来说就是在国家机构体系中建构全新的权力形式，在立法权、行政权、司法权之外，创设监察权。这种权力的性质是从所有权力皆受监督的政治原理出发的。而具体落实到宪法

---

① 徐理响：《现代国家治理中的合署办公体制探析——以纪检监察合署办公为例》，《求索》2015 年第 8 期。

理论上就是人民行使制宪权制定宪法，由宪法产生的宪定权归属不同的国家权力机构来行使。但是制宪权并非经由一次使用而耗尽，主权者（人民）始终保留监督权力的权力。在现代宪法中，人民对政府的监督权是以多种形式来行使的，作为基本权利，监督权表现为人民批评、建议和申诉的权利，另外社会团体、媒体舆论都可以通过其活动来对政府的行为提出批评。因为中国的主权结构是"中国人民在中国共产党的领导下"，因此行使制宪权之后，党作为人民的常在代表还是以集中的方式来行使其监督权，这样就可以更为直接和高效地监督人民的政府及其工作人员是否公正履职，为人民服务。

监察体制改革之后，纪委和监委合署办公进一步完善了党纪国法的衔接机制。尽管党纪与国法性质不同，但是合署办公之后，针对腐败对象，执行党的纪律与执行国家法律的主体实现了同一化，在协调、衔接党纪与国法问题上实现了无缝对接，简化了流程、避免了党纪国法之间的空隙，扩大了党的领导的广度，也拓展了其领导的深度。党纪与国法是两个既有同一性又具有差异性的范畴。党纪也就是党的纪律，是党员必须遵守的党的规章和行为规范等。党纪存在广义与狭义之分，所谓广义上的党纪是指以党章统领的党内法规体系，它包括"一切应当受到纪律约束、纪律规范、纪律问责、纪律处分的行为和活动，执政党的所有与国家法律相对应的行为规范规则"。① 狭义上，党纪主要是指成文的正式的党内行为规范和规则，具体说来就是7种党规、9种规范性文件以及包括法律在内的规范之总称。② 而国法主要是指立法机关制定的法律以及规范性文件，也存在广义和狭义两类，广义的国法指的是宪法、法律、行政法规、地方性法规、部门规章等五个层次的法律；而狭义的国法，是指法律，也就是全国人大及其常委会制定的基本法律与普通法律。比较二者我们可以发现党纪与国法在制定主体、适用范围、执行机构与追责和制裁方式上存在诸多不同。首先，党纪的制定主体是党的代表大会以及党的纪律检查部门，它反映的是党的意志和党对党员行为进行规范的要求，而国法的制定主体是国

---

① 李林：《论"党内法规"的概念》，《法治现代化研究》2017年第6期。
② 魏治勋：《论党规的概念、范围与效力等级》，《法律科学》（西北政法大学学报）2018年第2期。

家立法机关，它反映了人民的意志，代表的是人民的利益。其次，党纪与国法的适用对象与范围也不同，党纪的适用对象主要是党组织和党员，它主要以约束党组织和党员为目标，党纪面前党员一律平等，如《中国共产党纪律处分条例》第4条规定："党纪面前一律平等。对违犯党纪的党组织和党员必须严肃、公正执行纪律，党内不允许有任何不受纪律约束的党组织和党员。"而国法则与之不同，它以全体公民、国家机关、企事业单位为规范对象，当然国法规范的对象自然也包括党员，因为党员也是公民。最后，执行机构与制裁方式也不相同。违犯党纪的处罚主要是由党各级组织以及纪律检查部门来实施，其主要的处置手段包括警告、严重警告、撤销党内职务、留党察看、开除党籍等。而严重的违法犯罪行为还会移送司法机关来予以处置。而对违犯国法的行为，主要依靠国家暴力机关来执行，对严重违法犯罪案件要经过侦查、起诉和审判等环节，其是通过审判来施以相应的处罚。

虽然党纪与国法在内容、对象和执行主体、制裁手段上存在诸多差异，但是在中国共产党领导下的社会主义法治体系中，二者的制度衔接与有效协同合作对于推进全面从严治党、依法治国具有重要意义。党纪是保证党员干部忠诚履行法定职责，抵御贪腐风险，巩固党的执政地位的党内法规。党纪与国法在价值追求上具有相似性，党纪和国法遵循的都是法治思维，以规则之治为主要价值取向。从反腐败的角度看，党纪和国法都是权力监督与权利保障之法，都统一于社会主义法治体系，治国先治党，党纪与国法都是保证党的领导和依法治国的重要手段。除此之外，党纪与国法存在如下关联：党纪严于国法；国法高于党纪；党纪先于国法。党纪严于国法是由党的宗旨、使命和担当决定的，中国共产党是中国工人阶级的先锋队，同时是中国人民和中华民族的先锋队。因此，党的宗旨和使命决定了对党员的要求要高于法律的要求。党员既然加入了党的组织，那么他的使命和担当就要超越普通公民服从法律的义务，就要接受党纪的约束，并自觉主动地为党的使命而努力奋斗。而国法仅仅是对普通公民的要求，普通公民只要服从法律、承担法定义务即可。国法从效力上是高于党纪的，宪法规定任何个人和组织都要遵守宪法和法律，中国共产党作为执政党要带头和模范地遵守宪法和法律，党纪作为对党员和党组织进行规范的党内行为规则，也应当体现宪法和法律的精神与原则，不得与宪法和法律相冲突。另外，党纪还先于国法，党纪提出了更高的道德要求，而法律只是最低的道德。作为党员应先守党纪，守好党纪，就会更好地遵守国法，违犯党纪在先，而违犯国法在后。

在反腐败斗争中，党纪国法的衔接和协调是反腐败工作的重要保证。监察体制改革的一个重要方面就是纪委和监委合署办公，这对于完善党纪国法的衔接具有重要意义。合署办公的一个重要方面就是加强党在处理贪污腐败案件时的纪法衔接，党的纪律检查机关与国家监察机关合署办公既可以执纪又可以执法，二者统一于同一机构的办案过程。纪委的定位是"党内监督的专责机关"，而监委是"履行国家监察职能的专责机关"，前者针对党员是否违犯党的纪律进行教育和监督，维护党的纪律、方针和路线，而后者根据法律对行使公权力的公职人员开展监督、调查和处置工作。二者在职能上相近，在对象上重叠，既有一定的独立性，又在党的领导下共同开展工作。合署办公可以在以下几个方面优化纪法衔接。首先是一体化的反腐败格局，纪委和监委合署办公是反贪力量的进一步整合和一体化，合署办公之后执纪又执法，履行双重职能，主体能力不断集中和强化；其次，纪委的执纪审查过程可以顺畅地转化为执法调查，合署办公可以使纪委和监委实现信息共享，及时通报相关案件的处置情况，若案件可能涉嫌违法行为，在合署办公的条件下可以实现从执纪审查转换为执法调查，实现无缝对接；最后，纪委监委在处理具体案件程序问题时可以实现有效平稳对接，打通与司法机关程序对接的"堵点"，对党内监督过程中发现的违法犯罪行为，双方可以及时启动"双立案"机制，同步执纪和执法，在程序上要做到该执纪时执纪，该执法时执法，在案件移送、证据收集和转化方面，双方可以强化法律程序要求，提高与司法机关对接环节的法治化水平。

后 记

人的自由是被时代界定的，但是人的思想不会。遗憾的是，自由的思想不可能全部被自由地记录。无论如何自由的思考，人不可能超越自身时代，随心所欲地过自己想过的生活，写自己想写的文字。最好的状态是，可以将自己喜爱的事业和时代的需求结合起来。我从事纪检监察研究，写这本书是受到时代转变的触动和激励。这也是我博士毕业后出版的第一本专著，写作初衷是通过考察政治体自我救赎之道来理解权力运行的本质。为了解决这一问题，我尽可能地运用了我所知道的思想史的知识，期望通过对权力横向和纵向的分解去理解政治体运作的内在逻辑，并构造理解监察权性质的一个基本框架。这一任务是否完成，还有待时代的审视和考察。

中国的纪检监察体制改革是一个大事件，影响深远。尽管讨论监察权的文章汗牛充栋，但是对于其性质的研究总感觉不令人满意。此外，中国的监察体制还与我国政治制度有着复杂而特殊的关联，这一背景设定也为这项研究增加了不少难度。总体看来，在现代政治的权力构造中，对权力的监督通常采取分散的模式，而中国的政治宪法构造存在特殊之处，它将分散的监督权予以重新集中，从而构造出一种独特的监督权。虽然这个问题的讨论留有诸多遗憾，但是我已经尽力了。

在人文社会科学领域，思想和学术是孤独者的事业。幸而受到师友们的不断敦促，我才不揣浅陋，将这些不成熟的思考行诸文字。此书的完成受惠于诸多师友，在此无法一一表示感谢。要特别感谢北京大学法学院陈端洪教授，他思想上的敏锐和深刻一直启发我从事关于政治权力的研究，还有中国人民大学法学院张翔教授，他的理论洞察力总能给人醍醐灌顶之感。受益于谭宗泽教授的组织和协调，此书才得以列入出版计划，与谭老师的每次交谈，都能如沐春风，感到学术研究的乐趣。此外，没有杨尚东教授的鼓励和帮助，此书就无法付梓。同时也要感谢社科文献出版社编辑李晨女士，她的耐心和细心使得本书得以最好的形态出现在公共领域。

学术工作具有公共性，但是写作活动却发生在私人领域。没有家人的支持，任何有意义的研究都是不可能的。在我写作过程中，我的父亲和我的恩师胡军教授先后离世，让我感到人世无常。幸而整个写作过程中，我得到了爱人以及岳父母的理解和帮助，让我能够静下心来思考抽象的理论问题，而忘却柴米油盐的烦恼。

是为记。

邬　蕾

2024 年 12 月于重庆中央公园

图书在版编目（CIP）数据

　　监察权的政治哲学及其中国制度展开／邬蕾著．——
北京：社会科学文献出版社，2025.2.——（西南政法
大学纪检监察理论与实务文库）.——ISBN 978-7-5228
-4531-9

　　Ⅰ.D630.9

　　中国国家版本馆 CIP 数据核字第 2024D6L658 号

西南政法大学纪检监察理论与实务文库
监察权的政治哲学及其中国制度展开

著　　者／邬　蕾

出　版　人／冀祥德
责任编辑／李　晨
责任印制／王京美

出　　　版／社会科学文献出版社·法治分社（010）59367161
　　　　　　　地址：北京市北三环中路甲 29 号院华龙大厦　邮编：100029
　　　　　　　网址：www.ssap.com.cn
发　　　行／社会科学文献出版社（010）59367028
印　　　装／三河市龙林印务有限公司

规　　　格／开　本：787mm×1092mm　1/16
　　　　　　　印　张：15.25　字　数：242 千字
版　　　次／2025 年 2 月第 1 版　2025 年 2 月第 1 次印刷
书　　　号／ISBN 978-7-5228-4531-9
定　　　价／79.00 元

读者服务电话：4008918866